Meine frühen Lebensjahre

Weitere Werke des Autors:

The Myth of Arab Piracy in the Gulf (1986)

The British Occupation of Aden (1989)

The Fragmentation of the Omani Empire (1990)

Meine frühen Lebensjahre

Sultan bin Muhammad al-Qasimi

Übersetzt von Claudia Riefert

Georg Olms Verlag
Hildesheim · Zürich · New York
2011

Alle Abbildungen in diesem Buch stammen aus dem Privatarchiv des Autors.

Bibliografische Information der Deutschen Nationalbibliothek
Die Deutsche Nationalbibliothek verzeichnet diese Publikation in der Deutschen Nationalbibliografie; detaillierte bibliografische Daten sind im Internet über http://dnb.d-nb.de abrufbar.

Die arabische Originalausgabe erschien 2009 unter dem Titel »Sard Al That« bei Al Qasimi Publications.

Die deutsche Übersetzung folgt der englischen Ausgabe »My Early Life«.
Übersetzt aus dem Arabischen von Dr. Domenyk Eades.
Herausgegeben von Dr. Ahmed Ali, Brian Pridham und Dr. Khaled Hroub. London 2011.

Georg Olms Verlag AG, Hildesheim 2011
www.olms.de
Printed in Germany
Gedruckt auf säurefreiem und alterungsbeständigem Papier
Redaktion: Beate Bücheleres-Rieppel
Satz: Satzstudio Winkens, Wegberg
Umschlaggestaltung: Anna Braungart
Herstellung: Druckhaus Köthen
ISBN 978-3-487-14666-9

Inhalt

Auszug aus dem Familienstammbaum der Shaikhs al-Qasimi

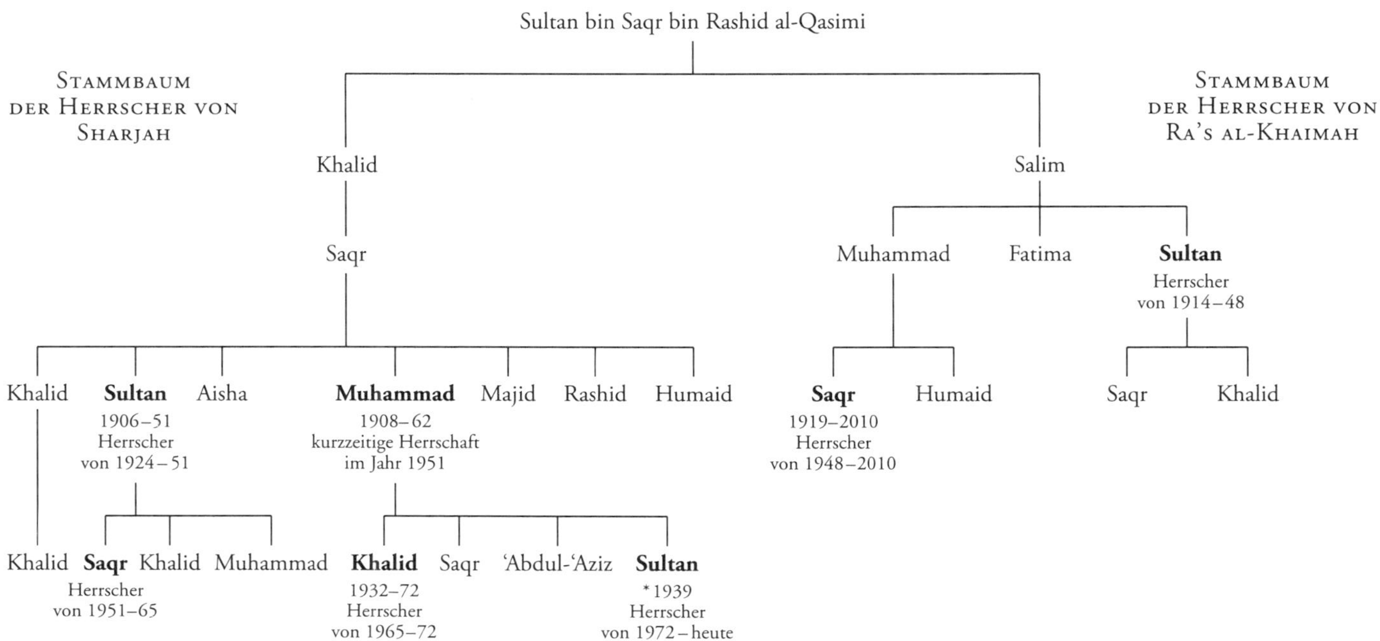

Vorwort

Dieses Buch gibt einen Einblick in die Geschichte meiner Familie und meines Landes. Es handelt von den ersten 29 Jahren meines Lebens. Viele irrelevante Ereignisse aus dieser Zeit bleiben unerwähnt, ebenso Begebenheiten, die Menschen betreffen, die von uns gegangen sind und deren Geschichten Erinnerungen heraufbeschwören könnten, die besser vergessen bleiben sollten.

Beim Schreiben dieses Buches haben mich viele Menschen unterstützt. Meine Frau und meine Kinder hörten sich meine Erinnerungen über mein frühes Leben an und ermutigten mich immer wieder, diese aufzuschreiben, um damit ein dauerhaftes Dokument für heutige und zukünftige Leser zu schaffen. Einige meiner engsten Mitarbeiter halfen mir beim Sichten und Auswerten von Archivdokumenten, die für die in diesem Buch beschriebenen Ereignisse wesentlich waren. Aber auch die Übersetzer, Herausgeber und viele andere Verlagsangehörige haben hart gearbeitet, um diese hervorragende deutsche Ausgabe meiner Aufzeichnungen zu ermöglichen. Für ihre Ausdauer und Hingabe danke ich ihnen von Herzen.

Möge Gott uns allen vergeben.

Sultan bin Muhammad al-Qasimi,
September 2011

I

Kindheitstage

Ich wurde am Sonntag, dem 14. Jumada al-Ula 1358, also dem 2. Juli 1939, geboren, und bereits vor meinem fünften Geburtstag mit außergewöhnlichen Weltereignissen konfrontiert. Im Frühjahr des Jahres 1944 wütete noch der Zweite Weltkrieg; in der dem Flugplatz von Sharjah angeschlossenen britischen Basis waren Truppen und Kampfflugzeuge stationiert. Auch die Vereinigten Staaten von Amerika hatten beschlossen, ihre Truppen zu Übungszwecken nach Lydda in Palästina, Habbaniya im Irak sowie nach Bahrain und Sharjah zu schicken, um sie anschließend in Nordafrika einzusetzen.

Anfang 1944 traf ein Team amerikanischer Militäringenieure in Sharjah ein und baute östlich der britischen Basis einen Truppenübungsplatz für die amerikanische Armee; die amerikanischen Truppen selbst folgten Anfang Mai. Mein Vater, der während der krankheitsbedingten Abwesenheit des Herrschers von Sharjah die Position seines Stellvertreters innehatte, stattete General Lucius Clay, dem kommandierenden Offizier der Truppen, einen Höflichkeitsbesuch ab. (Ich traf ihn 1974 in New York wieder, wo er Geschäftsführer von Lehman Brothers war.) Er lud uns ein, an Bord eines offenen Amphibienfahrzeuges zu kommen, das als DUKW bekannt war und landläufig »Duck« genannt wurde. Ich saß zwischen dem General und meinem Vater, auf dem Rücksitz saßen mein älterer Bruder Khalid, sein Freund ʻUmran bin Taryam und ein amerikanischer Soldat. Wir fuhren durch Sharjah-Stadt und weiter zu einer kleinen Bucht, wo das Fahrzeug sich in ein Boot verwandelte; dann verließ es die Bucht, wurde wieder zu einem Wagen und überquerte das Trockenland von Al-Shush (einer Landzunge, die die Bucht vom offenen Meer trennt), bevor es die stürmische See erreichte. Es kämpfte mit den Wellen, stieg und fiel – und mir wurde übel. Ich übergab mich auf die Uniform des Generals. Der steuerte den Wagen wütend wieder zurück nach Sharjah – damit war unsere Bootsfahrt beendet.

Am 8. September 1944 musste ein Militärflugzeug unweit des Dorfes Layyah in Sharjah im Meer notlanden. Die Maschine war ein Bomber des Modells Consolidated Liberator II, AL-550 und gehörte der britischen Luftwaffe. Sie hatte erfolglos versucht, nach dem Start vom Flughafen an Höhe zu gewinnen. Alle Crew-Mitglieder – die einzigen Passagiere an Bord – wurden gerettet. Ich lief mit meinem Bruder Khalid zum Ufer und fand in der Nähe des Absturzortes ein paar bunte Stifte. Mein Bruder sammelte die Stifte auf und schenkte sie mir.

Unser Haus

Wir lebten in einem Haus, das neben dem meines Onkels, Shaikh Sultan bin Saqr al-Qasimi, stand; es gehörte seiner Frau, Latifa bint Saʻid. Zwischen den beiden Häusern gab es einen

Zaun aus Palmzweigen und ein Tor, das beide Häuser nutzten. Ich kann mich nicht daran erinnern, meinen Onkel je in diesem Haus gesehen zu haben; ich weiß auch nichts mehr über die Zeit, als seine zwei Töchter ʿAzza und ʿAliya hier starben. Aber ich erinnere mich an die Öffnung, die ich und die zwei Söhne meines Onkels – ʿAbdullah, der älter war als ich, und der jüngere Suʿud – in den Zaun aus Palmzweigen machten, wenn wir von einem Haus zum anderen gehen wollten. Ich beobachtete diesen Spalt immer mit einem Anflug von Angst und bangen Vorahnungen; ich glaubte, die Beine eines *jinni* zu sehen, die wie die Griffe eines *mihmas* (ein *mihmas* ist eine flache Pfanne mit einem langen Griff, mit der die Beduinen Kaffeebohnen rösten) aussahen, und stellte mir vor, wie er von der Toilette an der Hausecke zum Raum der Töchter meines Onkels auf der anderen Seite des Gebäudes rannte, um sie zu töten. Aufgrund der mit dem Tod seiner Töchter in Zusammenhang stehenden schlechten Erinnerungen gab mein Onkel das Gebäude auf und ließ in aller Eile ein neues Haus mit Palmblattdach erbauen.

Der Zaun aus Palmzweigen trennte aber weiterhin das nun verlassene Haus meines Onkels vom Haus meines Vaters, das immer voller Menschen war. Mein Vater hatte ein großes Gefolge, das aus Familienmitgliedern, Nachbarn, Sklaven und Dienern bestand: Die Gäste hielten sich in einer der *majalis* (ein öffentlicher Versammlungsplatz außerhalb des Hauses) meines Vaters auf – es gab eine große *majlis* für die Öffentlichkeit und eine kleine für führende Persönlichkeiten. Nicht ein Tag verging, ohne dass in unserem Haus ein Fest stattfand: Durch die drei Türen des Hauses wurden Tabletts voller Essen gereicht, andere wurden zu der allgemeinen *majlis* gebracht, wo sich viele hungrige Leute versammelten – infolge des Zweiten Weltkrieges herrschte in jener Zeit eine Hungersnot.

Das Westtor unseres Hauses ging auf einen Hof hinaus, an den auch die Häuser meines Onkels und das Haus von Bin Rakkadh grenzten, dessen Söhne Ibrahim und 'Ali (die beide auf der britischen Basis arbeiteten) mir oft englische Zeitschriften mitbrachten. Ich war noch zu jung, um sie lesen zu können, aber die Bilder faszinierten mich. Nicht weit vom Hof stand ein Haus mit abblätterndem Mauerputz; die Tür des angeschlossenen großen Lagerraums stand immer offen. Es wurde das Haus von Al-Duwaish genannt. Mein Onkel Majid hielt dort einen Verrückten gefangen, der mit einer Eisenkette an einen großen Stein gekettet war. Immer wenn der Verrückte hörte, dass jemand am Lagerraum vorbeiging, rannte er zur Tür und kreischte. Die Vorbeigehenden glaubten, er sei frei, doch die Kette hielt ihn davon ab, das Lager zu verlassen. Der Weg über den Hof führte an der Tür des Verrückten vorbei zur Moschee, zum Markt und zum Haus des Mutawwa' – oder Lehrers – Faris bin 'Abd al-Rahman. Er war ein Najdi aus Saudi-Arabien, Imam der Moschee, und unterrichtete in seinem Haus die Kinder. (In einigen Ländern ist der Mutawwa' ein Vollstrecker des islamischen Rechts, aber hier bedeutet das Wort Prediger und Lehrer.) Das Haus des Mutawwa' Faris befand sich nicht weit von den Häusern unserer Familien, aber aus Angst vor dem Verrückten ging ich dort nicht zur Schule. Dann verschwand der Verrückte plötzlich; das Haus von Al-Duwaish wurde repariert und gelangte in den Besitz meines Onkels Majid. Nun war ich beruhigt und ging regelmäßig zum Haus des Mutawwa'. Ich war noch jung und befasste mich zunächst mit dem *juz' 'amma* – dem letzten Dreißigstel des

Qur'ans und dem ersten Teil der Heiligen Schrift, die man auswendig lernt –, aber die älteren Jungen und Mädchen waren dabei, den Qur'an vollständig zu absolvieren. Den Qur'an zu absolvieren bedeutete nicht, ihn auswendig zu können: Es bedeutete, dass man ihn sehr gut lesen und den *juz' 'amma* auswendig konnte.

Wer den Qur'an absolviert hatte, bekam den Schulabschluss verliehen, nachdem der oder die Mutawwa' das Lob Gottes gesprochen hatte. Die Jungen trugen dabei saubere Kleidung, manchmal auch neue Kleidungsstücke, während die Söhne der Shaikhs und der Reichen einen goldenen *khanjar*, einen Dolch, sowie eine Kopfbedeckung anlegten, die mit einer Schnur gehalten wurde. Es gab eine gemeinsame Zeremonie der Schulabsolventen, während der die Jungen dem Mutawwa' oder dessen Stellvertreter folgten, der immer wieder das Lob Gottes betete. Die Jungen hinter ihm antworteten »Amen«, mit lauter Stimme, sodass es wie ein lautes Brüllen klang: AMEN. Der Mutawwa' oder sein Stellvertreter ging von Tür zu Tür und sammelte Spenden. Die Töchter der Shaikhs und der Reichen trugen Goldketten und Schmuck zu ihren Kleidern und im Haar, ihre Hände waren mit Henna gefärbt.

Das Osttor unseres Hauses öffnete sich zu einem Innenhof, in dem die Kinder oft bis zum späten Abend spielten.

Das verlassene Haus meines Onkels

Der Zaun, der unser Haus von dem meines Onkels trennte, fiel um und konnte nicht repariert werden; daher befahl mein Vater, ihn entfernen zu lassen. Einige Jahre später beschloss man, eine Tür zum Hauptraum des leeren Hauses zu bauen, und unsere

Haupttür, die dem verlassenen Haus gegenüberlag, zu schließen. Das Kindermädchen meiner Schwester Na'ima wurde dort untergebracht, während der angrenzende Raum als Lager für Rinder- und Schafsfutter verwendet wurde. Indinghi, der Sklave meines Vaters, war für das Futter zuständig; er war ein großer Mann afrikanischer Herkunft und trug mich oft auf seinen Schultern umher. Die Kinderfrau Jumai'a wurde krank, aber keine der Behandlungen schlug an: Sie starb in ihrem Lagerraum. Eines Tages fand ich auch Indinghi im ehemaligen Haus meines Onkels; er lag tot auf einem Haufen von Tierfutter.

Zu jener Zeit heiratete 'Ayyid bin Khusaif, der bewaffnete Leibwächter meines Vaters, eine Frau namens Mariam und begann, ihr im Hof vor dem Osttor unseres Hauses ein Haus aus Palmzweigen zu bauen. Er baute die Mauern seines Hauses direkt an die Wand des verlassenen Hauses meines Onkels Shaikh Sultan bin Saqr al-Qasimi, etwa dort, wo der *jinni* lebte, wie wir Kinder glaubten. Kurze Zeit später verwandelte sich die stille Frau, von der wir nie einen Ton gehört hatten, seit sie in das Haus eingezogen war, in eine Art Teufelin – ihr Haar war unbedeckt und zerzaust, sie blickte mit wilden Augen um sich, schrie und hatte Schaum vor dem Mund. Es wurden Männer gerufen. Zwei von ihnen hielten ihre Hände fest und drückten sie herunter, als ob sie sie kreuzigen würden, während ein Dritter ihren Rücken auspeitschte und den *jinni* anrief: »Fort mit dir! Fort mit dir! Fort mit dir!«

Mariams Augen starrten in die Luft, und als ihr Blick den meinen traf, zitterte ich vor Angst, denn ich fürchtete, der *jinni* könne ihre Augen verlassen und in meine hineinspringen. Aber ihre Lider schlossen sich; kurz danach sank ihr Kopf auf ihre

Brust, während der Mann mit der Peitsche weiterschlug und schrie: »Fort mit dir! Fort mit dir! Fort mit dir!«, bis die Peitsche auf ihren leblosen Körper fiel.

In jener Nacht brach ein Feuer im Haus aus, obwohl niemand da war; als die Leute herbeieilten, um es zu löschen, ertönten plötzlich Schüsse aus den Flammen. Die Feuerwehrmänner wichen zurück, und das Haus brannte nieder. Endlich kam auch 'Ayyid bin Khusaif; die Menschen packten ihn und riefen anklagend: »Warum hast du deine Munition im Haus gelassen?« »Im Haus befindet sich keine Munition«, sagte 'Ayyid bin Khusaif. »Ich habe sie bei mir.« Später stellte sich heraus, dass die Schussgeräusche durch die Explosion getrockneter Zitronenkerne entstanden waren.

Die Festung von Sharjah

Die Festung lag südlich unseres Hauses. Ihre Gebäude waren nur durch eine breite Gasse von den Märkten der Stadt getrennt, sodass wir sie von den Fenstern unserer Häuser aus sehen konnten. Ständig kamen und gingen Karawanen, die interessierten Kunden alle möglichen Dinge zum Kauf anboten. Ein Mann wurde zur Festung eskortiert, begleitet von einem *'askari*, einem Polizisten mit Gewehr, der ihn anstieß, wenn er sich weigerte, weiterzugehen. Ein anderer Mann kam von der Festung zurück, mit gebeugtem Kopf; er fiel nur durch sein Schluchzen auf. Ein weiterer Mann lief mit großen Schritten auf die Festung zu, er hatte sich herausgeputzt und war tief in Gedanken versunken – er legte sich die Worte zurecht, die er zum Shaikh sagen wollte. Wenn er lächelnd zurückkehrte, war er großzügig belohnt worden. Kam er aber wieder und murmelte unzusammenhängende Sätze, waren all seine Hoffnungen zerschlagen. Und wir beobachteten dieses Treiben, morgens und abends.

Die Festung von Sharjah ist ein quadratisches Bauwerk mit vier Haupttrakten. Der erste Raum dient als *majlis* für bedeutende Persönlichkeiten: Er liegt im südöstlichen Bereich der Festung. Der nächste Bereich ist der *mashraf* – ein viereckiger Turm, der die Südwestseite der Festung dominiert und von den Wächtern genutzt wird. Im Nordwesten steht der *kubs*, ein Rundturm, in dem sich ebenfalls Wächter aufhalten. Die *mahlusa* ist ein besonders großer Turm; ihr Name leitet sich von ihrem ungewöhnlichen Baustil ab. Ihr oberer Bereich wird von den Wächtern genutzt; das untere Stockwerk dient als Gefängnis. Die Vorderseite der Festung ist dem Platz zugewandt, die riesige Tür zur Burg ist mit kuppelförmigen Nagelköpfen aus funkelnder Bronze geschmückt. Zwischen dieser Tür und der *mahlusa* stand im Schatten der Nachmittagssonne eine große Holzbank auf Stützfüßen, an deren Enden sich jeweils mehrere Stufen aus Holz befanden. Es gab auch eine große Kanone auf Holzrädern – die *al-Raqqas* – und noch eine weitere, kleinere Kanone, die ebenfalls auf hölzernen Rädern stand.

Links vom Tor befand sich das Gefängnis; durch ein Fenster, das zum Platz hinausging, konnten die Gefangenen mit ihren Verwandten sprechen. Oberhalb des Fensters war ein kleines Loch, das der Belüftung diente. Der Zugang zum Kerker lag in der inneren Halle des Haupttors, die *al-Isbah* genannt und streng bewacht wurde. Im Gefängnis wurde ein Verurteilter festgehalten, der in der Vergangenheit schwere Raubüberfälle begangen hatte; für seine Verbrechen war ihm die rechte Hand abgehackt worden. Aber eines Nachts stahl er eine kleine Bronzekanone. Es war sehr schwer für jemanden, der nur eine Hand besaß und schwach war, solch eine Kanone anzuheben und mit ihr durch das Lüftungsloch zu fliehen, aber der Ausbruch gelang. Man verfolgte seine Spur und fand ihn in einem Haufen Tierfutter – er hielt die Kanone immer noch umklammert.

An das Gefängnis schloss sich ein Lebensmittelgeschäft an. Es wurde von Ibn Kalban, einem der Sklaven des Shaikhs, geführt, der hier Kerosin, Kohle und Lebensmittel an die Häuser der Herrscherfamilien verkaufte. Nebenan waren Garagen für die Autos und von dort aus ging es auch zu den Ställen. Oberhalb dieses Komplexes befand sich der Raum, in dem der Shaikh seine *majlis* abhielt; davor lag eine offene Terrasse, an die sich eine überdachte Arkade anschloss. Der gesamte Bereich grenzte an den Vorplatz. Abends, wenn die Brüder von Shaikh Sultan und ihre Kinder hier zum Abendessen zusammenkamen, versammelten sich die Leute in Massen vor der Festung, einzeln oder in Gruppen, um die Nachrichten über den Krieg zu hören (man schrieb das Jahr 1945), die aus einem Radio ertönten, das in einem Zimmer im Obergeschoss der Festung stand.

Die Hälfte der Menschen unterstützte die Alliierten, die andere Hälfte die Achsenmächte. Die Nachrichten des deutschen Radiosenders wurden mit scharfer Zunge vom irakischen Radiosprecher Yunus Bahri vorgetragen und erzürnten die Anhänger der Alliierten; die Berichte des Mittelostdienstes der BBC hingegen, die von dem Syrer Munir Shamma vorgetragen wurden, verärgerten die Unterstützer der Achsenmächte. Von den Fenstern, die auf den Vorplatz der Festung hinausgingen, beobachteten wir Kinder die Streitigkeiten zwischen beiden Parteien.

Im südlichen Teil der Burganlage lebte die Mutter von Shaikh Saqr bin Sultan al-Qasimi; im Nordtrakt waren die Gemächer von Shaikh Saqr, seiner Frau und seinen Kindern. Vor der Festung stand ein großes Gebäude, das nur zur Hälfte fertiggestellt war – die andere Hälfte des Hauses diente als eine Art Schutzraum: Dieser Bereich hieß *al-Sabat* (Arkade). Hier lebten zahlreiche Beduinen, die Gäste des Shaikhs waren. Nördlich der Arkade gab es einen Brunnen zum Waschen, südlich hatte man einen Stall für die Kamele errichtet. Zwischen der Arkade und der Festung ragte ein schwerer Schiffsmast auf; sein oberer Teil war kohlrabenschwarz. Gesetzesbrecher, Diebe und Kriminelle wurden hier angebunden – er war als *hatb al-tauba* (Bußholz) bekannt. War ein Verbrecher dort angekettet, sahen wir Jungen zu, wenn er ausgepeitscht wurde. Wir diskutierten oft über den schwarzen Teil des Mastes. Einige Jungen sagten, er werde angezündet und brenne bis zu der Stelle nieder, wo der Dieb gefesselt war; wenn dieser fühle, dass das Feuer sich ihm nähere, würde er sein Verbrechen sofort gestehen. Ich wandte ein, dass wir jeden Tag da waren, um die Bestrafungen zu beobachten, aber nie ein Feuer sahen – und dieser schwarze Teil des Mastes war da, solange wir uns erinnern konnten.

Ich erkundigte mich bei meinem Vater nach dem Grund für das schwarze Ende des Bußholzes, und er erzählte mir folgende Geschichte:

»Zu der Zeit, als mein Vater, Shaikh Saqr bin Khalid al-Qasimi, Herrscher von Sharjah war, lebte im Al-'Ali-Viertel unserer Stadt ein blinder schwarzer Mann namens Basiduh. An einem stürmischen Tag, als der Südwind *suhaili* blies, ging Basiduh aus; er fand seinen Weg mithilfe eines Stocks und lief zum Markt, um ein paar Fische von den Fischern zu erbetteln. Als er zu seinem zerfallenen Zelt aus Palmblättern und Segeltuch zurückkam, entzündete er ein Feuer, um seine Fische zu grillen. Das Zelt fing Feuer und Basiduh verbrannte.

Aber das Feuer verschlang nicht nur Basiduh und sein Zelt, sondern erfasste auch die anderen Palmblatthäuser, seine Flammen wanderten nach Westen und tanzten durch die brennenden Gebäude. Das Feuer erstreckte sich bis zu den Wolken; nachdem es die Häuser zerstört und verschlungen hatte, sprühte es helle Funken und hinterließ verkohlte Schafe und Rinder in den Ställen. Der starke Wind trug die Funken und Aschepartikel zum Fluss von Sharjah, an dessen Ufer ein Boot namens Al-Ghalib lag, das zur Perlenfischerei benutzt wurde und Ibn Madhkur gehörte. Der Wind trug einen brennenden Splitter heran, der sich auf die Spitze des Bootsmastes setzte. Das Feuer begann sich von der Spitze des Mastes nach unten zu fressen, bis es nur etwa einen Klafter vom Bootsdeck entfernt war. Shaikh Saqr bin Khalid al-Qasimi, der Herrscher von Sharjah, ritt gerade am Ufer entlang und sah, was dort vor sich ging. Er ordnete an, das Tau, das den Mast am Boot befestigte, zu durchtrennen und die Überreste des Mastes ins Meer zu werfen, um das Feuer zu löschen. Dann ließ er den Mast zur Festung bringen und dort aufstellen, sodass Diebe und Verbrecher daran festgebunden werden konnten. Damals erhielt der Mast den Namen *hatb al-tauba*.«

Früher wurde dieser Abschnitt des Bootsmastes dazu benutzt, Taucher festzubinden, denn sie täuschten häufig Krankheiten vor, um nicht im Meer nach Perlen tauchen zu müssen, aus Angst vor den Haien, die sie häufig attackierten, oder weil sie an Kurzatmigkeit litten. Manchmal wurden Taucher emporgezogen, die von *jinnis* fantasierten, die sie angeblich auf dem Meeresboden gesehen hatten. Manche hatten aufgrund des hohen Wasserdrucks, dem sie ausgesetzt waren, beschädigte Trommelfelle; ihre Behandlung bestand darin, sie unterhalb der Ohren zu brandmarken. Später wurden Angeklagte am Mast festgebunden – so sollten sie dazu gezwungen werden, ihre Verbrechen zu gestehen.

Südlich des *hatb al-tauba* befand sich eine Sammlung alter Waffen, deren Gewehrrohre mit den Mündungen an den Palmenstämmen lehnten. Diese Waffen haben wir nie verwendet. Mit der kleinen Holzrad-Kanone hingegen wurden früher Salutschüsse anlässlich des *'Eid* – des religiösen Festes, das am Ende des heiligen Monats Ramadan stattfindet – oder bei der Rückkehr von der Pilgerfahrt nach Mekka (auch als *Hajj* bekannt) oder auch zu Ehren anwesender Gäste abgefeuert. Eines Tages war Amir Su'ud bin 'Abd al-'Aziz Al Su'du aus Saudi-Arabien zu Gast in Sharjah. Er war nach Indien unterwegs und hatte einen Zwischenaufenthalt am hiesigen Flughafen Sharjah. Shaikh Sultan bin Saqr al-Qasimi, der Herrscher von Sharjah, lud ihn ein, in der *majlis* der Festung Kaffee zu trinken, und der Wächter, der für die Kanone zuständig war, wurde angewiesen, einen Schuss abzufeuern, wenn der Gast vor der Tür der Festung aus dem Auto ausstieg. Dieser Wächter versuchte gemeinsam mit einer Gruppe anderer Männer, die kleine Kanone von ihrem Platz unweit der Tür, durch die der Gast treten sollte, zu einer etwas weiter entfernten Stelle zu rollen. Aber es gelang ihnen nicht – die Kanone blieb hartnäckig auf ihrem Platz stehen.

Die Wächter riefen uns zu Hilfe – wir waren eine Gruppe von Jungen, die sich an der Festung versammelt hatten, um die Ankunft des Gastes zu beobachten.

Nicht weit von uns standen zwei Männer – Begleiter von Shaikh Muhammad bin Hamad al-Shamsi, dem Bruder von Shaikh Rashid bin Hamad al-Shamsi (dem Shaikh von Hamasa). Shaikh Muhammad war mit seinen Begleitern bei meinem Vater zu Gast; sie hielten sich in der privaten *majlis* unseres Hauses auf. Der eine hieß Hass, der andere Jumai'. Sie versuchten gemeinsam mit uns, die Kanone wegzurollen, aber sie wollte sich einfach nicht bewegen. Der für die Kanone verantwortliche Wachmann entschied also, eines der alten Geschütze zu verwenden und stabilisierte es mit Palmenstämmen. Er begann, Schießpulver und Lumpen in das Rohr zu stopfen, während wir um ihn herum standen. Von der alten Waffe blätterte Rost, der sich auf dem Boden sammelte. Nachdem er die Kanone geladen hatte, füllte er etwas Schießpulver in die schmale Öffnung auf der Rückseite des Rohres. Als der Gast eintraf, nahm er einen brennenden Holzspan und entzündete ein Palmblatt. Dann bat er uns zurückzutreten. Als er die Flamme an die Rückseite der Kanone hielt, explodierte die Waffe. Aus einer riesigen Rauchwolke schossen Splitter in alle Richtungen, und Jumai' fiel zu Boden: Eines der Bruchstücke hatte seine Wange getroffen und ein Loch hineingerissen, durch das seine Zähne zu sehen waren.

Einmal pro Woche brachten die Briten einen Filmprojektor zur Kamelstation, um ihre Siege – jedoch nicht ihre Niederlagen – im Zweiten Weltkrieg zu präsentieren. Der Platz war voller Zecken, die von den Kamelen fielen; im Laufe des Films kratzten sich die Zuschauer immer wieder an Beinen und Füßen, weil die Zecken sie bissen und das Blut aus ihren Körpern saugten.

Die Tür zu den Ställen lag an der Südseite der Festung, deren westliche Einfriedung aus den Überresten der Stadtmauer von

Sharjah bestand und die Umgrenzung der Moschee für die Beduinen bildete. Ich machte oft Reitübungen im Hof des Stalles, und als für meine älteren Cousins die Zeit kam, in die Wüste zu reiten, fragte ich unseren Reitlehrer Sa'id al-Khail (Sa'id der Pferde), ob ich mit ihnen kommen dürfe. Er war einverstanden, fürchtete aber, das Pferd könne mit mir durchbrennen. Also beschloss er, mit uns eine Tour durch die Straßen und zum *suq* – dem Markt – von Sharjah-Stadt zu machen. Als wir am westlichen Fisch-*suq* ankamen, sahen wir eine Reihe von Frauen, die verschiedene Gemüsesorten auf dem Boden ausgebreitet hatten: Rettiche, Zwiebeln, Tomaten, Melonen und süßes Basilikum. Mein Pferd näherte sich den Frauen, die ihr Gemüse liegen ließen und wegrannten; es begann, das Gemüse zu verschlingen und die Melonen zu zertrampeln. Ich bekam das Tier nicht unter Kontrolle, und Sa'id al-Khail sprang von seinem Pferd, um meines zu den anderen zurückzuführen. Daraufhin machte sich aber nun sein Pferd über die Reste des Grünzeugs her. Die Leute auf dem *suq* schrien und wedelten mit den Armen, sodass die Tiere durchgingen und über den *suq* stoben. Zum Glück wurde niemand verletzt, aber die Leute beschwerten sich bei Shaikh Sultan bin Saqr al-Qasimi, der uns zurechtwies und diejenigen, die Verluste erlitten hatten, entschädigte. Außerdem ordnete er ein Pferdeverbot für die *suqs*, Märkte und Straßen von Sharjah an.

2

Shaikh Sultan bin Saqr al-Qasimi

Shaikh Sultan bin Saqr al-Qasimi war seit 1924 Herrscher von Sharjah; sein Bruder, Shaikh Muhammad bin Saqr al-Qasimi, war sein Stellvertreter. Ein weiterer Bruder der beiden, Shaikh Majid bin Saqr al-Qasimi, saß im 'Arsa-Kohlensuq und hörte sich die Beschwerden der Leute an: Entweder konnte er die Zwistigkeiten beilegen, oder er leitete sie an den Qadi – den islamischen Richter – der Stadt weiter, der die *shari'a* (das Islamische Recht) anwandte, um die Dispute unter den Einwohnern fair und gerecht zu lösen. Der Qadi war damals Shaikh Saif bin Muhammad bin Mijlad; die Leute kamen in seine überfüllte *majlis*, um hier ihre Klagen vorzubringen. Er übermittelte seine Urteile an Shaikh Sultan bin Saqr al-Qasimi, der sie wiederum an die Kläger weiterleitete, die sie dann anerkannten und in die Tat umsetzten. Der *wazir* (Minister) des Shaikhs war Sayyid Ibrahim bin Muhammad al-Midfa': Er war für den Austausch von Nachrichten und die offiziellen Beziehungen zu anderen Körperschaften verantwortlich.

Festtage

Die Menschen hielten nach der Mondsichel Ausschau, die den Beginn des *'Eid* markierte, das bei Sonnenuntergang nach dem Abendgebet begann. Durch die erwartungsvolle Stille tönte der Klang eines Kanonenschusses und verkündete den Beginn des *'Eid* für den nächsten Tag. Danach hörte man, wie die Menschen zu den *suqs* eilten – Leute, die sich noch nicht auf das *'Eid* vorbereitet hatten oder das geschäftige Treiben einfach nur beobachten wollten. Der eine kam vielleicht, um Kleidung für das Fest zu kaufen; ein anderer wollte sich »verschönern« lassen und wartete beim Friseur oder Barbier, bis er an die Reihe kam; der Nächste kaufte alles Nötige für die Zubereitung der *fuwala*, die er seinen Gästen anbieten wollte. *Fuwala* waren Süßigkeiten wie *manfush* und *bashmak*, die aus Tahina-Paste, einem Teig aus gemahlenen Sesamsamen, zubereitet wurden; sie sind auch unter dem Namen *herda* bekannt. Gegenüber dem Laden von Taimur, dem Zuckerbäcker (er stellte die Süßigkeiten her und verkaufte sie), befand sich ein Geschäft mit einer Mühle; ein mit einer Augenbinde versehener Esel drehte sie unentwegt – er wurde der *herda*-Esel genannt. Daraus entstand sogar eine Redewendung. Wenn jemand sagte: »Überlaste diesen Arbeiter nicht zu sehr«, antwortete man: »Kein Problem, er ist ein *herda*-Esel.«

Am Morgen des *'Eid* gingen die Leute in ihrer besten Kleidung zum Gebetsplatz, der eineinhalb Kilometer von der Stadt entfernt war. Dort befand sich eine Betonkanzel mit drei Stufen, auf der der Prediger stand. Vor ihm reihten sich die Gläubigen auf. Der Vorbeter für das *'Eid* und die Freitagsgebete war Shaikh Saif bin Muhammad bin Mijlad. Er hatte eine laute Stimme. In den vorderen Reihen standen die Männer und Jungen, angeführt von Shaikh Sultan bin Saqr al-Qasimi, seinen Brüdern, Verwandten und anderen Würdenträgern der Stadt. Die Frauen hielten sich in den hinteren Reihen auf; aber sie waren nicht sehr zahlreich. Als das *'Eid*-Gebet beendet war, gingen alle zurück in die Stadt, und sobald die Wächter in der Festung die Menschen in ihrer weißen Kleidung kommen sahen, gaben sie den Befehl für den Salutschuss. Wenn man diesen Schuss hörte, wusste man mit Bestimmtheit, dass es *'Eid* war und konnte sagen »Das *'Eid* ist da«.

Die Menschen versammelten sich an der Festung, um Shaikh Sultan bin Saqr al-Qasimi zum *'Eid* zu gratulieren. In der Menge standen auch Wachleute des Shaikhs, die die britische Luftwaffenbasis bewachten. Sie stammten aus dem Oman und lebten unweit des Flughafens in einem Ort namens al-Manakh. Ihr Oberhaupt hieß Nasser al-Zaidi. Wenn sie auf dem Platz vor der Festung ankamen, sangen und tanzten sie; besonders bekannt waren zwei von ihnen – sie hielten Schwerter und Schilde in den Händen und stellten ein Duell nach. Am Ende der Vorführung »erstach« der eine Mann den anderen und metzelte ihn zum Schein nieder. Das »Opfer« fiel zu Boden; dann stieß der Sieger ihn mit seinem Schwert an, und der andere stand wieder auf.

Die Kinder waren immer dabei und sahen sich das Duell an; sobald es zu Ende war, rannten sie durch die Gassen von Haus zu Haus und baten um *'Eid*-Geschenke – an diesem Tag wird den Kindern üblicherweise ein wenig Geld geschenkt.

Am Abend desselben Tages trafen sich Männer, Jungen, Mädchen und Kinder auf dem Festplatz am Rolla-Baum (Banyanbaum), der einen großen Schatten warf. Sie hängten Seile an die dickeren Äste des Baumes, und die Mädchen setzten sich in zwei Reihen einander gegenüber auf die Stricke. Jedes Mädchen verschlang seine Finger und Füße in dem Seil, auf dem das Mädchen gegenüber saß, und schließlich brachten acht Mädchen die große Schaukel in Bewegung. Die Jungen hielten die Mädchen mit großer Umsicht weiter in Schwung. Unter dem Baum wurden Süßigkeiten und Mandeln verkauft. Der Shaikh von Sharjah saß in einem großen Stuhl, umgeben von seinen Verwandten und den Würdenträgern der Stadt, und nahm die Glückwünsche zum *'Eid* entgegen; nicht weit von ihnen wurde der *'iyalah*-Tanz, ein Kriegstanz, vorgeführt.

Freitags verließ Shaikh Sultan eines seiner Häuser oder die Festung und ging zur Freitagsmoschee, gefolgt von seiner Entourage, die von einem bewaffneten Wächter angeführt wurde, der den Shaikh zu verteidigen hatte. Der Shaikh selbst trug ein goldenes, gekrümmtes Schwert, das als *kattarah* bekannt war.

Der Bauernhof in Falaj

Mein Onkel Shaikh Sultan bin Saqr al-Qasimi besaß einen großen Bauernhof in der Falaj-Region, östlich von Burj Khuzam, und hatte in dessen Nähe ein Gästehaus errichten lassen. Auf dem Hof gab es zwei Brunnen, an die zwei Wasserpumpen angeschlossen waren, die zwei große Wasserreservoirs speisten. Das westliche Becken war zum Baden reserviert und wurde von einer Pergola aus Palmblättern überdacht, an der sich Jasmin emporrankte; seine Blüten fielen oft auf die Köpfe der Badenden. Die Jasminbüsche wuchsen in einem schweren Container, der mitten im Pool stand und mit glasierten Fliesen mit Rosenmuster versehen war. Aromatisch duftende Pflanzen umgaben das Becken, und hier und da sah man Gazellenherden grasen.

Mein Onkel Shaikh Sultan nahm seine Brüder und die Söhne der Familie oft mit auf den Hof. Er und seine Brüder fuhren in seinem Privatauto, die Söhne hingegen in einem großen, lasterähnlichen Fahrzeug. Unterwegs sangen wir.

Shaikh Sultan vermittelt in der Affäre von Ra's al-Khaimah

In der ersten Februarwoche des Jahres 1948 – ich war neun Jahre alt – saß ich eines Morgens mit meiner jüngeren Schwester Na'ima auf einem Hügel und beobachtete die Straße. Sie verlief zwischen den Palmenhainen und Ra's al-Khaimah, einem der goldfarbenen Hügel von Kharran; wir bauten Sandburgen – bei Sonnenaufgang hatte es geregnet, und der Sand war noch feucht. Wir schmückten die Burgen mit den leuchtend bunten Wildblumen, die wir gesammelt hatten.

Überall herrschte Stille. Die Morgenbrise streifte mit kaltem Windhauch über unsere Gesichter; wenn wir nach Osten schauten, fiel unser Blick auf die Ebene, die von *samr*-Bäumen (Schirmakazien) übersät war und sich bis zu den Ausläufern der hohen Gebirgskette im Norden erstreckte; im Westen ging sie in ein grünes Knäuel über. Dieses Knäuel war eine Ansammlung von Dörfern, die von hohen Palmen durchzogen waren. Wendeten wir uns nach Norden, konnten wir die Bucht von Ra's al-Khaimah sehen; weiter westlich an ihrem Ufer erhob sich die Stadt Ra's al-Khaimah; im Osten stand das Dorf Mu'airidh. Die Lagune der Bucht erstreckte sich in südlicher Richtung bis zu den Sanddünen von Kharran. Die Dünen waren durch *sabkhas*, oder Salzebenen, von den Bergen getrennt; in dem salzhaltigen Boden gediehen Tamariskensträucher und ein paar *ghaf*-Bäume (Khejribäume). Manchmal kam das Vieh hierher, um Regenwasser zu trinken, das sich in einer flachen Grube ansammelte.

Südlich von uns erhob sich eine Festung aus Lehm, die als »Fort von Shaikh Sultan bin Salim al-Qasimi« bekannt war; wir konnten sehen, dass aus ihren Festungsmauern zwei Gewehrspitzen herausragten, die sich auf eine Gruppe von Menschen richteten, die aus Ra's al-Khaimah auf uns zu kam. Es handelte sich um einen Mann in Begleitung von vier Frauen. Sie erklommen den Hügel, auf dem wir saßen, als plötzlich eine Stimme aus der Festung rief: »Halt! Halt!« Der Mann fiel zu Boden, er schrie und schluchzte – mit seiner heiseren Stimme und furchterregenden Erscheinung machte er uns große Angst. »Wir flohen vor dem Tod und nun sehen wir dem Tod erneut ins Auge.« Aus der Festung ertönte wieder die Stimme: »Sukoun? Sukoun [das war sein Name], hier bist du sicher!« Sukoun antwortete: »Saqr! Khalid!«

Sukoun war ein Bediensteter von Shaikha 'Aisha bint Saqr al-Qasimi, der Mutter von Saqr und Khalid – den beiden halbwüchsigen Söhnen von Shaikh Sultan bin Salim al-Qasimi, des Herrschers von Ra's al-Khaimah. Die Frauen kamen in unser Haus und berichteten uns von einer Revolution in Ra's al-Khaimah, die von Shaikh Saqr bin Muhammad al-Qasimi – dem Neffen väterlicherseits von Shaikh Sultan bin Salim al-Qasimi – angeführt wurde. Sie erzählten, dass Saqr und Khalid aus Ra's al-Khaimah geflohen waren, und dass es keine Nachricht von ihnen gab.

Ich stand vor unserem Haus und wartete auf ein Auto, das ich von Weitem kommen hörte; es war unser eigenes Fahrzeug, und mein Vater stieg aus – er war am Morgen mit seinem Chauffeur ʿAbdallah Bandari weggefahren. Er wurde von zwei Jugendlichen begleitet; es waren Saqr und Khalid, die beiden Söhne seiner Schwester Shaikha ʿAisha bint Saqr al-Qasimi, der Frau von Shaikh Sultan bin Salim al-Qasimi, des Herrschers von Ra's al-Khaimah. Der Leibwächter meines Vaters, ʿAyyid bin Khusaif, war bei ihnen; sie gingen zur Außen-*majlis*, einem Zelt, das nicht weit von den Zelten stand, die als Wohnungen dienten. Mein Vater nahm mich mit ins Haus. Dann erzählte er, was geschehen war:

»Als ich hörte, dass Shaikh Saqr bin Muhammad bin Salim al-Qasimi [die Mutter von Shaikh Saqr bin Muhammad bin Salim al-Qasimi war Hassa bint Saqr al-Qasimi, die Halbschwester meines Vaters Muhammad bin Saqr al-Qasimi] die Festung von Ra's al-Khaimah besetzte und Saqr und Khalid sich in Ra's al-Khaimah aufhielten, machte ich mich unverzüglich auf den Weg, um sie zu retten.«

Vater berichtete, dass er zum Haus von Shaikh Humaid bin Muhammad al-Qasimi ging, wo er Khalid bin Sultan fand, der dort Schutz gesucht hatte. Als er nach Saqr fragte, erfuhr er, dass dieser frühmorgens mit einem Motorrad aus seinem Haus in Ra's al-Khaimah geflohen war. Ich sagte, ich hätte am frühen Morgen ein Motorrad gesehen, dass die Straße unterhalb des Hügels entlangraste und aus Ra's al-Khaimah kommend nach Osten fuhr. Mein Vater sagte: »Das stimmt. Saqr floh zu seinen Freunden ins Dorf Khatt; ich fand seinen Aufenthaltsort heraus, als ich die Route des Motorrades, das Sultan erwähnt hatte, nachverfolgte, und nun sind sie hier bei mir in der *majlis*.«

Die Nachricht, dass Saqr und Khalid sich in der *majlis* aufhielten, verbreitete sich im Haus, das bald vom Geheul der weiblichen Anhänger von Shaikha 'Aisha, der Mutter der Jungen, erfüllt war. Die Frauen kämpften darum, zur *majlis* zu gelangen, um die Hände von Saqr und Khalid zu küssen. Mein Vater verkündete, er würde sie zu ihrer Mutter – seiner Schwester – nach Sharjah bringen, und ich erklärte gleich: »Ich komme mit euch.« Vater sagte zu Mutter lediglich: »Hol ihm ein paar Sachen zum Anziehen.« Gegen Mittag, nach dem Essen, stiegen wir ins Auto, um nach Sharjah zu fahren. Ich saß mit meinem Vater auf dem Vordersitz, hinten saßen Saqr und Khalid, die beiden Söhne von Shaikh Sultan bin Salim al-Qasimi, sowie der militärische Leibwächter meines Vaters, 'Ayyid bin Khusaif. Des Weiteren begleitete uns ein omanischer Gast meines Vaters; er stammte aus Ja'lan im Südosten von Oman und war ein angenehmer Mensch – gutherzig, lustig, immer zum Lachen und Scherzen aufgelegt; er hatte einen weißen Bart und dunkle Haut. Er trug einen silbernen *khanjar*, ein weißes Kleid und einen Wollturban.

Mein Vater und die Söhne seiner Schwester waren aufgrund der Katastrophe sehr bedrückt, und das Auto machte beängstigende ächzende Geräusche. Auf der Fahrt über die Sandstraße schwankte es stark nach links und rechts. Der Ja'lani, der auf dem Rücksitz saß, beugte sich nach vorn in die Lücke zwischen den Vordersitzen und begann zu singen und Geschichten zu erzählen, bis mein Vater lächelte und mit ihm redete. Wir unterbrachen die Fahrt nach Sharjah nur ein Mal – für das Nachmittagsgebet – und erreichten Sharjah-Stadt am Nachmittag. Wir hielten vor unserem Haus und dem Haus meiner Tante – der zweiten Frau meines Vaters. Mein Vater befahl dem Fahrer ʿAbdallah Bandari, die Söhne seiner Schwester zu ihrer Mutter zu bringen, und nahm mich zusammen mit dem Jaʿlani und seinem Leibwächter ʿAyyid bin Khusaif mit zur Haupt-*majlis* in unserem Haus. Unser Haus war unverschlossen, aber es schien niemand da zu sein. Mein Vater beruhigte uns und sagte, dass Salmeen ganz bestimmt nicht weg sei. (Salmeen bin Suwailim war ein Omani aus Nakhl. Er war ein Sklave, bis mein Vater ihn kaufte und freiließ, aber Salmeen lebte lieber bei uns.) Mein Vater rief: »Salmeen! Salmeen!«, und ich stimmte ein: »Salmeen! Salmeen!«

Salmeen erschien. Er stützte sich auf ein Bein und zog das andere beim Gehen hinterher, die Folge einer Lähmung, unter der er seit vielen Jahren litt. Mein Vater sagte zu ihm: »Mach etwas Wasser warm, damit Sultan [ich] sich waschen kann, und stell es in das Bad neben der *majlis*.« Dann wies er seinen Leibwächter ʿAyyid bin Khusaif an, zum Barbierladen von ʿIsa Namaku zu gehen und diesen herzuholen. Anschließend nahm er mich mit zum Haus meiner Tante, seiner zweiten Frau, wo sich meine Schwestern und auch mein jüngerer Bruder Humaid aufhielten. Nachdem er sich gewaschen und seine Kleidung gewechselt hatte, gingen wir zur *majlis*; er hatte etwas Seife und ein Handtuch mitgenommen, aber als wir ankamen, war der Barbier noch nicht eingetroffen. Mein Vater schaute ungehalten durch das Fenster der *majlis*, das zum Platz vor unserem Haus hinausging, und da sah er den Barbier, der mit der Tasche in der Hand angerannt kam. Er konnte nicht besonders schnell laufen und schwankte dabei wie das Pendel einer Uhr, denn er hatte schreckliche O-Beine. »ʿIsa … Sie sind spät dran«, sagte mein Vater. ʿIsa Namakuh antwortete: »Seien Sie gegrüßt, Shaikh Muhammad. Ich war gerade dabei, jemanden zu rasieren, und hatte erst die Hälfte seines Kopfes geschoren – wie sollte ich ihn also so zurücklassen?« »Kommen Sie schon«, sagte mein Vater, »rasieren Sie Sultan.«

Namaku legte seine Ausrüstung auf den Boden und hüllte mich in ein Stück Stoff. Er nahm seine Schere und begann, Büschel von meinem Haar abzuschneiden, die er in einen Stofffetzen warf, der auf meinem Schoß lag. Ich war betrübt über den Verlust meiner Haare, die ich immer gut gepflegt hatte, und die wie Traubenranken über meine Schläfen fielen; wie sollte ich meinen Freunden gegenübertreten – sie hatten Haare und ich war kahl? Ich brach in Tränen aus. Mein Vater fragte: »Isa, haben Sie den Kopf des Jungen verletzt?« Isa antwortete: »Ich habe kein Rasiermesser benutzt, ich habe seine Haare nur mit der Schere geschnitten!« Nachdem der Friseur mein Haar abrasiert und mir mehrere Wunden zugefügt hatte, begann Salmeen mich in warmem Wasser zu waschen. Mein Vater befahl ihm: »Seif ihn am ganzen Körper ein.« Dann kam er zu mir, trocknete mich ab und zog mir ein Gewand aus der Kleidertasche an, die ich mitgebracht hatte; zum Schluss wickelte er mir meinen roten Schal um den Kopf.

Nach dem Gebet zu Sonnenuntergang ging ich mit meinem Vater zur Festung, wo wir meinen Onkel Shaikh Sultan bin Saqr al-Qasimi in seiner Bibliothek aufsuchten. Ich küsste ihn auf die Nase, wie mein Vater es mir geraten hatte, und er gab mir einen Klaps auf die Brust. Dann setzte ich mich neben ihn auf den Boden.

In der Bibliothek waren nur mein Onkel und mein Vater; mein Vater erklärte seinem Bruder Shaikh Sultan, was in Ra's al-Khaimah geschehen war. Derweil kam einer der Wächter herein und verkündete: »Shaikh Sultan bin Salim al-Qasimi, der Herrscher von Ra's al-Khaimah, wartet am Festungstor.« Mein Onkel Shaikh Sultan ließ ihn hereinführen und trat vor, um ihn zu begrüßen.

Er kam mit seinen zwei Söhnen, Saqr und Khalid, herein; mein Onkel brachte sie in seine Bibliothek, und in der *majlis* wurde ein Familienrat abgehalten. Shaikh Sultan bin Salim al-Qasimi hatte die Schwester meines Onkels und meines Vaters geheiratet; damit waren sie Onkel mütterlicherseits von Saqr und Khalid, den beiden Söhnen von Shaikh Sultan bin Salim al-Qasimi. Shaikh Sultan bin Salim war ganz aufgelöst; er beschwor meinen Onkel und meinen Vater, alles zu tun, was in ihrer Macht stand, um ihm die Herrschaft über Ra's al-Khaimah zurückzugeben.

Es war nicht das erste Mal, dass ich Shaikh Sultan bin Salim al-Qasimi sah. Einige Wochen zuvor hatte ich meinen Vater nach Ra's al-Khaimah begleitet, als er ihm einen Besuch abstattete. Damals hatten sich die Beduinen in Kharran versammelt, um sich bei meinem Vater zu beschweren. Sie erklärten ihm, dass Shaikh Sultan bin Salim die altbewährten *ghaf*-Bäume in der Region um Jiri fällen ließ, besonders jene, deren Zweige für den Bau der kuwaitischen Bootshecks benutzt wurden (die als *bum* bekannt waren). Diese kuwaitischen Fernstreckenboote wurden nun auf Motorbetrieb umgerüstet, und ich hatte selbst gesehen, wie zwei Kamele den Stamm eines großen Baumes – der zwischen den beiden Tieren festgebunden war – transportiert hatten. Shaikh Sultan bin Salim weigerte sich, die Ratschläge meines Vaters anzuhören. Also fuhr mein Vater wieder nach Kharran und berichtete den Beduinen über das Gespräch mit Shaikh Sultan bin Salim.

Shaikh Sultan bin Salim erzählte meinem Onkel, Shaikh Sultan bin Saqr, dass sich seine Schwester, Shaikha Fatima bint Salim al-Qasimi, in der Festung von Ra's al-Khaimah aufgehalten habe, als Shaikh Saqr bin Muhammad al-Qasimi diese betrat; sie habe im Erdgeschoss gestanden, die Beduinen angeschrien und sie Verräter genannt. Shaikh Sultan bin Salim hatte das von seinem Sohn Khalid erfahren; der hatte ihre Schreie gehört, als er sich im Haus von Shaikh Humaid bin Muhammad al-Qasimi aufhielt.

Er hörte auch, dass Shaikh Saqr bin Muhammad den Beduinen befohlen hatte, nicht das Erdgeschoss zu betreten, sondern sich ins Obergeschoss und zum Festungstor zu begeben, um die Ehre seiner Tante zu schützen.

Shaikh Sultan bin Salim al-Qasimi wollte seine Schwester nun aus der Festung holen und nach Sharjah bringen und anschließend nach einer Lösung für die Herrschaftsfrage in Ra's al-Khaimah suchen. Mein Onkel, Shaikh Sultan bin Saqr al-Qasimi, reiste selbst nach Ra's al-Khaimah, um dort Shaikh Saqr bin Muhammad al-Qasimi zu treffen; mein Vater versprach, einen Brief an Shaikh Humaid bin Muhammad al-Qasimi zu schreiben, um ihn zu bitten, seine Tante, Shaikha Fatima bint Salim al-Qasimi, aus der Festung von Ra's al-Khaimah nach Sharjah bringen zu dürfen. Shaikh Sultan bin Salim al-Qasimis Auto wurde für die Fahrt nach Ra's al-Khaimah zur Verfügung gestellt.

Mein Vater schrieb also den erbetenen Brief, übergab ihn Al-Ramis, dem Leibwächter von Shaikh Sultan bin Salim, und beauftragte ihn, das Schreiben zu Shaikh Humaid bin Muhammad al-Qasimi zu bringen.

Ich fragte meinen Vater, ob ich mit ihnen kommen dürfe; sie könnten mich in Kharran herauslassen, wo ich meine Mutter besuchen wollte. Er war einverstanden. Ich setzte mich auf den Vordersitz des Wagens, zusammen mit ʻUqab, dem Fahrer. Al-Ramis saß auf dem offenen Rücksitz, und ganz hinten lagen mehrere Säcke, deren Inhalt ich nicht kannte.

Nachdem wir Sharjah am frühen Abend verlassen hatten, bat Al-Ramis mich irgendwann, auf den Rücksitz zu wechseln, sodass er gemeinsam mit dem Fahrer vorn sitzen konnte. Mein kleiner Körper rutschte zwischen den Säcken durch, und ich fiel in einen tiefen Schlaf.

Al-Ramis weckte mich mit den Worten: »Wach auf, wir sind gleich bei deinem Haus.« ʻUqab, der Fahrer, fragte mich: »Siehst du die Spuren eures Wagens? Folge dieser Spur, dann bist du bald zu Hause.« Ich stieg aus dem Auto; sie gaben mir keine Möglichkeit, mich kurz zu orientieren, sondern ließen mich mitten auf der Straße zurück und fuhren weiter. Ich sah dem Auto hinterher, bis seine Rücklichter hinter den Bäumen verschwunden waren. Es war eine dunkle Nacht, und der Mond war noch nicht aufgegangen, denn es waren die letzten Tage des Mondmonats Rabiʻ al-Awwal. Bis zu unserem Haus waren es noch eineinhalb Kilometer, und in der Region gab es keine Häuser außer dem meines Onkels mütterlicherseits, Salim bin Khamis al-Suwaidi. Er war eigentlich der Onkel meines Vaters, aber wir nannten ihn alle Onkel. (Im Arabischen werden hier verschiedene Vokabeln gebraucht, um zwischen den Familienmitgliedern mütterlicher- und väterlicherseits zu differenzieren. Dies ist traditionell bedingt und hat bis in die heutige Zeit Bestand und Relevanz.) In der Nähe stand auch ein kleines Haus, das den beiden Damen Shaqrouh und Hamrouh vom Clan der Bani Dhawi gehörte. Diese Häuser standen unweit der Festung auf der Spitze des

Hügels, und ich befand mich am Fuße des Berges – ich musste also nach oben.

In der Nähe heulten Wölfe, und ich fürchtete mich. Ein paar Tage zuvor waren nachts Wölfe in Shaqrouhs Schafstall eingedrungen und hatten ein Lamm gerissen; ich hatte Angst, dasselbe Schicksal zu erleiden und rannte los, so schnell ich konnte. Unterwegs stolperte ich mehrmals, bis ich an unserem Haus ankam und so lange nach meiner Mutter rief, bis sie die Tür öffnete. Sie war erstaunt. »Wie bist du hergekommen, ich habe kein Auto gehört?« Ich sagte: »Sie haben mich auf der Hauptstraße rausgelassen, und ich bin hierher gerannt.« Voll Inbrunst sagte meine Mutter: »Möge Gott sie bestrafen … die Straße ist voller Wölfe.« Am nächsten Tag blieb ich im Haus, denn ich wollte mit meinem geschorenen Kopf nicht meinen Freunden begegnen. Es war eine Gruppe beduinischer Jungen mit langen Haaren; der älteste hieß Mashrum, ein anderer Al-Za'abi; sie lebten im nahegelegenen Jazirat al-Hamra.

Normalerweise trafen wir uns täglich: Jeder hatte einen Bogen dabei, der aus dem Stängel eines Dattelpalmwedels bestand, und einen Pfeil, an dem eine Nadel befestigt war. Wir hatten die Waffen selbst hergestellt, um damit Tauben und kleine Tiere zu jagen. Wir machten oft Lagerfeuer; zum Anzünden benutzten wir ein Feuerzeug von Mashrum: Wir hielten die stählerne Spitze des Zündsteins an trockenes Stroh und bliesen die Flamme solange an, bis ein Feuer brannte. Dann saßen wir ums Feuer und aßen, was wir gefangen und gebraten hatten – Heuschrecken, Eidechsen, Springmäuse und Vögel. Wir liefen durch die Weizenfelder, die mein Vater in Salihiyya bestellte. Sie lagen nicht weit von Hail – einem Dorf des grünen Knäuels. Mit

Palmwedeln verscheuchten wir die kleinen Vögel von den Weizenähren.

Ein paar Tage später traf mein Vater aus Sharjah ein. Er brachte ein paar Dinge mit, mit denen er seinen Bruder, meinen Onkel Shaikh Sultan bin Saqr al-Qasimi, empfangen wollte. Der kam am nächsten Tag, um zwischen Shaikh Saqr bin Muhammad al-Qasimi, der die Kontrolle über Ra's al-Khaimah übernommen hatte, und Shaikh Sultan bin Salim al-Qasimi zu vermitteln, der sich in Sharjah, wo seine Frau (meine Tante) 'Aisha lebte, oder Dubai, wo seine zweite Frau wohnte, aufhielt. Am Morgen des Tages, an dem Shaikh Sultan bin Saqr al-Qasimi eintreffen sollte, war mein Vater damit beschäftigt, die Zelte aufzubauen und sie mit allen Annehmlichkeiten auszustatten. Bei Sonnenuntergang traf Shaikh Sultan bin Saqr al-Qasimi mit seinem Gefolge und seinen Leibwächtern bei den Zelten ein, die mein Vater unweit unseres Hauses aufgestellt hatte. Er wurde reich bewirtet und blieb über Nacht. Am folgenden Tag stieg er nach dem Frühstück mit meinem Vater ins Auto, während sein Gefolge und die Wächter andere Autos nahmen, und fuhr nach Ra's al-Khaimah, um Shaikh Saqr bin Muhammad al-Qasimi zu treffen.

Gegen Mittag kehrte mein Vater aus Ra's al-Khaimah zurück und erzählte uns, dass Shaikh Sultan bin Saqr al-Qasimi über die Küstenstraße nach Sharjah zurückgekehrt war. Ich fragte meinen Vater nach dem Ergebnis der Vermittlungen, und er antwortete: »Keine Fortschritte.«

Es vergingen mehrere Tage, in denen Shaikh Saqr bin Muhammad al-Qasimi seine Herrschaft in Ra's al-Khaimah festigte. Er forderte die Briten auf, ihn als Herrscher von Ra's al-Khaimah anzuerkennen, was sie auch taten.

In der ersten Märzwoche des Jahres 1948 beschloss mein Vater, Shaikh Humaid bin Muhammad al-Qasimi, den Bruder von Shaikh Saqr bin Muhammad al-Qasimi – dem neuen Herrscher von Ra's al-Khaimah –, in Ra's al-Khaimah zu besuchen, und nahm mich mit. Als wir dort waren, kam ein gewaltiger Sturm auf, der meinen Vater dazu zwang, bei Shaikh Humaid zu übernachten. Unser Fahrer, 'Abdallah Bandari, und der Leibwächter 'Ayyid bin Khusaif schliefen in der Außen-*majlis*; ich durfte mit meinem Vater im Haus bleiben – im Zimmer von Shaikh Humaid persönlich.

Am frühen Morgen wurde die Tür des Raumes geöffnet, und ich sah, dass der Innenhof des Hauses unter Wasser stand. Ich fragte meinen Vater, was in der Nacht geschehen war – ich hatte die ganze Zeit geschlafen. Er bat 'Ayyid bin Khusaif, mich aus dem Haus zu führen, um mir zu zeigen, wie es in der Stadt aussah.

Als 'Ayyid mich nach draußen brachte, sah ich, dass alle Häuser – die meisten bestanden aus Palmzweigen – dem Boden gleichgemacht waren; das Wasser erreichte fast das Haus von Shaikh Humaid, und man konnte das Meer sehen. Zwischen uns und dem Meer hatten drei oder vier Palmblatthäuser gestanden – die Wellen hatten sie davongetragen. Die Wände der Häuser waren eingefallen, und das Meer hatte den Sand weggespült. Nun, da der Ozean sich beruhigt und zurückgezogen hatte, standen ihre Pfeiler wie Säulen an der weiten Küstenlinie. 'Ayyid und ich eilten die Küste entlang nach Norden; wir gelangten zuerst zum *suq* und dann zur Bucht. Auch hier, im Norden von Ra's al-Khaimah, waren die Häuser von den mächtigen Wellen zerstört worden, nachdem der aufgewühlte Ozean in die Bucht von Ra's al-Khaimah eingebrochen war.

Mein Vater machte sich Sorgen um seine Familie, die in der Region von Kharran lebte. So stiegen wir ins Auto und suchten sie auf; als wir ankamen, sahen wir, dass unser Haus, das aus mehreren Zelten bestand, nicht mehr vorhanden war. Aber mein Bruder Khalid und die Diener kamen angelaufen und begrüßten uns mit lächelnden Gesichtern. »Gott sei Dank seid ihr wohlbehalten«, sagte mein Vater, als er aus dem Wagen stieg. Wir gingen alle zur Festung; hier und da hingen Wäscheleinen, an denen die Frauen ihre Kleider aufgehängt hatten, die vor Nässe tropften.

Khalid berichtete meinem Vater, was in der Nacht geschehen war. Er sagte: »Wir schliefen im großen Zelt – Mutter, meine Schwestern Shaikha und Na'ima, mein kleiner Bruder 'Abdallah und ich –, als der Sturm plötzlich losbrach. Die Seile des Zeltes wurden aus dem Boden gerissen, und das Zelt wurde nur noch von den zwei Mittelpfeilern gehalten. Als das Zelt weg war, rannte ich mit Shaikha in der pechschwarzen Dunkelheit zum Fort. Als es hell wurde, fanden wir 'Abdallah, der im Sand herumkroch; wir nahmen ihn mit zum Fort.«

Als wir meine Mutter und meine Schwester Na'ima in der Festung nicht vorfanden, waren wir sehr beunruhigt. Ich sprach mit meinem Onkel Salim bin Khamis, und wir suchten im Zelt nach ihnen, das niedergerissen und auf dem Boden ausgebreitet war. Als wir nach ihnen riefen, hörten wir plötzlich Stimmen unter dem Zelt, das flach auf dem Boden lag. Suchend hoben wir die Zeltplane hoch und fanden meine Mutter, die zu Gott betete.

Ich erzählte ihr, dass 'Abdallah in der Festung sei. Meine Mutter antwortete: »Wir haben ihn unter dem Zelt gesucht, das nass und schwer war; je weiter wir hineinkrochen, umso tiefer sind wir im Boden versunken. O Muhammad, was für ein Unglück!« Mein Vater sagte: »Jetzt ist alles gut, so Gott will.« Meine Mutter sprach weiter: »Während wir, die Frau deines Onkels und ihr Kind, in der Festung schliefen, tropfte plötzlich schlammiges Wasser auf uns herunter. Es kam aus einer Öffnung im Treppenhaus und hatte sich auf dem Dach gesammelt; wir wären beinahe im Schlamm ertrunken.« Mein Vater sagte: »Lasst uns zurück nach Sharjah fahren; sucht eure Sachen zusammen und steigt ins Auto. Lasst alles so, wie es ist – die Diener werden den Rest mitbringen.« Wir stiegen in den Wagen und fuhren nach Sharjah, aber es brach uns das Herz, diese wunderschöne Gegend verlassen zu müssen.

Schüsse auf die Briten

Kaum hatten die Briten Shaikh Saqr bin Muhammad al-Qasimi als Herrscher von Ra's al-Khaimah anerkannt, ließ der abgesetzte Shaikh Sultan bin Salim al-Qasimi seine Wut an ihnen aus. Er übertrieb seine Aktivitäten und Intrigen dermaßen, dass er eine Warnung vom britischen Politoffizier in Sharjah erhielt. Darin wurde ihm nahegelegt, von den Aktivitäten, die den Stammesfrieden bedrohten und verletzten, abzusehen – sonst würde man ihn auffordern, die Vertragsküste (wie die Briten sie nannten) zu verlassen. Aber die Engländer kamen zu dem Schluss, dass mein Onkel, Shaikh Sultan bin Salim, ein Choleriker war, mit dem man kaum kooperieren konnte, und sie wollten auf keinen Fall dulden, dass er in Zukunft Probleme heraufbeschwor.

Mehrere Monate später, am 23. Juli 1948, wurde er abermals zur britischen Politbehörde in Sharjah, dem Sitz des Politoffiziers, beordert, um dort Mr. Cornelius James Pelly, den britischen Politikbeauftragten in Bahrain, zu treffen, der mit einem Kriegsschiff nach Sharjah gekommen war.

Bei dem Treffen brachte Shaikh Sultan bin Salim laut Mr. Pelly viele Entschuldigungen und Rechtfertigungen vor. Mr. Pelly bat den Shaikh, ihn nach Bahrain zu begleiten, wogegen Shaikh Sultan nicht protestierte; als sie jedoch zusammen mit dem britischen Politoffizier durch die Tür gingen, und Mr. Pelly Shaikh Sultan bin Salim aufforderte, in das Auto zu steigen, das vor der Behörde wartete, weigerte sich der Shaikh und wich zurück. Daraufhin befahl der britische Politoffizier seinen Wächtern, die den Eingang der Administration schützten, Shaikh Sultan unter Arrest zu nehmen. Der zog – erstaunlich schnell – seine Pistole und begann, um sich zu schießen und wegzurennen. Die Schüsse verfehlten Mr. Pelly und den britischen Politoffizier nur knapp; sie suchten im Auto Schutz, und der britische Offizier rief seinen Wachen zu: »Eröffnet das Feuer auf ihn!« Die Wachen schossen zwar, aber in die Luft! Es waren Leute aus Sharjah, die als *Mazem* bekannt waren und die meisten Wachmänner in den Festungen, Türmen und Stützpunkten des Landes stellten.

Mein Onkel, Shaikh Sultan bin Salim, überwand die etwa einen Kilometer lange Strecke von der britischen Politbehörde zu unserem Haus, indem er von einer Gasse zur anderen lief und so seinen nicht sehr aufmerksamen Verfolgern entkam. An unserem Haus angekommen, traf er auf meinen Vater, der ihn in ein Zimmer im Obergeschoss brachte, dessen Eingang sich unweit der Familienräume befand und der zum Westhof hinausging. Der Westeingang und der Hof der *majlis* lagen ebenfalls in diesem Teil des Hauses. Während Shaikh Sultan bin Salim das Mittagessen serviert wurde, suchten er und mein Vater nach einer Möglichkeit, ihn aus Sharjah heraus zu bringen.

Kurz darauf hörten wir Autolärm; mein Vater blickte durch das Fenster und sah, dass britische Einsatzkräfte die Westseite unseres Hauses blockierten. Mein Vater befahl seinen Wachen und Dienern, sich zu bewaffnen und die Türen zu verschließen.

Einer der Diener meldete, dass die Engländer auch das Osttor abgeriegelt hatten, das zum Festungshof führte. Es gab noch einen weiteren Zugang an der Nordseite des Hauses, der als Küchentür diente, und von dem die meisten Leute nichts wussten. Durch dieses Tor gelangte man in einem kleinen Hof, an den die Häuser unserer Nachbarn Mariam bint Sa'adallah, Salim Dhira' und Rashid al-Ghazal grenzten. Die Gassen zwischen diesen Häusern waren so schmal, dass jeweils nur eine Person durchpasste.

Mein Vater führte meinen Onkel zur Küchentür und als er sicher war, dass die Engländer diese noch nicht ausgekundschaftet hatten, brachte er ihn aus dem Haus. Ich weiß nicht, was er danach geplant hatte, denn ich befand mich im oberen Stock und beobachtete durch das Fenster die englischen Soldaten, die sich auf dem Platz vor dem Westtor versammelten.

Ich sah, dass sie sich hinter einem Militärfahrzeug verschanzten, das kurz darauf zurücksetzte und mehrere prall gefüllte Säcke sichtbar machte, die übereinander gestapelt waren; hinter den Säcken kauerten Soldaten – sie richteten ihre Gewehre auf die westliche Tür unseres Hauses. Ich beobachtete die Lage weiter, bis die Sonne unterging; das Militärfahrzeug fuhr wieder vor und versperrte mir den Blick auf die Soldaten hinter den Säcken. Schließlich fuhr es wieder weg und hinterließ nur ein paar Sandhäufchen, die aus den Säcken gerieselt waren.

Mein Vater geht ins Exil

Einige Tage später kam mein Vater schon am Morgen zu uns ins Haus und bat meine Mutter, einen Koffer mit Kleidung für ihn zu packen. Meine Mutter wollte Genaueres über seine Reise wissen, und er berichtete, dass die Engländer beschlossen hatten, statt Shaikh Sultan bin Salim ihn mit nach Bahrain zu nehmen. Mr. Pelly war kein Fremder mehr in Sharjah; er arbeitete seit eineinhalb Jahren als Politikbeauftragter in unserem Land – und er kannte meinen Vater, Shaikh Muhammad bin Saqr al-Qasimi, sehr gut. Mein Vater hatte 1931 gegen den Bau des Flughafens in Sharjah protestiert; er wollte einen zivilen und keinen Militärflughafen. Er hatte die Markierungen auf dem Baugelände entfernt, woraufhin die Engländer ihn ins Exil schicken wollten. Aber schließlich hatten sie die Bedingungen meines Vaters doch akzeptiert: Sie stellten ein Schreiben aus, das den Schutz der Unabhängigkeit Sharjahs und die Nichteinmischung in die Angelegenheiten des Landes garantierte (siehe hierzu auch das Buch *Der Flughafen von Sharjah zwischen Ost und West* des Autors in arabischer Sprache).

Die Engländer forderten nun Shaikh Sultan bin Saqr al-Qasimi, den Herrscher von Sharjah, auf, das Exil seines Bruders, Shaikh Muhammad bin Saqr, in Bahrain zu akzeptieren und keinerlei unnötigen Proviant oder Vorräte mitzuführen. Mein Vater befolgte den Befehl und reiste nach Bahrain, begleitet von seinem ältesten Sohn Khalid und 'Umran bin Taryam.

In Bahrain lebte er mehrere Wochen als Gast von Shaikh Salman bin Hamad Al Khalifa; dann kehrte er mit seinen Begleitern nach Sharjah zurück.

Die Qasimiyyah al-Islah-Schule

Im September 1948, als mein Vater weg war, nahm die Qasimiyyah al-Islah-Schule neue Schüler auf, und ich war unter den Schulanfängern. Ich kam in die erste Klasse – damals war ich neun Jahre und zwei Monate alt – denn ich hatte zwei Jahre lang den Winter in der Region Kharran in Ra's al-Khaimah verbracht. Mein Vater war noch im Exil in Bahrain, also ging ich allein zur Schule. Das Schulgebäude bestand aus Palmzweigen und Zelten, die mit Sackleinen bedeckt waren, auf die man Teer gestrichen hatte, damit kein Regen durch das Dach tropfte. Die Fußböden waren mit neuen Matten bedeckt, die in Rollen eingetroffen waren; daher lagen sie nicht flach auf dem Boden – sie waren teilweise verbeult und wir setzten uns solange darauf, bis sie eben waren. Die meisten Schüler saßen auf dem Boden, nur für die älteren aus der fünften Klasse hatte man Pulte aus der Taimiyyah-Schule, die sich nicht weit von 'Arsa im *suq*-Bezirk befand, hergebracht.

Eines Tages sah ich die Schüler der Taimiyyah-Schule im überfüllten 'Arsa-*suq*, dessen Zentrum ein Obst- und Gemüsemarkt bildete. In einer langen Kolonne überquerten sie den *suq*. Ich folgte ihnen: Da saßen sie, hockten wie Seemöwen am Meeresufer, jeweils ein Stückchen voneinander getrennt und waren eindeutig dabei, sich zu entleeren.

Die Qasimiyyah al-Islah-Schule war früher das Heim meines Onkels, Shaikh Sultan bin Saqr al-Qasimi, gewesen; als er das Haus zwei Jahre zuvor verließ, um sich ein neues Zuhause zu suchen, erließ er den Befehl, das Gebäude in eine Schule zu verwandeln, um dort neue Klassen unterzubringen, denn in der Taimiyyah-Schule war nicht genug Platz für alle Schüler.

Mein Lehrer in der ersten Klasse war Herr Fadhil; er war ein dunkelhäutiger Mann und trug ein knöchellanges Gewand, eine Weste und eine Kopfbedeckung – alles leuchtend weiß. Er war mit Shaikh Sa'id bin Butti al-Maktum nach Sharjah gekommen, nachdem er einige Schwierigkeiten in Dubai gehabt hatte. Mr. Fadhil besaß eine wunderschöne Handschrift; bei ihm machte ich meine ersten Schreibversuche. Wir schrieben auf schwarzen Schiefertafeln, fast immer mit weißen Kreidesteinen, aber wir hatten auch Kreidestifte in zahlreichen anderen Farben. Was das Lesen des Qur'an anbelangt, so hatte ich die Heilige Schrift schon vor meinem Eintritt in die Qasimiyyah al-Islah-Schule zusammen mit Shaikh Faris bin 'Abd al-Rahman studiert.

Der Direktor der Qasimiyyah al-Islah-Schule war Herr Muhammad bin 'Ali al-Mahmud, ein Pedant im Umsetzen der Schulregeln. Eines Tages gab es in der Pause einen Zwischenfall. Herr Muhammad kam mit seinem Stock angelaufen und ließ die Schultür schließen; dann jagte er die Schüler, die den Ärger verursacht hatten – sie liefen vor ihm davon, und er verfolgte sie – und alle anderen Schüler rannten hinterher. Es gab ein allgemeines Chaos in der Schule.

Einmal wurde in der Schule viel über den »Stern mit dem langen Schweif« diskutiert, denn Anfang 1948 hatte man eines Abends einen Komet mit einem langen Schweif am Himmel sehen können.

Als der Frühling kam und die Temperaturen stiegen, kamen Arbeiter in die Schule und errichteten vor den Klassenzimmern Sonnendächer aus Palmblättern, die von zwei Holzpfosten, die genauso hoch waren wie die Hauptpfeiler der Schulzelte, getragen wurden, sodass offene Klassenzimmer entstanden. Diese offenen Räume hallten nun wider vom Klang der gemeinsamen Qur'an-Lesungen oder Gedichtrezitationen und den Stimmen der Lehrer, die ihren Unterricht abhielten.

Die Krankheit von Shaikh Sultan bin Saqr al-Qasimi

Die Leute wussten nicht, dass Shaikh Sultan krank war, und er zeigte auch keine Anzeichen einer Erkrankung. Ich beobachtete ihn im Frühjahr 1949 in seiner *majlis*, als ein Mann hereingebracht wurde, der einen Guckkasten betrieb. Er war vor Kurzem mit einer vierbeinigen Kiste auf dem Rücken in Sharjah angekommen; er hatte die Kiste auf den Boden gestellt und die Leute nacheinander eingeladen, durch deren Öffnung zu schauen. Gegen ein kleines Entgelt drehte er eine Kurbel und brachte die Bilder in Bewegung. Die Leute hörten, er betriebe Hexerei, und mehrere Würdenträger der Stadt gingen zu Shaikh Sultan bin Saqr al-Qasimi und baten ihn, den Mann des Landes zu verweisen. Shaikh Sultan schickte einen Wachmann, der ihn zur *majlis* bringen sollte. Die *majlis* befand sich im westlichen Gebäude des Anwesens, dem Haus seiner Frau, Shaikha Mira bint Muhammad. Seine Söhne und ich waren dabei; wir saßen neben den Würdenträgern der Stadt, die sich beim Shaikh beschwert hatten.

Der Mann kam mit seiner Kiste auf dem Rücken herein, und der Shaikh fragte ihn: »Aus welchem Land kommst du?«

»Aus dem Irak«, antwortete er.

»Und was zeigst du in dieser Kiste herum?«, fragte der Shaikh weiter.

»Unterhaltung für Kinder«, gab der Mann zurück.

Daraufhin richtete Shaikh Sultan, mein Onkel, den Blick auf mich: »Komm her, Sultan, schau in die Box und sag uns, was du siehst.«

Der Mann nahm seine Kiste, ließ Licht herein, das durch die *farkha*, einer kleinen Klappe in der geschlossenen Tür, fiel, und drehte die Kurbel. Die Bilder in der Kiste begannen sich zu bewegen, und ich konnte sie durch das Guckloch sehen. Der Besitzer der Kiste kommentierte jedes Bild, das ich sah: »Das ist der große Bär; er isst Weizen und Gerste.« Er beschrieb 'Antara bin Shaddad, den Dichterkrieger einer epischen Romanze aus dem sechsten Jahrhundert, und auch Abu Zaid al-Hilali, den großen Stammeshelden aus dem zehnten Jahrhundert – dann war die Show vorüber. Mein Onkel, Shaikh Sultan, forderte mich auf: »Beschreib uns, was du gesehen hast.« Ich stand mit meinen neun Jahren vor dem Shaikh und den Würdenträgern und beschrieb selbstsicher und sorgfältig, was ich gesehen hatte. Danach beschloss Shaikh Sultan, den Besitzer der Kiste aus Sharjah auszuweisen und gab ihm ein bisschen Geld mit.

Ich war sicher, dass Shaikh Sultan bin Saqr al-Qasimi Schmerzen hatte, denn eines Tages sah ich, wie sein Sohn Khalid eine Nadel kochte und ihm eine Injektion in den Unterarm gab.

Das war nach dem Mittagessen im Zentralgebäude, dem Haus seiner Frau, Shaikha Latifa bint Sa'id. Ich saß neben ihm, während er mit seinen Söhnen zu Mittag aß; er zuckerte seinen Reis – ich hatte noch nie Reis mit Zucker gegessen. Aber danach probierte ich in Fett gebratene Kartoffeln, und die schmeckten köstlich.

Anfang Mai 1949 wurden die Feierlichkeiten zur Hochzeit von Khalid, dem Sohn von Shaikh Sultan bin Saqr al-Qasimi, abgehalten. Er heiratete meine Schwester Shaikha bint Muhammad al-Qasimi.

In dieser Zeit verließ ich eines Morgens das Haus meines Onkels Shaikh Sultan – das westliche Haus, in dem Khalids Mutter Shaikha lebte – und sah meinen Onkel auf einer Bank vor dem Haus sitzen. Als er mich sah, rief er: »Sultan! Sultan!«, und ich ging zu ihm hin. Er hob mich hoch und setzte mich neben sich; dann wickelte er seinen Umhang um mich und küsste mich; in seiner Kleidung hing der Geruch von Rosen. Einer seiner Begleiter fragte ihn: »Wer ist der Vater dieses Jungen, Shaikh Sultan?«

Er antwortete: »Das ist Sultan, der Sohn meines Bruders Muhammad. Er ist nach mir benannt.«

Shaikh Sultan nahm eine Münze aus seiner Tasche und legte sie in meine Hand: »Weißt du, was das ist?«

»Das ist eine Rupie.«

Er schloss meine Hand um die Rupie und sagte: »Verlier sie nicht, und lass sie dir nicht wegnehmen.« Mein leichter Körper glitt durch seine Hände, und ich rannte zurück zu unserem Haus.

Am folgenden Tag wurden alle Hochzeitsfeierlichkeiten abgesagt, und auf den Gesichtern der Menschen lag Betrübnis, als sich am Morgen die Neuigkeit verbreitete, dass Shaikh Sultan schwer krank war. Die Krankheit hatte sich in der vergangenen Nacht verschlimmert, und er hatte Schmerzen im Unterleib.

Man rief Dr. McCaully, der ihn behandeln sollte. Er war der medizinische Senior-Offizier der Golfregion und lebte in den RAF-Unterkünften in Sharjah. Dr. McCaully kam jeden Tag, aber das Fieber meines Onkels stieg weiter an, und er litt an ständigem Schluckauf. Nachdem einige Tage vergangen waren und sein Zustand sich nicht verbessert hatte, riet uns der Arzt, ihn nach Bombay zu bringen.

Mein Vater, seine Brüder und die Söhne von Shaikh Sultan bin Saqr al-Qasimi fuhren zum Flughafen von Sharjah, um Shaikh Sultan vor seiner Reise nach Indien zu verabschieden. Er flog in Begleitung seiner Söhne Muhammad, Salim und 'Abdallah und seines Onkels mütterlicherseits, Salim bin Khamis al-Suwaidi. Das Rollfeld war voller Menschen, die ihm mit Tränen in den Augen und betrübten Mienen Lebewohl sagten; mit traurigen Stimmen riefen sie immer wieder Gott an. Auch mein Vater war den Tränen nahe, begleitete seinen Bruder ins Flugzeug und umarmte ihn lange. Dann hob die Maschine ab. Shaikh Sultan bin Saqr al-Qasimi war 43 Jahre alt.

3

Der stellvertretende Herrscher von Sharjah

Der Unfall

IM MAI 1949, NACHDEM MEIN ONKEL SHAIKH SULTAN BIN SAQR AL-QASIMI nach Indien gereist war, vertrat mein Vater ihn als Herrscher des Emirates von Sharjah. Der erste Verkehrsunfall in dieser Zeit widerfuhr 'Abd al-'Aziz, dem Sohn von Shaikh Saif bin Mijlad, dem Qadi von Sharjah, und ich war Augenzeuge.

Wir hatten uns zwischen dem '*Eid*-Gebetsplatz und dem Taxistand getroffen, um *qabbah* zu spielen, ein Ballspiel, das mit Baseball vergleichbar ist. Plötzlich hörten wir einen lauten Zusammenprall am Taxistand, und die Leute dort drängten sich um irgendetwas. Ich rannte mit ein paar anderen zur Unfallstelle. Als ich mir einen Weg durch die Menge gebahnt hatte, sah ich einen Mann auf dem Boden liegen, von dessen Beinen Blut tropfte; er sagte immer wieder: »Sorgt für meine Kinder.« Es war 'Abd al-'Aziz.

Der Verletzte wurde in ein Auto gehoben und schnell zum Militärflugplatz von Sharjah gebracht, wo sich ein Krankenhaus für die Engländer befand. Mein Cousin Khalid, der Sohn von Shaikh Sultan bin Saqr, hatte ein Gewehr in den Händen und stieg in ein Auto, um das Fahrzeug zu verfolgen, das 'Abd al-'Aziz angefahren hatte. Er erwischte es, als es bei Al-Hira, einem Vorort von Sharjah, im Sand stecken blieb. Der Fahrer – er hieß Yunus – floh und ließ mehrere Frauen im Auto zurück. Der Wagen, der 'Abd al-'Aziz zum Militärflughafen gefahren hatte, kehrte bald mit ihm zurück: Er war auf dem Weg ins Krankenhaus gestorben. Man erzählte, dass 'Abd al-'Aziz sich dem Auto absichtlich in den Weg gestellt hatte. Er hatte geglaubt, er sei stark genug, es zum Halten zu bringen, indem er ein paar Zeilen aus dem Al-Ghazali las, einem omanischen Buch über magische Kräfte.

Unsere Sommerresidenz in Sha'am

Zu Beginn des Sommers 1949 nahm mein Vater uns nach Sha'am mit, das in der Region Musandam unweit der Grenze zwischen Ra's al-Khaimah und dem Oman lag. Wir sollten die warme Jahreszeit hier verbringen; er selbst kehrte wieder nach Sharjah zurück, denn er hatte seinen Pflichten als stellvertretender Herrscher nachzukommen. Sha'am ist ein kleiner Ort, der letzte in einer Reihe von Dörfern, die zu Ra's al-Khaimah gehören. Es besteht aus einem schmalen, sandigen Küstenstreifen, einer schmalen Steinebene mit ein paar *samr*-Bäumen, die *al-ay* genannt wird, und schließlich aus hohen Bergen, die den Ort im Osten umgeben und die Küste in Richtung Norden abschließen. Es faszinierte mich, dass diese trostlosen Berge verschiedene Obstsorten hervorbrachten: Weiße Feigen, die groß waren und in voller Reife einen honigartigen Saft absonderten; dann rötlichbraune Früchte, die klein, aber süß waren und *suqub* genannt wurden; und schließlich Haselnüsse namens *miez*.

Auf der Südseite stand ein Berg, der ein Stück von den anderen entfernt war. Er hatte die Form einer Pyramide, und auf seinem Gipfel standen mehrere Ruinen: Der Berg war als *Jabal Sanam* (Götzenberg) bekannt.

Das Wasser in Sha'am war sauber und reichlich; es stammte aus den Quellen an der Küste, die *bidaya* (Plural *bidi*) genannt wurden. Unser Haus bestand aus Palmzweigen und lag weit im Süden an der Küste; es war hundert Meter vom letzten Haus des Dorfes entfernt, in dem Shaikh Saif bin Muhammad bin Mijlad, der Qadi von Sharjah, lebte, dessen Sohn bei dem Unfall getötet worden war. Shaikh Saif war nicht der Einzige, der den Sommer in Sha'am verbrachte – die meisten Sommergäste kamen aus Sharjah.

Gegenüber von unserem Haus erhob sich ein Sandhügel, der schräg vom Fuß des dahinter liegenden Berges abfiel und sich durch die steinige Ebene bis zum sandigen Strand erstreckte; auf dem Hügel gab es keine Steine und keine Erde – er hatte die Farbe von goldenem Staub. Ich kletterte jeden Morgen auf die Spitze des Hügels, die vom Berg beschattet wurde. Ich stieg barfuß hinauf, bis zu dem Punkt, wo er sich mit dem Berghang vereinigte. Aus dieser Höhe konnte ich das Dorf sehen, das zwischen den Palmen versteckt lag, und den weißen Sand der Küste, die ihre Arme ausstreckte, um die Wellen des offenen, grenzenlosen Ozeans zu empfangen. Am Himmel flogen Raben. Sie kreisten in der Luft, und ich ahmte sie nach, streckte meine Arme aus und rannte den Hang des Hügels zum Strand herunter, während meine Füße leicht und flink den Sand berührten.

Unsere tägliche Lieblingsbeschäftigung war das Schwimmen im Meer; mit unseren Füßen suchten wir nach *mahhar*, Austern, die im sandigen Meeresboden vergraben waren. Sie waren so groß wie unsere Handflächen, und wenn unsere Füße eine Auster ertasteten, tauchten wir ins Wasser und holten sie herauf. Es gab noch eine andere, leichter zu findende Austernart: Sie war klein und hieß *hama*. Die Frauen sammelten sie an der Küste westlich vom *Jabal Sanam*, wo das Meer vor den Inseln zurückwich und den Meeresboden, der *hid* genannt wurde, freigab. An unserem Haus gingen oft Frauen vorbei, die Körbe voller *hama*-Austern auf dem Kopf trugen und nach Norden liefen, um sie im Dorf zu verkaufen.

An manchen Tagen, wenn das Meer stürmisch und die Wellen hoch waren, gingen wir nicht ins Wasser, sondern spielten am Strand, Mädchen und Jungen zusammen. Wir stellten leere Blechdosen ans Ufer, an die Stelle, wo die Wellen brachen und wieder zurückwichen, und kurz bevor die Wellen sie verschluckten, rannten wir los, um sie wegzunehmen. Einmal schaffte es eine der Töchter von Shaikh Saif bin Mijlad nicht, ihre Dose zu retten; also rannte sie ihr hinterher. Eine Welle näherte sich; das Mädchen versuchte, zum Strand zurückzukommen, aber der weit geöffnete Schlund der Welle schlug über ihr zusammen, und das Meer verschluckte sie. Das Mädchen konnte zwar schwimmen, aber die Strömung trug sie fort. Ihr Bruder Nasir, der älter war als wir, stürzte sich in die Wellen und schaffte es, sie zu packen, aber die Strömung trug die beiden immer weiter weg vom Strand. Wir konnten nichts sehen außer einem schwarzen Umhang, der auf dem Wasser schwamm, und mit den Wellen davontrieb.

Die Jungen und Mädchen schrien laut, und alle aus den benachbarten Häusern eilten herbei; auch Shaikh Saif bin Mijlad, der Vater des Mädchens, kam angelaufen. Ich sah ihn am Strand stehen; er lehnte sich auf seinen Gehstock und erhob sein Gesicht zum Himmel, um Gott anzuflehen, seine Tochter zu retten. Plötzlich bemerkten wir einen muskulösen jungen Mann, der auf das Wasser zu rannte und sich in die Brandung warf; er stammte aus Sha'am, hieß Hammud und arbeitete für Shaikh Saif bin Mijlad. Aus der Entfernung konnten wir sehen, wie die beiden Punkte sich einander näherten, bis sie schließlich aufeinandertrafen und alle voller Freude johlten. Die Leute freuten sich noch mehr, als sich die Situation in der Nähe des Ufers aufklärte: Der junge Mann trug Shaikh Saifs Tochter und ihren Bruder auf dem Rücken und schwamm mit beiden Armen gegen die Strömung an. Schließlich legte er sie auf den Sand und warf seinen erschöpften Körper neben ihnen zu Boden. Es war ein Tag der Freude für alle, die das Geschehen mitverfolgt hatten.

Meine Schule

Am Ende der Sommersaison kehrten wir nach Sharjah zurück. Die Qasimiyyah al-Islah-Schule öffnete ihre Pforten für das Schuljahr 1949–50, und die meisten Schüler und alle Lehrer waren anwesend. Aber der Direktor der Schule, Herr Muhammad bin 'Ali al Mahmud, war nach Qatar umgezogen, um dort zu unterrichten, und so bekamen wir einen neuen Direktor: Herrn Mubarak bin Saif al-Nakhi. Ich kam in die zweite Klasse; die älteren Schüler hatten ihre Schulzeit abgeschlossen und der nächste Jahrgang rückte nach. Im Juni 1950 – ich hatte mein zweites Schuljahr in der Qasimiyyah al-Islah-Schule gerade absolviert – erhielten wir die Nachricht, dass Shaikh Sultan bin Saqr al-Qasimi seine letzte Operation im indischen Krankenhaus hinter sich gebracht hatte und darüber sprach, am Ende des Ramadan 1369 – also im Juli 1950 – in sein Land zurückzukehren.

Mein Vater kaufte Salim bin Sultan bin Salim al-Qasimi (dem Sohn des Herrschers von Ra's al-Khaimah) einen Bauernhof mit dazugehörigem Haus ab; das Anwesen lag im Dorf Ghubb in Ra's al-Khaimah. Salim bin Sultan al-Qasimi hatte seinen Vater 1948, zur Zeit des Putsches, in Ra's al-Khaimah vertreten und war mit dem Boot nach Sharjah geflohen, wo er sich niederließ. Im Sommer 1950 brachte mein Vater uns nach Ra's al-Khaimah, damit wir dort den Sommer verlebten; er blieb ein paar Tage bei uns und fuhr dann wieder nach Sharjah zurück, um dort alles für die Rückkehr seines Bruders aus Indien vorzubereiten – aber Shaikh Sultan sollte seine Heimat nie mehr wiedersehen.

Am Ende des Sommers kehrten wir nach Sharjah zurück und stellten fest, dass die Qasimiyyah al-Islah-Schule, die aus Palmzweigen bestanden hatte, durch ein Gebäude aus Korallen- und Gipsblöcken ersetzt worden war. Das neue Schulhaus hatte ursprünglich Isma'il al-Buraimi gehört, einem bekannten Kaufmann in Sharjah, der mit Volksmedizin handelte und die Geburtenregister der Stadt pflegte. Er registrierte die Namen und Geburtsdaten der Neugeborenen, wenn die Familien zu ihm kamen, um Arzneikräuter und andere Heilmittel zu kaufen. Mein Onkel, Shaikh Sultan bin Saqr al-Qasimi, hatte Isma'il das Haus abgekauft, das nun die Schule aus Palmzweigen ersetzte, deren Dach den Regen nicht hatte abhalten können.

Die Ersatzschule hatte fünf Klassenzimmer für männliche Schüler und einen mit einem Vorhang aus Blättern abgetrennten Raum für die Mädchen sowie ein Zimmer, in dem die Bibliothek untergebracht war. Wir schrieben das Schuljahr 1950–51, und es gab viele Veränderungen in der Schule. Sie wurde in Qasimiyyah-Schule umbenannt. Die Schüler der fünften Klasse hatten die Schule beendet, und die Schüler, die erfolgreich die vierte Klasse abgeschlossen hatten, nahmen nun ihren Platz ein. Es wurden neue Schüler in die erste Klasse aufgenommen, und ich gehörte zu den Schülern der zweiten Klasse, die in die dritte kamen. Nur der neue Direktor, Herr Ahmad bin Muhammad Abu Ruhaima war noch nicht da, um das neue Schuljahr einzuläuten.

Ende 1950 begegnete ich einem Künstler aus Indien, als ich gerade über den Markt lief und eines der Geschäfte besuchen wollte. Er erzählte mir, dass er einen »BA« habe. Ich wusste nicht, was das bedeutet. Er sagte, er sei Maler und würde für eine Fahrkarte für das Dampfschiff nach Indien malen, was immer ich wollte. Ich nahm den Maler mit zu meinem Vater und erzählte ihm, was er angeboten hatte. Dann schlug ich vor, dass er die Wände der Privatzimmer im oberen Stock unseres Hauses bemalen sollte. Mein Vater fand die Idee gut und schrieb einen Brief, den ich dem Besitzer des Ladens übergeben sollte, der Farben verkaufte. Wir besorgten ein paar Farbdosen und Pinsel.

Der Künstler malte Bilder an die Wände der Räume. Ich half ihm dabei, und sie wirkten nun hell und schön. Als mein Vater die Bilder sah, gab er dem Maler Geld, damit er zurück in sein Land fahren konnte.

Banditen

Neben seinen Pflichten als Stellvertreter seines Bruders während dessen Abwesenheit hatte mein Vater auch die Verantwortung für die Sicherheit von Sharjah. Damals gab es immer mehr Überfälle von Banditen; der letzte hatte nur zwei Meilen von Sharjah entfernt stattgefunden. Es verbreiteten sich Gerüchte über die Ankunft von Major Richard Hankin-Turvin, einem Offizier der Arabischen Legion in Jordanien. Man sprach auch darüber, dass die Engländer planten, Militäreinheiten unter den Einwohnern Sharjahs zu rekrutieren. Um alle Unklarheiten zu beseitigen, beantragte mein Vater einen Besuch beim Major im Lager der britischen Luftwaffe. Er bekam jedoch nicht die Möglichkeit, Hankin-Turvin zu treffen.

Mein Vater lud den Politoffizier der britischen Behörde in Sharjah, Patrick Stobart, zu einem Mittagsbankett in unser Haus ein. Er versuchte, mit ihm über die Frage der Militärrekrutierung und die Ankunft des Engländers in arabischer Militäruniform zu sprechen.

Mein Vater sagte wütend: »Die Raubüberfälle werden nicht aufhören, solange die britische Regierung ihre Interessen auf die Küste beschränkt und nur diese Region kontrolliert. Sie haben es nicht geschafft, auch die Kontrolle über die Gebiete im Landesinneren zu erlangen.«

Es gelang meinem Vater, einen der Banditen zu verhaften, die Autos auf dem Weg durch die Wüste plünderten und Kinder entführten, um sie in die Sklaverei zu verkaufen. Er sperrte den Räuber ins Gefängnis der Mahlusa, das sich in der Festung befand. Ich begleitete meinen Vater, um den Verbrecher zu sehen.

Die Tür des Mahlusa-Gefängnisses führte zum inneren Hof hinter dem Tor, das *al-Isbah* genannt wurde; hier hielten sich die meisten Wachen auf.

Als wir das Tor zum inneren Hof der Festung passierten, konnten wir die Stimmen der inhaftierten Gefangenen nicht vernehmen. Die Gefängnistür befand sich am Ende eines schmalen Gangs. Es war so dunkel, dass man sie nicht sehen konnte. Da sie sehr dick war, konnte man keine Geräusche aus dem Gefängnis hören. Ein Wächter schloss den riesigen Riegel auf und drückte die beiden dicken Türflügel nach innen. Mein Vater trat ein, und ich folgte ihm zusammen mit dem Wächter. Auch im Gefängnisinnern war es dunkel; nur durch die Decke fiel fahles Licht herein, und es stank furchtbar. Wir kamen an einem Mann vorbei, der an den Beinen gefesselt war – er hing kopfüber an der Spitze eines Pfostens. Bis auf ein Lendentuch war er komplett nackt, und seine Hände waren fest auf dem Rücken zusammengebunden. Er hatte sich über seinen Rücken entleert, und auf seinem Hinterkopf klebte getrockneter Kot. Über seinen Bauch und seine Brust hatte er uriniert, und von seinem Bart tropfte Urin. Der Mann wiederholte immer wieder: »Tötet mich, Shaikh Muhammad! Aber quält mich nicht weiter!« Mein Vater antwortete in einem unerbittlichen Ton: »Ich werde ein Exempel an dir statuieren.«

Dann ordnete er aber an, den Gefangenen zu entlassen und zu seinen Leuten zu bringen; als sie kamen, um ihn zum Auto zu bringen, konnte er nicht laufen, so geschwächt war er.

Der Tod von Shaikh Sultan bin Saqr al-Qasimi

Anfang 1951 rieten die Ärzte Shaikh Sultan bin Saqr al-Qasimi, nach London zu reisen, um Dickdarm und Harntrakt von Spezialisten behandeln zu lassen. Sein Gesundheitszustand war labil, denn er hatte eine ernste Krankheit, die die Region zwischen der Blase und dem Dickdarm befallen hatte. Er wurde fünfmal operiert, aber auch nach achtzehn Monaten Behandlung gab es keine zufriedenstellenden Ergebnisse.

Am Donnerstag, dem 8. Februar 1951 verließ Shaikh Sultan bin Saqr al-Qasimi Bombay, um mit einem Flugzeug der Indian National Airlines nach London zu reisen und sich dort in die Obhut von Fachärzten zu begeben. Er wurde von seinen Söhnen Khalid und Muhammad sowie einem medizinischen Berater namens Dr. K. M. Masani begleitet. Vom Flughafen Heathrow aus wurde er in eine Londoner Klinik gebracht.

Wir bekamen Nachricht, dass sich der Gesundheitszustand meines Onkels nach nur einem Monat im Krankenhaus beträchtlich verbessert hatte. Die Familie und die Einwohner Sharjahs freuten sich sehr über diese Neuigkeiten.

Dennoch, am 23. März 1951 starb Shaikh Sultan bin Saqr al-Qasimi plötzlich nach einer Operation in der Londoner Klinik. Er war 45 Jahre alt. Unsere Familie beschloss, ihn in Sharjah zu begraben.

Shaikh Muhammad bin Saqr al-Qasimi wird Herrscher von Sharjah

Während der zweijährigen Abwesenheit von Shaikh Sultan bin Saqr al-Qasimi hatte mein Vater, Shaikh Muhammad bin Saqr al-Qasimi, als sein Stellvertreter fungiert.

Er vertrat seinen Bruder seit dieser die Herrschaft in Sharjah übernommen hatte und war außerdem immer für die Sicherheit verantwortlich gewesen. In Krisenzeiten war er die Person, an die die Einwohner von Sharjah sich wandten. Nach dem Tod von Shaikh Sultan bin Saqr al-Qasimi wurde die Herrschaft über Sharjah auf meinen Vater übertragen. Dies geschah bereits am 23. März 1951.

Am Samstag, dem 24. März, kamen zahlreiche trauernde Bürger, die ihm ihr Beileid zum Tod seines Bruders aussprachen.

Am folgenden Tag schrieb mein Vater Briefe an mehrere Herrscher und Shaikhs, in denen er sie darüber informierte, dass er die Nachfolge seines verstorbenen Bruders, Shaikh Sultan bin Saqr al-Qasimi, angetreten hatte, und nun Herrscher von Sharjah war.

Am Abend des 26. März ging Shaikh Saqr bin Sultan al-Qasimi, der Sohn des verstorbenen Shaiks und mein Cousin, zu Mr. John Wilton, dem Politoffizier der britischen Politbehörde in Sharjah. Saqr behauptete, dass sein Onkel durch Betrug an die Macht gekommen sei, und dass Shaikh Sultan bin Salim al-Qasimi (der ehemalige Herrscher von Ra's al-Khaimah) und die Midfa'-Familie (die Familie von Ibrahim al-Midfa', dem Minister des Herrschers von Sharjah) einen hinterhältigen Plan ausgeheckt hatten, der den Wünschen der Qasimi-Familie und der Bürger von Sharjah widersprach. Mr. Wilton entgegnete, Shaikh Muhammad habe die Nachfolge seines Bruders auf natürliche und harmonische Weise angetreten. Er fragte Shaikh Saqr, ob er Beweise für seine Behauptungen habe. Shaikh Saqr sagte, dies sei allgemein bekannt, und er bitte nur um Gerechtigkeit. Es sei nicht akzeptabel, dass die Midfa'-Familie alle Besitztümer des Landes erhalten solle, während die Kinder von Sultan und dessen Familie einfach übergangen würden.

Mr. Wilton war erstaunt. Wenn das wahr sei, und Shaikh Muhammad bin Saqr al-Qasimi die Nachfolge seines Bruders gegen die Wünsche seiner Familie und der Bürger angetreten habe, warum wären die Briten dann nicht darüber informiert, dass die Familie Schritte unternähme, um dies der Öffentlichkeit mitzuteilen?

Shaikh Saqr antwortete: »Sie haben Angst vor Shaikh Muhammad. Er hat mithilfe von Shaikh Sultan bin Salim al-Qasimi die Geschichte verbreitet, dass die Trucial Oman Levies [Truppen der Vertragsküste, ein neu gegründeter englisch-arabischer paramilitärischer Verband] jeglichen Widerstand niederschlagen würden.« Mr. Wilton erklärte, dass die Truppen nicht dazu da seien, Shaikh Muhammad oder irgendeine andere Person an die Macht zu bringen.

Er fragte nochmals, ob Shaikh Saqr irgendwelche handfesten Beweise habe, die seine Behauptungen stützen könnten. Shaikh Saqr erwiderte: »Die Familie wird einen Brief an Sie schreiben, in dem sie erklärt, dass sie Saqr und nicht Muhammad als Herrscher haben will.«

Als Shaikh Saqr bin Sultan al-Qasimi die britische Politbehörde verließ, hörte man aus verschiedenen Bezirken Sharjahs die Stimmen bewaffneter Soldaten, die die Bürger aufriefen, am nächsten Tag, Dienstag, dem 27. März 1951, zur Festung zu gehen: »Bürger von Sharjah, ihr werdet gebeten, morgen früh zur Festung zu kommen, um Shaikh Muhammad bin Saqr al-Qasimi, dem neuen Herrscher von Sharjah, eure Treue zu schwören.«

Am Morgen des 27. März versammelten sich die Bürger in Massen vor der Festung, um Shaikh Muhammad zu seiner Nachfolge als Herrscher zu gratulieren. Zur gleichen Zeit traf Shaikh ʿAbdullah bin ʿAbdul-ʿAziz al-Najdi in der britischen Politbehörde ein, um mit Mr. Wilton zu sprechen. Er war ein älterer Mann, der in Buraimi lebte.

Mr. Wilton erinnerte sich später, dass Shaikh ʿAbdullah al-Najdi ihm mehrmals dieselbe Geschichte vortrug, die Saqr ihm am vorigen Tag erzählt hatte. Er machte auch bestimmte Anspielungen über die Charaktere von Muhammad bin Saqr und Sultan bin Salim und riet Mr. Wilton, Letzteren umgehend des Landes zu verweisen.

Mr. Wilton gab zu bedenken, dass Shaikh Sultan bin Salim beim Begräbnis seines Cousins gewesen war. Al-Najdi antwortete: »Ja, aber versuchen Sie, ihn so schnell wie möglich loszuwerden. Sie werden feststellen, dass sich die Sache dann erledigt hat.«

Die Briten mochten Shaikh Sultan bin Salim al-Qasimi nicht, denn er hatte auf Mr. Pelly, den britischen Politikbeauftragten, und auf den englischen Politoffizier in Sharjah, geschossen. Sie wussten aber auch, dass Shaikh Muhammad bin Saqr al-Qasimi ein mächtiger Mann war, der sich vielen Dingen, die die Briten unternahmen, widersetzte.

Wilton sagte, er persönlich fühle, dass Muhammad sich als starker Herrscher erweisen und Sultan ihn nicht dazu bringen könne, niederträchtig und ungerecht zu handeln, denn Gewalttätigkeit läge nicht in Muhammads Natur. Das hieße, wenn etwas Schlimmes geschehe, während er Herrscher sei, wäre dies einzig auf seine Schwäche zurückzuführen, mit der er auf solche Aktionen reagiere.

Am Morgen des 28. März 1951 versammelte sich die Qasimi-Familie – Junge und Alte –, angeführt von Shaikh Muhammad bin Saqr al-Qasimi, dem Herrscher von Sharjah, im oberen Raum und im Gang davor. Shaikh Sultan bin Salim al-Qasimi, der ehemalige Herrscher von Ra's al-Khaimah, war zugegen und Ibrahim bin Muhammad al-Midfa', der Minister des verstorbenen Shaikh Sultan bin Saqr al-Qasimi. Auch der britische Politoffizier, Mr. John Wilton, war gekommen, um dem Verstorbenen die letzte Ehre zu erweisen.

Am folgenden Morgen waren abermals die gesamte Familie sowie Shaikh Sultan bin Salim al-Qasimi und Ibrahim al-Midfa' anwesend. Auch der stellvertretende britische Politikbeauftragte war wieder da, um die Ehrerbietung C. J. Pellys zu übermitteln. Ibrahim bin Muhammad al-Midfa' stand auf, um eine Rede zu halten, in der er den verstorbenen Sultan bin Saqr lobpreiste. Abschließend drückte er seine Hoffnungen aus, dass Shaikh Muhammad denselben Pfad aufrichtiger Zusammenarbeit und fruchtbarer Freundschaft mit der Regierung seiner Majestät des Königs von England verfolgen werde, welche die Herrschaft seines Bruders charakterisiert hatten.

Als der stellvertretende britische Politikbeauftragte ging, bat Shaikh Muhammad bin Saqr al-Qasimi ihn, Mr. Pelly seine Dankbarkeit für den Kondolenzbesuch zu übermitteln. Er bat ihn auch, Mr. Pelly zu sagen, dass er den aufrichtigen Wunsch hege, in allen Angelegenheiten mit der britischen Regierung zusammenzuarbeiten.

Shaikh Saqr bin Sultan al-Qasimi war bei allen Ereignissen anwesend. Er drückte dem britischen Politoffizier gegenüber seine Trauer aus und fragte ihn, wann der Körper seines Vaters nach Sharjah zurückkehren werde, damit er bestattet werden könne.

In London wurde der Verstorbene auf die Reise nach Sharjah vorbereitet – sein Körper wurde gewaschen, eingewickelt und in einen Sarg gebettet. Am 30. März 1951 trafen Khalid bin Sultan und Muhammad bin Sultan, die Söhne von Shaikh Sultan bin Saqr al-Qasimi, in der Londoner Klinik ein, um den Körper ihres verstorbenen Vaters in Empfang zu nehmen. Er sollte an Bord eines Flugzeuges von London nach Sharjah gebracht werden, dass die Irakische Petroleum-Gesellschaft für sie gechartert hatte, die die Öllizenzen in Sharjah besaß.

In der Öffentlichkeit wurde Irak Petroleum nach dem Namen des Firmenchefs »Lermitte« genannt. Khalid und Muhammad wurden von einem Araber namens Munir Shamma begleitet, der für den Mittelostdienst der BBC arbeitete und als Dolmetscher fungierte. Er sollte mit demselben Flugzeug wieder nach London zurückfliegen. Bei der Verabschiedung von Khalid und Muhammad, den Söhnen des verstorbenen Shaikhs, war auch C.M. Rose anwesend, der Offizier für die Golfregion in der Mittelostabteilung des britischen Außenministeriums in London. Er war während der Behandlung des Shaikhs in London für den Patienten und dessen zwei Söhne verantwortlich gewesen. Er informierte Khalid und Muhammad über die Rekrutierung der Truppen (der lokalen Soldaten), und darüber, dass Sharjah als Standort ihres

Hauptquartiers gewählt worden war (da sich dort der Luftwaffenstützpunkt befand).

Der britische Regierungsvertreter von Bahrain bat Rose darum, Khalid, den Sohn des verstorbenen Shaikhs Sultan, zum Thema der Herrschaftsnachfolge in Sharjah zu befragen. Der berichtete: »Khalid bestätigte auf meine Frage, dass sein Onkel derjenige sein sollte, der seinen Vater als Herrscher ablöst. Er sagte mir auch, es sei kein Problem, dass der ältere Bruder seines Vaters die Macht übernehme, denn die Herrschaftsfrage sei nach den Wünschen der Bevölkerung geklärt worden.«

Er hatte keine hohe Meinung von Saqr, aber großen Respekt gegenüber seinem Onkel, der Nachfolger seines Vaters werden sollte.

Das Begräbnis des Verstorbenen

Wir erhielten die Nachricht, dass das Flugzeug mit dem Leichnam in London abgeflogen und auf dem Weg nach Sharjah war. Am Morgen des ersten Aprilmontags 1951 landete die Maschine auf dem Flughafen von Sharjah. Khalid und Muhammad, die Söhne des Toten, kamen die Stufen der Gangway herunter, gefolgt von Munir Shamma. Mein Vater umarmte seine Neffen, die weinten, und auch mein Vater vergoss Tränen. Ich hielt mich nah an der Seite meines Vaters.

Der Leichnam war in einem glänzenden, braunen Holzsarg mit Bronzegriffen transportiert worden, der nun in einen offenen Militär-Land Rover gestellt und vom Militärflugplatz zur Großen Moschee gefahren wurde. Der in London nach islamischen Riten gewaschene und verhüllte Körper wurde aus dem Sarg genommen und auf eine Tragbahre gelegt. Danach wurden Gebete für den Verstorbenen gesprochen, und mehrere Männer trugen die Bahre auf den Schultern zum Jubail-Friedhof. Zahlreiche Menschen folgten dem Trauerzug, darunter auch die Brüder des Toten, ihre Kinder und ich selbst. Am bereits vorbereiteten Grab wurde der Leichnam von der Totenbahre genommen und vor der Grube abgelegt, die für das Grab ausgehoben worden war. Man konnte sehen, dass Blut ausgetreten war, vor allem am Unterleib.

Mein Vater trat vor; mit einigen anderen Männern löste er die Stricke, die das Leichentuch zusammenhielten. Er beugte sich weinend über den Toten. Als die Begräbnisrituale beendet waren, zog die Menschenmenge zurück zur Festung, um dort erneut ihr Beileid auszusprechen.

Es war ein trüber Tag, und der Südwind, der *suhaili*, wehte viel Staub herbei. Die Menschen glaubten, dass ein staubiger Tag ein Tag des Unglücks sei, und das sollte sich bestätigen.

Der Machtkampf

Nachdem das Begräbnis und die damit verbundenen Riten beendet waren, schrieb Mr. Wilton, der britische Politoffizier von Sharjah, folgenden Brief an seinen Amtskollegen in Bahrain:

> Als ich am Montag, dem 2. April, nach dem Besuch Seiner Exzellenz des britischen Regierungsvertreters der Golfregion zurückkehrte, stellte ich fest, dass die Begräbnisriten am Morgen durchgeführt worden waren. Khalid und Muhammad hatten den Leichnam ihres Vaters von London nach Sharjah begleitet. Sie verschwendeten keine Zeit damit, auf Saqrs und

meine Ankunft zu warten. Sie drückten ihr Erstaunen darüber aus, dass Saqr noch nicht die Nachfolge (seines Vaters) angetreten hatte, und wünschten keine andere Lösung, als dass er tun solle, was er tun müsse.

Er schrieb auch, dass Khalid seit dem Gespräch mit Rose seine Meinung scheinbar geändert hatte. Anfangs war Khalid sich nicht sicher, ob Saqr ihn gut behandeln würde, aber später versprach dieser ihm, dass er sein Kronprinz werden würde. Mr. Wilton schickte einen Brief an Shaikh Muhammad bin Salim al-Qasimi, den Vater von Shaikh Saqr und Herrscher von Ra's al-Khaimah, und bat ihn, im Disput um die Herrschaft in Sharjah als Vermittler zwischen beiden Seiten zu agieren.

Am Donnerstag, dem 5. April 1951, traf Shaikh Muhammad bin Salim al-Qasimi in Sharjah ein und beriet sich mit Mr. Wilton in der britischen Behörde von Sharjah. Er fragte nach seinem Rat, um eine Lösung zu finden, mit der sich alle einverstanden erklären konnten.

Am Freitag, dem 6. April, pendelte Shaikh Muhammad bin Salim al-Qasimi zwischen der Festung von Sharjah, in der Shaikh Saqr bin Sultan al-Qasimi residierte, dem Haus von Shaikh Muhammad bin Saqr al-Qasimi und dem Haus von Shaikh Majid bin Saqr al-Qasimi, in dem sich die Onkel von Shaikh Saqr versammelt hatten. Sie waren die Brüder von Shaikh Muhammad bin Saqr al-Qasimi: Shaikh Majid, Shaikh Humaid, Shaikh Rashid und Shaikh Khalid bin Khalid al-Qasimi.

Am 7. April teilte Shaikh Muhammad bin Salim al-Qasimi Mr. Wilton in der britischen Politbehörde von Sharjah mit, dass beide Seiten auf bestimmten Punkten bestanden:

1. Shaikh Saqr bin Sultan al-Qasimi bestand darauf, sofort zum Nachfolger seines Vaters ernannt zu werden.
2. Shaikh Muhammad bin Saqr al-Qasimi sprach davon, sich in ein oder zwei Jahren von den Staatsgeschäften zurückzuziehen, wolle dies aber nicht zum gegenwärtigen Zeitpunkt tun.
3. Die Onkel konnten keine Lösung für das Problem der Herrschaftsnachfolge finden. Shaikh Muhammad bin Salim al-Qasimi schlug Mr. Wilton vor, die Frage mit den Onkeln selbst zu diskutieren. Nach einigem Zögern erklärten sie sich damit einverstanden, bis zum Donnerstag, dem 12. April 1951, eine Lösung zu finden.

Sieben Tage voller Ungewissheit gingen ins Land. Shaikh Saqr bin Sultan al-Qasimi und seine Brüder versammelten sich in der Festung, während Shaikh Muhammad bin Saqr al-Qasimi und seine Brüder sich im Haus von Shaikh Muhammad, meinem Vater, aufhielten.

Am Donnerstag, dem 12. April 1951, fanden sich Shaikh Majid, Shaikh Humaid, Shaikh Rashid und Shaikh Khalid bin Khalid Punkt 9.30 Uhr in der britischen Behörde von Sharjah ein, um dort Mr. Wilton zu treffen. Am Ende des Gesprächs erklärten sich alle Teilnehmer bereit, das Problem der britischen Regierung zu übergeben, die nun ihrerseits eine Lösung herbeiführen sollte. Mr. Wilton beschloss, alle Mitglieder der Qasimi-Familie in seinem Büro zu versammeln.

Am Freitag, dem 13. April 1951, trafen sich frühmorgens alle Mitglieder der Qasimi-Familie – bis auf die zwei Rivalen – in der britischen Politbehörde von Sharjah. Mr. Wilton erklärte, dass die Entscheidung definitiv von ihnen und keiner anderen Partei getroffen werden müsse. Dann ließ er sie mit Shaikh Muhammad bin Salim al-Qasimi allein, damit sie versuchten, sich zu einigen. Zur Zeit des Mittagsgebetes hatten sie immer noch keine Entscheidung herbeiführen können – sie stimmten nur darin überein, dass sie einen Herrscher wollten, der beweisen könne, dass er dieser Position würdig sei.

Mr. Wilton schrieb in seinem Brief an den britischen Regierungsvertreter von Bahrain: »Wenn die Familie größtenteils für Saqr stimmt, und Muhammad nicht von seiner Position abrückt, weiß ich nicht, wie wir in der Angelegenheit vorankommen sollen. Ich denke, dann müssen wir Saqr formal anerkennen und jeglichen Handel mit Muhammad ablehnen. Muhammad wird dies wahrscheinlich akzeptieren, ohne dass wir zu Gewaltmitteln greifen müssen.«

Am 14. April 1951 wurde Shaikh Saqr bin Sultan al-Qasimi klar, dass keiner seiner Onkel sich auf einen Herrscher festlegen und die Familienkonferenz die Angelegenheit bis auf unbestimmte Zeit verschieben würde. Er ging zur britischen Politbehörde von Sharjah, traf sich mit Mr. Wilton und fragte ihn, ob er mit der Zustimmung der britischen Regierung zu den bedeutenden Persönlichkeiten der Stadt gehen dürfe, um deren Unterstützung zu erlangen. Darüber hinaus wollte er wissen, inwiefern Mr. Wilton bereit sei, deren Wünschen nachzukommen.

Mr. Wilton hatte keine Einwände. Er versicherte, dass er bereit sei, ihre Standpunkte zur Herrschaftsnachfolge anzuhören, und über die Wünsche der Bevölkerung gerne informiert wäre.

Am Sonntag, dem 15. April 1951, kontaktierte Shaikh Saqr bin Sultan al-Qasimi eine Reihe bedeutender Männer der Stadt.

Er bat sie, zur britischen Politbehörde von Sharjah zu gehen und dort ihre Stimme für ihn abzugeben. Das tat er zwei Tage lang.

Als Shaikh Saqr bin Sultan al-Qasimi auch am Montag, dem 16. April 1951, noch versuchte, die Einwohner von Sharjah zu beeinflussen, war Shaikh Muhammad bin Saqr al-Qasimi verärgert. Es herrschte große Unsicherheit unter den Menschen, was sich nicht gerade positiv auf den Ruf der Qasimi-Familie auswirkte. In jener Nacht ging er zum Haus von Mr. ʿAli al-Bustani, dem Assistenten des britischen Politoffiziers, um ihn davon zu überzeugen, in der Angelegenheit zwischen ihm und Shaikh Saqr zu vermitteln und über seine Forderungen im Falle seines Rückzugs zu verhandeln. ʿAli al-Bustani hielt es für gut, die Frage mit Shaikh Muhammad bin Salim al-Qasimi zu diskutieren.

Shaikh Saqr bin Sultan al-Qasimi wird Herrscher von Sharjah

Am Dienstagmorgen, dem 17. April 1951, bat mein Vater, Shaikh Muhammad bin Saqr al-Qasimi, seine Brüder, in sein Haus zu kommen. Dort hielten sie eine geschlossene Versammlung ab. Mein Vater erzählte uns nachher:

> Meine Brüder wurden darum gebeten, ihre Waffen abzulegen und mit mir zur Festung von Sharjah zu kommen, um dort Shaikh Saqr bin Sultan al-Qasimi zu treffen. Die Wachen öffneten das vordere Tor zur Festung erst, als sie sicher waren, dass die Besucher unbewaffnet waren. Sie beobachteten uns durch die zwei schmalen Öffnungen, durch die sie jeden, der versuchte, das Tor zu durchbrechen, erschießen würden. Als das

> Tor sich öffnete, stand Saqr davor und rief: »Onkel!« Er küsste mich und sagte immer wieder, dass er sich nicht gegen meine Autorität stellen werde. In diesem Moment wusste ich: Mr. ʻAli al-Bustani hatte ihm von meinem Rücktrittsantrag erzählt.

Mein Vater berichtete weiter: »Wir saßen mit Saqr zusammen, und ich sagte zu ihm: ›Du wirst zwangsweise ins Amt gesetzt. Glaube nicht, dass die Briten dich zum Herrscher machen; ich werde dich zum Herrscher machen. Tu die Dinge, die du tun kannst, und wenn du Probleme hast, komm zu mir und deinen Onkeln, damit wir sie lösen.‹«

Saqr küsste ihn und seine Onkel, nachdem sie ihm ihren Segen gegeben hatten, und die Kanonen der Festung feuerten kurz darauf fünf Schüsse ab. Shaikh Muhammad bin Salim al-Qasimi eilte umgehend zu unserem Haus. Anschließend ging er zur Festung und von dort aus zu Mr. Wilton in die britische Politbehörde von Sharjah. Er trug mehrere Briefe bei sich: Einen von meinem Vater, Shaikh Muhammad bin Saqr al-Qasimi, in dem er seinen Rücktritt zugunsten von Shaikh Saqr bin Sultan al-Qasimi bekanntgab, und einen von Shaikh Saqr bin Sultan al-Qasimi, in dem er erklärte, dass er das Amt des Herrschers von Sharjah antreten würde. Er war damals 28 Jahre alt.

Am Donnerstag, dem 21. Mai 1951, verließen wir die Qasimiyyah-Schule und gingen zum vorderen Hof der Festung. Dort hissten wir die Flagge von Sharjah. Wir wurden vom Schuldirektor, Herrn Ahmad bin Muhammad Abu Ruhaima, und den Lehrern angeführt. Vor dem Festungstor war ein Zelt aufgebaut worden. Der Direktor stellte uns vor der Festung in Reihen von Ost nach West auf. Vor uns waren weiße Linien auf dem Boden aufgemalt, die uns von dem Zelt trennten. Nachdem die Männer der britischen Luftwaffe zusammen mit den Truppen der Levies in Sharjah eingetroffen waren, brachten sie uns zum Festungstor und positionierten uns in einer geraden Linie, die parallel zur Festung verlief.

Die Zeremonie für die britische Anerkennung von Shaikh Saqr bin Sultan al-Qasimi als Herrscher von Sharjah wurde wie folgt abgehalten:

1. Die Eskorten der britischen Luftwaffe und der Trucial Oman Levies wurden an drei Seiten des ausgezeichneten Feldes vor der Festung platziert; dort stand ein Zelt mit Sitzplätzen für die Herrscher und Europäer.
2. Der Regierungsvertreter der Golfregion traf mit seinen Mitarbeitern ein, und alle nahmen im Zelt Platz.
3. Shaikh Saqr verließ die Festung durch einen aus Palmzweigen errichteten Bogengang und wurde begrüßt. Danach erfolgte eine Inspektion der Truppen; anschließend wurde der neue Herrscher vom britischen Regierungsvertreter der Golfregion begrüßt, der ihn zu seinem Platz auf der rechten Seite geleitete, wo er sich setzte. Anschließend nahm die gesamte Entourage ihre Plätze auf der rechten Seite des Zeltes ein.
4. Der Regierungsvertreter der Golfregion hielt eine Rede, in der die britische Regierung anerkannte, dass Shaikh Saqr bin Sultan al-Qasimi die Nachfolge seines Vaters als Herrscher von Sharjah antrat.
5. Shaikh Saqr bin Sultan al-Qasimi, der Herrscher von Sharjah, versicherte in seiner Ansprache, die Vereinbarungen

anzuerkennen, die zwischen der britischen Regierung und seinem Vater getroffen worden waren.

6. Der britische Regierungsvertreter und seine Begleiter verließen das Gelände mit den gebührenden Ehrensaluten.
7. Seine Hoheit der Herrscher betrat die Festung, während Salutschüsse abgefeuert wurden.

Mein Vater wohnte den Festivitäten nicht bei. Er vermied es auch, die *majlis* von Shaikh Saqr bin Sultan al-Qasimi in der Festung zu besuchen, seitdem sich folgender Zwischenfall ereignet hatte: Ein Mann kam zur *majlis*, um sich zu beschweren. Er setzte sich vor meinen Vater und trug seine Beschwerde vor. Plötzlich schrie Shaikh Saqr bin Sultan al-Qasimi den Mann an: »Ich bin der Shaikh, nicht er! Komm hierher!«

Ende Mai 1951 wurde die Qasimiyyah-Schule in Sharjah für die Ferien geschlossen. Mein Vater brachte uns nach Ra's al-Khaimah, und wir verlebten den Sommer in der Region um Ghubb. Damals hatte ich zusammen mit Herrn Fadhil gerade die Rezitation des gesamten Qur'an abgeschlossen; es gab einen Brauch, nach dem jeder, der die Rezitation des Qur'an vollendet hatte, ein Mittagessen für die Lehrer und Schüler seiner Schule ausrichten musste.

In der Region von Ghubb in Ra's al-Khaimah heiratete meine ältere Schwester, Shaikha bint Muhammad al-Qasimi. Aufgrund der Krankheit und des Todes meines Onkels, Shaikh Sultan bin Saqr al-Qasimi, war die Hochzeit um zwei Jahre verschoben worden. Der Bräutigam war dessen Sohn Shaikh Khalid, der seinem Vater während seiner Behandlungen in Indien und England beigestanden hatte. Mein Vater verbrachte den gesamten Sommer mit uns in Ghubb in Ra's al-Khaimah.

4

Die Entwicklungsgeschichte des Bildungssystems von Sharjah

Meine Schulbildung in Sharjah verlief in drei Abschnitten:

Abschnitt 1: Das Schuljahr 1951–52

Nachdem wir den Sommer in Ra's al-Khaimah verbracht hatten, kehrten wir nach Sharjah zurück und gingen wieder in die Qasimiyyah-Schule (die sich jetzt im Haus von al-Buraimi befand). Man schrieb den September 1951, und ich kam in die vierte Klasse. Wir erhielten einen neuen Lehrer, Herrn 'Abdullah al-Qaiwani; er nahm den Platz von Herrn Fadhil ein. Der Direktor der Schule war Herr Ahmad bin Muhammad Abu Ruhaima. Ein paar Tage nach Schulbeginn kam der neue Direktor mit einem schlanken jungen Mann in unsere Klasse.

Er stellte ihn uns mit folgenden Worten vor: »Das ist Herr Nasr Al-Ta'i. Er wurde als Englischlehrer für die vierte und fünfte Klasse eingestellt. Da die fünfte Klasse nur wenige Schüler und die vierte sehr viele hat, werden einige von euch die Klasse wechseln, damit wir die Mindestzahl von Schülern für die fünfte Klasse erreichen.«

Herr Nasr prüfte die Schüler einen nach dem anderen. Als ich an der Reihe war, diktierte er mir folgenden Vers:

Wenn der Mensch seinen Ruf nicht trübt,
indem er sich engherzig verhält,
ist alles, was er trägt, wunderschön.

Als die mündlichen Prüfungen beendet waren, verließen der Direktor und der Englischlehrer die vierte Klasse. Ich war der einzige Schüler, der mit ihnen ging, um von nun an die fünfte Klasse zu besuchen.

Die Schüler der fünften Klasse waren älter als ich. Sie hatten bereits Arithmetik studiert, die damals im Geschäftsleben verwendet wurde. Der Klassenlehrer, Herr Ahmad Abu Ruhaima, wies einen der Schüler, Muhammad Habib al-Yusuf, an, mir die Grundlagen der Arithmetik zu erklären.

Der Englischlehrer behandelte seine Schüler sehr streng. Er hatte schon alle bestraft, nur ich bildete eine Ausnahme. Weil nicht für alle Schüler Bücher vorhanden waren, mussten sich je zwei ein Buch teilen. So kam es vor, dass Schüler A, der im Süden von Sharjah lebte, sich ein Buch mit Schüler B teilte, der aus dem Norden der Stadt kam. Wenn Herr Nasr einen Schüler etwas über den Inhalt des Buches fragte, lautete die Antwort oft: »Das steht nicht in meiner Hälfte.« Dieser Satz wurde im Unterricht ständig wiederholt.

Schließlich fragte Herr Nasr, warum die Schüler immer von ihrer »Hälfte« sprachen.

»Ich lebe im Norden der Stadt«, erklärte einer meiner Mitschüler, »und er im Süden, wie also sollen wir zusammen die Hausaufgaben machen? Also haben wir das Buch in zwei Teile geteilt, und unglücklicherweise steht in meiner Hälfte nicht das, was wir gerade behandeln.«

Eines Morgens im November 1951 besuchte Shaikh ʿAbdullah al-Salim al-Sabah, der Emir von Kuwait, unser Land. In der *majlis* meines Cousins Shaikh Saqr bin Sultan al-Qasimi, des Herrschers von Sharjah, stellte Herr Ahmad Abu Ruhaima einen Schüler, Taryam bin ʿUmran, vor, der eine Begrüßungsrede an Shaikh ʿAbdullah hielt. In der Rede bat er um Bücher und Lehrer für die Schüler von Sharjah.

Als Shaikh ʿAbdullah al-Salim al-Sabah die Festung durch das Tor verließ, sah er sich einer Reihe von Fünftklässlern gegenüber, die von Herrn Ahmad Abu Ruhaima angeführt wurden. Bevor er in sein Auto stieg, drehte er sich zu uns um. Neben ihm stand Shaikh ʿAbdullah al-Jabir al-Sabah, der Bildungsminister von Kuwait. Er sagte: »Lehrer, Ihre Bitte wurde an Shaikh ʿAbdullah al-Jabir al-Sabah weitergeleitet.«

Damit begann eine wunderbare Zeit. Die Schüler und Lehrer warteten voller Vorfreude auf die Dinge, die aus Kuwait eintreffen würden. Die Bücher für unsere Bibliothek konnten uns aus Ägypten via Indien geschickt werden, und der Transport von Ägypten nach Sharjah dauerte meist mehrere Wochen.

An einem Dezembermorgen im Jahre 1951 – die Schüler waren gerade in ihre Klassen gegangen – erhielt der Direktor, unser Klassenlehrer Herr Ahmad Abu Ruhaima, die Nachricht, dass der Lehrer der dritten Klasse, Herr Fadhil, abwesend war. Herr Ahmad Abu Ruhaima fragte uns: »Weiß jemand von euch, wo das Haus von Herrn Fadhil ist?«

Ich wusste es. »Er lebt nicht weit von unserem Haus. Wir haben heute Morgen zusammen gebetet.«

Darauf wies mich der Direktor an, zu ihm zu gehen und ihn zu fragen, warum er heute nicht zur Schule gekommen sei.

Ich verließ die Schule und ging zum Haus, in dem Herr Fadhil lebte. Die Haustür schien geschlossen zu sein, aber als ich sie anstieß, öffnete sie sich. Ich betrat das Haus und sah ihn mit ausgestreckten Beinen an der Wand lehnen; seine Augen waren weit geöffnet und starrten mich an. Ich rief: »Herr Fadhil! Herr Fadhil!« Aber er antwortete nicht. Dann griff ich nach seinem Bein und schüttelte es. Aber er bewegte sich nicht.

»Er ist tot! Herr Fadhil ist tot!«

Auf dem Rückweg zur Schule brach ich in Tränen aus. Ich rief immer wieder: »Herr Fadhil ist tot! Herr Fadhil ist tot!«

Auch als ich Herrn Ahmad Abu Ruhaima fand, waren meine ersten Worte: »Herr Fadhil ist tot!«

Der Direktor sprang auf und versammelte die Lehrer. Sie gingen zum Haus, in dem Herr Fadhil lebte. Dort wuschen sie seinen Körper, hüllten ihn in ein Totenhemd und brachten den Leichnam zur »Beduinen Moschee«, die direkt vor der Qasimiyyah-Schule stand. An diesem Tag beteten die Lehrer, Schüler und andere nach dem Mittagsgebet für Herrn Fadhil. Danach wurde der Leichnam begraben. Die Schüler bekamen den Rest des Tages frei.

Im März 1952 besuchte eine Bildungsdelegation aus Kuwait die Qasimiyyah-Schule von Sharjah. Die Delegation wurde von Yusuf al-Fulaij, einem bekannten Kaufmann aus Kuwait, geleitet. Sie kamen, um das Bildungsniveau der Schule und ihrer Schüler zu überprüfen. Die Delegation wurde mit einer Willkommenszeremonie begrüßt, in der Gedichte rezitiert und Reden gehalten wurden. Herr Nasr al-Ta'i schrieb eine englische Rede für mich, die ich vortrug, und die Zuhörer waren begeistert.

Im April 1952 wurde der Englischlehrer, Herr Nasr al-Ta'i, wegen unzulässiger Bestrafungen seiner Schüler entlassen. Immer, wenn einer Fehler machte, band er dessen Beine zusammen und schlug sie fest mit einer *falaqah*, einer Art Holzlatte. Die Beine des Schülers wurden nach oben gezogen und dann erhielt er Schläge auf die Fußsohlen. Eine andere Strafmaßnahme bestand darin, dass er einem Schüler zwei Korallenstücke aus dem Meer gab, die dieser hochhalten sollte, während er auf dem Boden hockte. Manchmal befestigte er auch zwei Schiefertafeln – die die Schüler normalerweise zum Schreiben benutzten – an der Brust und auf dem Rücken des Delinquenten; auf den Tafeln stand: »Ich bin faul. Schaut mich an und lacht mich aus.« Wenn die Bestrafung besonders hart sein sollte, stand auf der Tafel: »Ich bin ein Esel. Schaut mich an und lacht mich aus.« Der Schüler wurde so vor der Klasse bloßgestellt, und die anderen Schüler lachten und machten sich über den Bestraften lustig.

Herr Nasr hatte auch beschlossen, dass im Englischunterricht kein Arabisch gesprochen werden durfte. Alle sollten ausschließlich Englisch sprechen. Wer ins Arabische fiel, erhielt ein rundes Stück Holz und musste zwei Annas (eine Anna entspricht einer Sechzehntel Rupie) abgeben. Der Schüler, der das Holz zuvor gehalten hatte, bekam eine Anna; die andere wurde in eine Geldkiste gelegt. Wenn einer etwas auf Arabisch sagte, riefen die anderen: »Gib ihm das Holz!«

Da Englisch bisher in der Schule nicht unterrichtet worden war, kommunizierten die Schüler in Zeichensprache miteinander. Einmal fragte Herr Nasr al-Ta'i nach der Bedeutung eines arabischen Wortes in Englisch. Ein Schüler in der letzten Reihe meldete sich, wedelte eifrig mit dem Zeigefinger und wollte die

Frage unbedingt beantworten. Sonst hatte sich niemand in der Klasse gemeldet, und alle Schüler drehten sich zu dem Jungen um. Er verwendete unsere gemeinsame Zeichensprache: Zuerst legte er seinen Zeigefinger auf die Brust, um »Ich« zu signalisieren. Dann krümmte er seinen Zeige- und Mittelfinger nach unten und bewegte sie vor und zurück, um das Wort »gehen« zu signalisieren. Schließlich legte er seinen Daumen auf den Zeigefinger und bewegte sie vor seinem Unterleib vor und zurück, was »urinieren« bedeutete. Die Schüler brachen in Gelächter aus. Einer rief: »Lacht in Englisch!«, und wurde dafür bestraft. Einmal züchtigte Herr Nasr al-Ta'i Su'ud bin Sultan al-Qasimi, einen Schüler der vierten Klasse, mit Schlägen auf die Hände. Su'ud beschwerte sich bei seinem Bruder, Shaikh Saqr bin Sultan al-Qasimi, dem Herrscher von Sharjah, über Herrn Nasr, und berichtete ihm, was in der Schule vor sich ging. Aus diesem Grund wurde Herr Nasr al-Ta'i aus der Schule entlassen und des Landes verwiesen.

Das Schuljahr in der Qasimiyyah-Schule dauerte nur noch wenige Wochen.

Der Assistent des britischen Politoffiziers in der britischen Politbehörde von Sharjah, Martin Buckmaster, opferte seine Zeit, um abends in der Schule Englisch zu unterrichten.

Aber das machte er nicht lange. Er wurde bald von Jasim bin Muhammad bin Jasim ersetzt, der damals in der britischen Politbehörde von Sharjah arbeitete. Das Schuljahr ging dem Ende entgegen und im Mai 1952 schloss die Schule für die Sommerferien.

Wir verbrachten die Sommermonate in Ra's al-Khaimah, in der Region um Ghubb. In diesem Sommer lebte Matar Fairuz bei uns, der gerade aus Riyadh zurückgekehrt war. Er hatte dort in einer Bildungseinrichtung *fiqh* (Islamisches Recht) studiert. Matar Fairuz war ein Waisenjunge. Er hatte Ende 1935 die Pocken bekommen, als die Seuche in Sharjah und anderen Emiraten grassierte. Man entschied, ihn zusammen mit anderen Pockenkranken in Quarantäne zu geben. Dieser Ort hieß *mujadder* (»Ort der Pocken«). Als mein Vater das herausfand, setzte er sich dafür ein, Matar in unser Haus zu holen. Meine Mutter hatte Angst um ihre Kinder, aber mein Vater sagte: »Dieser kleine Junge hat sein Augenlicht verloren. Wer würde im *mujadder* für ihn sorgen? Ich werde mich selbst um seine medizinische Behandlung kümmern.«

Mein Vater betreute den Jungen, bis er sich von seiner Krankheit erholt hatte. Meine ältere Schwester Shaikha erhielt die Aufgabe, ihn zur Schule von Faris, dem Qur'an-Lehrer, und wieder nach Hause zu bringen. Er besuchte die Schule solange, bis er den gesamten Text des Qur'an auswendig konnte. Dann schickte mein Vater ihn nach Riyadh, wo er seine Ausbildung in einem Institut für Islamische Studien vollenden sollte.

In Ghubb war Matar in der *majlis* untergebracht; sie bestand aus einer Art Hütte und hatte ein Dach aus Palmzweigen. Ich gewöhnte mich daran, ihn jeden Morgen abzuholen, seine Hand zu halten und weite Strecken mit ihm zu laufen. Manchmal spazierten wir, dann wieder tollten wir durch die Gegend. Ich war sein Auge, mit dem er sah. Er erzählte mir Geschichten aus dem Leben des Propheten Muhammad und von den Traditionen des Religionsgründers. Manchmal rezitierte er poetische Verse, die meist Sprichwörter und weise Worte enthielten.

Abschnitt 2: Das Schuljahr 1952–53

Als ich in die Qasimiyyah-Schule zurückkehrte, hatten sich viele Dinge verändert.

Erstens hatte der Direktor, Herr Ahmad bin Muhammad Abu Ruhaima, die Schule verlassen, um nach Saudi-Arabien zu reisen. Zweitens waren andere Schüler in der Schule. Einige Schüler waren den Trucial Oman Scouts (der Armee des befriedeten Oman) beigetreten, die damals gerade gegründet worden waren. Andere hatten sich den Briten angeschlossen und arbeiteten auf dem Militärflughafen. Taryam bin ʿUmran und sein Bruder ʿAbdullah hatten das Land verlassen, um zu ihren Verwandten nach Kuwait zu ziehen und dort die Schule zu besuchen. Muhammad bin Hamad al-Shamsi war weggegangen, um im Ausland zu studieren – er lebte nun im Zentrum von Bahrain.

Der Schüler ʿAli bin Muhammad Abu Ruhaima, der Bruder des Schuldirektors, Herrn Ahmad bin Muhammad Abu Ruhaima, war der Älteste unserer Klasse. Er wurde zum Lehrer der fünften Klasse ernannt, die aus Schülern bestand, die vorher in der vierten Klasse gewesen waren. Ich gehörte nun auch wieder zu meinen alten Klassenkameraden.

Unser Lehrer, Herr Ali Abu Ruhaima, begann, Theaterstücke zu schreiben – das erste hieß *Der Feuerholzsammler und die Sultanstochter*, und er war der Hauptdarsteller.

Das Gebäude der Qasimiyyah-Schule hatte Shaikh Sultan bin Saqr al-Qasimi noch von Ismaʿil al-Buraimi gekauft. Nach seinem Tod erbte seine Witwe, Shaikha Mira bint Muhammad al-Suwaidi, das Haus. Nun forderte sie es zurück.

Im Viertel des Shaikhs stand ein großes Gebäude, das Muhammad bin 'Ali bin Kamil gehörte. Seine Tochter, die Mutter von Salim bin 'Abdul-Rahman al-Midfa', war darin gestorben; daher verließ Muhammad bin Kamil das Haus, um in einem anderen zu leben. Der neue Shaikh, Saqr bin Sultan al-Qasimi, kaufte Ibn Kamils Haus, und die Qasimiyyah-Schule zog hinein. Der Bereich für die Mädchen wurde in den Nordtrakt des Hauses verlegt, nachdem er durch eine Wand aus Palmzweigen abgetrennt worden war.

Der neue Direktor, Herr Isma'il, war aus Bahrain zu uns geschickt worden. Er ordnete an, dass die älteren Schüler kurze Hosen in der Schule tragen sollten. Oft lief er mit ihnen durch die Straßen von Sharjah-Stadt und veranstaltete abendliche Sportveranstaltungen, zu denen die Einwohner herbeiströmten, um zuzusehen.

Die konservativeren Bürger Sharjahs protestierten, einige drohten sogar, ihre Kinder aus der Schule zu nehmen. Daraufhin wurden die Sportaktivitäten nicht mehr abends, sondern während der offiziellen Schulzeit durchgeführt.

Anfang 1953 trafen zwei Damen aus dem Oman in Sharjah ein. Eine von ihnen war Sarah Hossmann, eine ältere Frau mit einem Holzbein; die andere hieß Mariam Khatun. Die beiden Frauen kamen aus der amerikanischen Gesandtschaft im Oman und mieteten das Haus von Al-Sirkal von meinem Vater. Sie wandelten das Haus in eine Entbindungsklinik um, und es wurde unter dem Namen »Sarah Hossmanns Klinik« bekannt. Die meisten Kinder, die in jener Zeit in Sharjah geboren wurden, kamen in dieser Klinik zur Welt.

Als die Qasimiyyah-Schule für die Sommerferien geschlossen wurde, nahm mein Vater uns wie gewöhnlich nach Ghubb in

Ra's al-Khaimah mit. Dieses Mal verspätete sich seine Rückkehr nach Sharjah. Die Leute warnten ihn: »Die Stadt mag keine Menschen, die zu spät zurückkehren.« Das heißt, eine Person, die sich lange Zeit fern von ihrer Stadt aufhält, wird mit Fieber verflucht. Die meisten Bewohner wussten nicht, warum das geschah, aber mein Vater wusste, dass es an den Moskitos lag, die damals überall verbreitet waren, und so traf er die nötigen Vorkehrungen.

Als wir dieses Mal länger in Ghubb blieben, erfuhren wir, dass ein Fest namens *Nayruz* stattfinden sollte. Für die meisten Menschen bedeutete dies »das Ende der Saison«. Die Datteln, die am Baum getrocknet waren, wurden eingesammelt, auf dem harten Boden ausgebreitet, sortiert und in der Sonne getrocknet. Dieser Ort war der *mustah* (Streuboden). Einige Tage später legte man sie in Taschen aus Palmblättern. Ein kleiner Beutel hieß *jirab*, ein großer *jillah*. Die Beutel wurden verschlossen und in einem dunklen Raum aufbewahrt, dessen Tür so fest verschlossen war, dass keine Insekten und Nagetiere hineingelangen konnten. Diesen Raum nannte man *mudbasa* (»Sirupbereiter«). Die großen Beutel wurden übereinandergestapelt und auf die darunterliegenden Rinnen gepresst. Der Druck und die Hitze erzeugten Sirup, der aus den Säcken in die Rinnen tropfte. Der Sirup wurde in Töpfen gesammelt, die auf dem Boden der *mudbasa* standen.

Das *Nayruz* begann mit einem Stierkampf. Die Besitzer der Plantagen brachten ihre Bullen mit, die normalerweise dafür genutzt wurden, die Wasserfässer zu tragen, mit denen die Bauern ihre Felder bewässerten. Aus der ganzen Region kamen die Familien zu dem flachen Bereich vor dem *Shaml*-Bezirk. Sie suchten Stiere unterschiedlicher Größen aus, die gegeneinander kämpfen sollten. Die Stiere stießen sich mit den Hörnern, bis einer von ihnen geschlagen war; dann wurden die nächsten zwei Stiere aufeinander angesetzt.

Mein Bruder Saqr brachte einen der Stiere von unserem Bauernhof mit. Er war groß und hatte zwei gebogene Hörner. Mein Bruder hatte seine Hörner mit einer Feile geschärft, bis sie so scharf wie zwei Speere waren, eine Praxis, die während des *Nayruz* verboten war. Ein junger Stier mit kleinen Hörnern wurde hergeführt, um gegen den Stier meines Bruders zu kämpfen. Der Besitzer des Stiers war Saif al-Ramas. Die zwei Tiere standen einander gegenüber und begannen sich mit ihren Hörnern zu bekämpfen. Doch der Stier meines Vaters brach die Regeln und schlitzte den Stier von Saif al-Ramas mit einem seiner scharfen Hörner auf. Dieser erlitt eine Halswunde, die vom Ohr abwärts bis zu seiner Schulter verlief. Daraufhin geriet der Stier von Saif al-Ramas in Rage und stieß den meines Bruders in den Bauch, sodass der zu Boden fiel. Sein Gegner stieß seine Hörner überall in seinen Körper. Schließlich stand der Stier meines Bruders auf und floh vom Schlachtfeld. Doch der Stier von Saif al-Ramas verfolgte ihn, bis der Gejagte unseren Hof erreichte. Dort kämpften die beiden Stiere während der ganzen Nacht.

Abschnitt 3: Das Schuljahr 1953–54

Die Qasimiyyah-Schule im Haus von Ibn Kamil wurde im Schuljahr 1953–54 vom Bildungsministerium in Kuwait verwaltet.

Anfang September 1953 schickte das kuwaitische Erziehungsministerium zwei Lehrer in unsere Schule; sie hießen Mustafa

Taha – er sollte der Direktor werden – und Ahmad Qasim al-Buraini.

Der Direktor und die Lehrer führten Tests durch, um den Bildungsstand der Schüler zu prüfen. Das Ergebnis würde die Grundlage für die Aufteilung der vier Klassen bilden. Damals wurde auch das erste Fußballteam der Schule gegründet.

Die weiblichen Schüler wurden ebenfalls geprüft. Der Direktor unterrichtete sie zusammen mit einer Frau aus der Region, die als Qur'an-Lehrerin fungierte.

In den Sommerferien reisten wir zu unserem Bauerhof in Ghubb. Mein Vater blieb mit seinem militärischen Begleitschutz – Saif al-Dahh – bei uns. Letzterer schlief vor der Außen-*majlis* auf dem Boden. Einmal stand er nachts auf und wies die zweite Begleitperson namens Mas'ud an, mit dem Gewehr auf die Palmen der Plantage zu schießen. Mein Vater sprang auf und rannte mit seinen Söhnen zu Mas'ud. Als er ihn fragte, warum er geschossen hatte, antwortete Mas'ud: »Saif al-Dahh hat es mir befohlen.«

»Worauf hast du geschossen?«, wollte mein Vater weiter wissen.

Mas'ud entgegnete: »Auf das Segel, das sich mitten durch den Hof bewegte.«

Mein Vater insistierte: »Hast du es gesehen?«

»Nein, aber Saif al-Dahh hat mir davon erzählt.«

Meine Brüder Saqr und 'Abdul-'Aziz wie auch ich waren sicher, dass Saif al-Dahh das geplant hatte, um uns in Angst zu versetzen.

Er hatte schon eine Zeit lang versucht, die Mandeln zu sammeln, die nachts auf den Boden fielen. Er machte das nach dem Gebet zur Morgendämmerung; er ging dann zu dem großen

Baum, der so glatte Äste hatte, dass niemand darauf klettern konnte. Er hatte große Blätter, und seine Früchte waren so groß wie meine Handflächen: Diese Mandelsorte war nicht besonders bekannt in Syrien, kam aber in Bahrain häufig vor. Wir beschlossen, zum Hof zu gehen, bevor Saif al-Dahh herkam, um nachts im Teich zu baden. Als wir ihn kommen sahen, versteckte ich mich mit 'Abdul-'Aziz hinter den Stämmen der Palmen. Saqr tauchte in den Badeteich; nur sein Gesicht ragte noch aus dem Wasser.

Saif al-Dahh kam zum Teich, der in Dunkelheit gehüllt war. Als er ins Wasser stieg, tauchte Saqr unter und umfasste seine Beine. Saif schrie laut und schoss aus dem Teich; nur seine Beine waren noch unter Wasser. Saqr ergriff sie und hielt sie fest. Saif schrie abermals, diesmal noch lauter, und schaffte es, sich zu befreien. Er sprang aus dem Teich und rannte den Pfad entlang, der zum Hoftor führte; dann lief er aufs offene Feld und von dort zur *majlis*. Er war völlig nackt.

Am Morgen danach saßen wir mit unserem Vater um den Frühstückstisch, und Saif al-Dahh erzählte, was ihm letzte Nacht passiert war. Er sagte: »Seine Finger waren wie Sägeblätter, aber ich schlug und besiegte ihn. Dann rannte er weg.« Neben Saif al-Dahh saß mein Bruder Saqr. Er hatte das Kleiderbündel bei sich, das Saif in der letzten Nacht zurückgelassen hatte.

Als Saif redete, stupste mein Bruder ihn an. Er bedeutete Saif mit seinem Kopf, hinter sich zu schauen. Als Saif die Kleider sah, verstummte er.

Bald verbreitete sich das Gerücht, dass auf der Plantage von Shaikh Muhammad bin Saqr al-Qasimi in Ghubb *jinnis* unterwegs waren. Die Leute waren fest davon überzeugt, denn ich hatte zwei Monstermasken aus Sharjah mitgebracht. Ich legte eine an und lief unter dem Aquädukt hindurch, als die Leute vorübergingen. Manche flohen voller Angst, andere bedrohten mich mit einem Messer, sodass ich fliehen musste.

Eines Tages kam ein Mann ins Dorf, der einen Esel und ein Fohlen dabei hatte und Zitronen verkaufte. Der Zitronenhändler brachte unserem Hausmädchen ein paar Zitrusfrüchte. Mein Freund Rashid bin Sultan al-Makhawi und ich streiften die Satteltasche mit den Zitronen ab. Dann kletterten wir auf den Esel und legten unsere Masken an. Ich saß vorn, Rashid hinten; er saß verkehrt herum und hielt den Schwanz des Tieres fest. So ritten wir zum Ostviertel des Dorfes Ghubb. Als wir ankamen, fingen die Frauen an zu schreien und rannten mit ihren Kindern weg. Die anderen Jungen und Mädchen folgten uns durch den aufgewirbelten Staub.

Abschnitt 4: Das Schuljahr 1954–55

Anfang September 1954 traf Herr Muhammad Dhiyab al-Musa, ein Palästinenser, aus Kuwait ein, um als Lehrer in der Qasimiyyah-Schule zu unterrichten.

Im November desselben Jahres gründete er die erste Pfadfindergruppe der Arabischen Emirate in Sharjah, und leitete die Gruppe auch. Der erste Ranger hieß: Sultan bin Muhammad al-Qasimi!

Im Januar 1955 wurde die erste Wölflingsgruppe der Arabischen Emirate gegründet – ebenfalls in Sharjah. Der Aufbau der Gruppe verzögerte sich, denn einige Dinge, die für ihre Gründung und Ausrüstung vonnöten waren, kamen aus Kuwait und hatten eine sehr lange Lieferzeit. Zum Anführer der Wölflingsgruppe wurde Herr Ahmad Qasim al-Buraini (ein weiterer palästinensischer Lehrer) und zum Wölflingsmeister Sultan bin Saqr al-Qasimi, der Sohn des Herrschers von Sharjah, ernannt.

In der Mädchenschule, die an den Bereich der Jungen angeschlossen war, begann in diesem Schuljahr der Lehrer Sharifa – ebenfalls Palästinenser – die Schülerinnen zu unterrichten.

Die Schüler der Qasimiyyah-Schule zogen in ein neues Gebäude um, das im Stil einer Schule erbaut war und sich auf halbem Weg zwischen Sharjah-Stadt und dem britischen Luftwaffenstützpunkt befand. Das Haus von Ibn Kamil wurde zum Ende des Schuljahres 1954–55 in eine Mädchenschule umgewandelt.

In den Sommerferien, im Juni 1955, reiste ich mit meiner Familie nach Saudi-Arabien, um an der *Hajj*-Pilgerfahrt teilzunehmen. Im nächsten Kapitel werde ich noch genauer auf diese Reise eingehen.

Abschnitt 5: Das Schuljahr 1955–56

In diesem Jahr wurde Herr Muhammad Dhiyab al-Musa zum Schuldirektor befördert. Eine ägyptische Delegation traf ein: Sie bestand aus Herrn 'Abdul-Rahim Muhammad und Herrn Gharib 'Abdul-Salihin.

In unsere Klasse kam ein neuer Schüler, Muhammad bin Hamad al-Shamsi. Er hatte zuvor eine Schule in Bahrain besucht. Die anderen neuen Schüler waren Taryam bin 'Umran, 'Abdullah bin 'Umran bin Taryam und Sa'id 'Ubaid al-Sha'ir; sie kamen aus Schulen in Kuwait.

Unser jährliches Sportfest fand statt, und die Pfadfinder von Sharjah beteiligten sich am Pfadfinderlager in Kuwait.

Die Teilnahme der Pfadfinder von Sharjah am 10. Pfadfinderlager in Kuwait

Anfang 1956 beschloss Herr Muhammad Dhiyab al-Musa, der Pfadfinderführer und Direktor der Qasimiyyah-Schule, dass die Pfadfinder von Sharjah am 10. Pfadfinderlager teilnehmen sollten, das in der Region Funaytis in Kuwait stattfinden würde. Das Camp hieß »Das erste Jamboree« und begann am 15. März 1956.

Zur Gruppe aus Sharjah gehörten:

- ich, Ranger Sultan bin Muhammad al-Qasimi, der Gruppenleiter;
- der Pfadfinderführer, Su‘ud bin Sultan al-Qasimi, mein Cousin;
- der Pfadfinder Humaid bin Nasir al‘Uwais;
- der Assistent des Pfadfinderführers, Salim bin Ibrahim al-Mazru‘;
- der Assistent des Pfadfinderführers, Bayyat Muhammad al-Huraiz.

Damit wir gut aussahen, wählte Herr Muhammad Dhiyab al-Musa mich aus, um Stoff zu kaufen, aus dem »Anzüge« für die Mitglieder unserer Gruppe genäht werden sollten; außerdem musste ich Hemden, Schuhe, Socken und Unterwäsche besorgen. Ich nahm die Gruppenmitglieder mit zum Markt und kaufte alles, was wir brauchten. Su‘ud bin Sultan al-Qasimi beantragte die Reisepässe.

Am 12. März 1956 brachte Herr Muhammad Dhiyab al-Musa uns zum Flughafen von Sharjah und händigte mir die Reisepässe,

Pfadfinderfahnen, Flaggen von Sharjah und etwas Geld aus. Er ermahnte uns, tadelloses Verhalten zu zeigen, und erinnerte uns daran, dass wir unser Land und unsere Schule so gut wie möglich zu vertreten hatten.

Wir reisten mit einem Flugzeug von Gulf Air zum Flughafen von Bahrain; von dort flogen wir nach Kuwait und trafen kurz nach Mittag ein. Wir wurden von einem Vertreter des kuwaitischen Bildungsministeriums empfangen. Er wurde von Salim bin ʿAbdullah al-Mahmud, der in Kuwait ausgebildet worden war, begleitet.

Vom Flughafen fuhren wir zusammen mit dem Vertreter des Ministeriums und Salim bin ʿAbdullah Mahmud in einem Auto nach Kuwait-Stadt. Wir wurden ins »Orienthaus« gebracht, wo Salim bin ʿAbdullah al-Mahmud und mehrere Studenten aus den Vertragsemiraten – die in Kuwait studierten – wohnten. Dort bekamen wir einen großen Raum mit fünf Betten zugeteilt.

Am nächsten Tag nahm Salim bin ʿAbdullah al-Mahmud uns mit auf eine Tour zu den wichtigsten Orten des Landes. Wir besichtigten die Mauer von Kuwait, die Stadttore und andere bedeutende Sehenswürdigkeiten der Stadt.

Am folgenden Morgen legten wir unsere Pfadfinderuniformen an, packten unsere Taschen und stiegen in das Auto, das uns nach Funaytis bringen würde. Als Erstes fiel unser Blick dort auf ein großes Tor, auf dem geschrieben stand: »10. Pfadfinderlager – Das erste Jamboree«. An einer Seite des Tores waren die Namen der sechzehn Gruppen, die am Camp teilnahmen, aufgeführt:

- die Thanawiyyah-Pfadfinder
- die Mubarakiyyah-Pfadfinder
- die Sharjah-Pfadfinder

- die Siddiq-Pfadfinder
- die Fintas-Pfadfinder
- die Mirqab-Pfadfinder
- die Failaka-Pfadfinder
- die Salahuddin-Pfadfinder
- die Sharqiyyah-Pfadfinder
- die 'Umariyyah-Pfadfinder
- die Shamiyyah-Pfadfinder
- die Muthanna-Pfadfinder
- die Al-Fuhayhil-Pfadfinder
- die Sabah-Pfadfinder
- die Jahra-Pfadfinder
- die nationalen Pfadfinder.

Für die Eröffnung des Lagers am 15. März 1956 wurden Dekorationen und Flaggen aufgehängt.

Wir wurden zunächst zu unserem Zeltplatz geführt. Welche Überraschung, dort Ahmad Qasim al-Buraini zu sehen, der einst Lehrer in der Qasimiyyah-Schule in Sharjah und nun Leiter der hiesigen Wölflingsgruppe war. Er empfing uns in seiner Funktion als Pfadfinderführer der Gruppe der Al-Fuhayhil-Schule, mit der wir uns einen Zeltplatz teilten.

Von der Lagerverwaltung erhielten wir unser Zelt und die nötigen Materialien und Werkzeuge, um es aufzubauen. Außerdem bekamen wir Matratzen, Decken und Bettwäsche. Wir schlugen sofort unser Zelt auf und hissten die Flagge von Sharjah.

An diesem Abend nahmen wir an der Probe für die Eröffnungszeremonie teil, die am folgenden Tag stattfinden sollte. Am nächsten Morgen wurde noch eine weitere Probe durchgeführt.

Nachmittags wurde Shaikh ʻAbdullah al-Jabir al-Sabah, der kuwaitische Bildungsminister, von Herrn ʻAbdul-ʻAziz Husain (dem Bildungsindentanten), Herrn ʻIsa Ahmad al-Hamad (dem Lagerleiter) und Herrn Hasan al-ʻAli (dem stellvertretenden Campleiter) empfangen.

Shaikh ʻAbdullah al-Jabir erhielt einen Sitzplatz im Schatten eines großen Zeltes; dann begann die Parade. Jede teilnehmende Gruppe zog an Shaikh ʻAbdullah al-Jabir al-Sabah vorbei. Als die Parade beendet war, wurde vor Shaikh ʻAbdullah al-Jabir al-Sabah ein Halbkreis auf dem Boden gezogen, und die Pfadfinder nahmen auf der Linie Platz.

Die Zeremonie begann mit einer Rede von Herrn ʻAbdul-ʻAziz Husain, dem Bildungsintendanten, und einer Rede des Lagerleiters, Herrn ʻIsa Ahmad al-Hamad. Direkt danach gab der Zeremonienmeister folgende Erklärung bekannt: »Und jetzt hören wir eine Rede der Pfadfinder aus Sharjah, vorgetragen von Sultan bin Muhammad al-Qasimi.« Ich stand auf und hielt eine spontane Rede, in der ich mich bei Seiner Hoheit Shaikh ʻAbdullah al-Salim al-Sabah, dem Herrscher von Kuwait, Shaikh ʻAbdullah al-Jabir al-Sabah, dem Bildungsminister, und Herrn ʻAbdul-ʻAziz Husain, dem Bildungsintendanten von Kuwait, für die Lehrer, Bücher und Papierwaren bedankte, die sie uns zur Verfügung gestellt hatten. Ich beendete meine Rede, indem ich sagte: »Ich bin der Sklave eines jeden, der mir auch nur einen einzigen Buchstaben des Alphabets beigebracht hat … Was also schulde ich jenen, die mich im Laufe der Jahre so viele Wörter gelehrt haben?!« Shaikh ʻAbdullah al-Jabir al-Sabah rief mich zu sich, und ich durfte direkt neben ihm sitzen. Er befragte mich zu meinem Cousin, Shaikh Saqr bin Sultan al-Qasimi, dem Herrscher von Sharjah.

Als alle Reden gehalten waren, gab jede Gruppe eine Vorstellung, in der die Pfadfinder ihre verschiedenen Fähigkeiten zeigten. Schließlich waren wir an der Reihe. Bayyat bin Muhammad al-Huraiz aus der Sharjah-Gruppe gab eine sehr eindrucksvolle Vorstellung. Er legte seine Beine um den Hals und begann, auf den Händen zu laufen. Shaikh 'Abdullah al-Jabir war so begeistert, dass er aufstand und zu Bayyat al-Huraiz herüberlief.

Nach den Vorführungen ging Shaikh 'Abdullah al-Jabir al-Sabah durch das Lager. Zusammen mit den Leitern des Pfadfinderlagers besuchte er auch unseren Zeltplatz.

Nach der Eröffnungszeremonie wurden Erinnerungsfotos gemacht, die uns vor unserem Zelt zeigten. Auf den Bildern waren Mitglieder der Sharjah-Gruppe, der Gruppe aus Al-Fuhayhil und Pfadfinder aus den Emiraten, die in Kuwait zur Schule gingen, zu sehen.

Im Lager gab es ein Versorgungszentrum, in dem unter anderem frische und getrocknete Früchte verteilt wurden. Die Pfadfinder brachten die Lebensmittel in ihren Kisten zu den jeweiligen Zeltplätzen; sie kochten selbst.

Die Abende konnten wir wunderbar nutzen, um uns zu unterhalten, Lieder und Gedichte vorzutragen und traditionelle Tänze aufzuführen.

Eines Nachts kam ein Sturm auf, und es begann in Strömen zu regnen. Ich war Mitglied des Notfallteams; als ich das Signal der Notfallpfeife hörte, rannte ich los, um mich mit den anderen Mitgliedern des Teams zu treffen. Wir bekamen Werkzeuge zum Graben und Schneiden sowie Stricke, mit denen wir zu den Bereichen liefen, wo die Zelte zusammengefallen waren. Einige Pfadfinder hatten die Zeltstangen und Heringe nicht richtig befestigt, denn der Boden in Funaytis war sehr hart. Ich stieß dreimal mit der Brechstange in den Boden, konnte aber nur eine geringe Menge des verhärteten Sandes lösen. Es war eine sehr dunkle Nacht, und man konnte kaum etwas sehen. Ich stieß die Brechstange weiter in das Loch und bemerkte nicht, dass Salim bin 'Abdullah al-Mahmud von den Pfadfindern der kuwaitischen Schulen neben mir arbeitete und mit den Händen im Graben hantierte. Glücklicherweise traf ich seine Finger nicht, denn er hatte sie gerade zur Faust geballt, als das Brecheisen einschlug. In dieser Nacht bauten wir viele eingestürzte Zelte wieder auf.

Außerdem machten wir Ausflüge in besondere Landesregionen. Der wichtigste war die Tour nach Al-Rawdhatain, einer flachen Ebene, die mit dickem Gras bedeckt war.

Als das Pfadfinderlager in Funaytis vorbei war, kehrten wir nach Kuwait-Stadt zurück. Dort wohnten wir noch einmal zwei Tage lang im Orienthaus und warteten auf unseren Rückflug nach Sharjah.

Wir flogen mit Gulf Air zum Flughafen von Bahrain und von dort aus weiter nach Sharjah.

Die englische Privatschule

Zu Beginn des Schuljahres 1954–55 erzählte mir jemand, dass ein Inder im »Zimmer« von 'Abdul-Rahman al-Midfa' eine Privatschule eröffnet hatte. Dieses »Zimmer« befand sich im zweiten Stock eines Gebäudes, das am Ufer der Bucht von Sharjah stand. Eines Abends ging ich hin und traf den Mann, der mir jetzt erzählte, dass er D. S. D'Silva hieß, morgens in der Heuschrecken-Kontrollstation von Sharjah arbeite, wo er Berichte schreibe, und abends in dieser Schule/diesem »Zimmer« Englisch unterrichte.

Bald nahm ich an den Englischkursen teil; die Anzahl der Schüler vergrößerte sich schnell, was Herrn D'Silva dazu zwang, uns zu bitten, nach geeigneteren Räumen zu suchen. Schließlich fanden wir die *majlis* von 'Isa bin 'Ubaid al-Nabuda, die D'Silva als »Privatschule« anmietete. In dieser Schule lernten wir, Briefe an Unternehmen und Aufsätze zu verschiedenen Themen – die unser Lehrer uns vorschlug – zu schreiben. D'Silva kaufte auch ein paar Schreibmaschinen, und wir lernten zu tippen.

Morgens gingen wir in die Qasimiyyah-Schule, und kurz nach Mittag besuchten wir die Privatschule. Wenn wir den Ruf zum Nachmittagsgebet hörten, gingen wir in die große Moschee unweit der Privatschule. Eines Tages fragte D'Silva uns, warum wir jeden Tag zur selben Zeit die Schule verließen. Wir sagten ihm, dass wir zur Moschee gingen, um dort zu beten.

Er bat: »Nehmt mich mit.«

Ich zögerte und sagte: »Sie sind ein Christ, kein Muslim!«

Er schwieg und ließ die Sache auf sich beruhen – bis er mich eines Tages allein, entfernt von den anderen Schülern dasitzen sah. Er kam zu mir und forderte mich auf, ihm den Islam zu erklären. Nur wenige Tage später erklärte er, er wolle Muslim werden.

»Um ein Muslim zu werden, müssen Sie sich beschneiden lassen«, sagte ich.

»Damit bin ich einverstanden«, antwortete er.

Ich entgegnete: »Dann heute Nacht.«

»Um welche Zeit?«

»Wenn alle Schüler weg sind und der Koch Husain Kaidi nach Hause gegangen ist.«

»Ich werde Husain Kaidi sagen, dass er heute schon bei Sonnenuntergang nach Hause gehen kann«, erwiderte er.

Sogleich machte ich mich auf den Weg zum Markt, wo ein Barbier und Beschneider namens 'Ali Duqlah arbeitete. Wir kamen überein, dass er seinen Laden nicht schließen würde, bis ich käme, um ihn zu einem Haus zu bringen, in dem eine Beschneidung stattfinden sollte.

Nach dem Gebet bei Sonnenuntergang ging ich zu einem unserer Nachbarn, Khalifa bin Muhammad al-Hadhari, der so alt war wie ich. Ich erzählte ihm von der Vereinbarung und bat ihn, mit mir zu kommen, um mir bei der Operation zu helfen. Wir brachten den Barbier Duqlah zur Privatschule. Dann gingen wir in das Schlafzimmer von D'Silva, der uns schon erwartete.

»Wo ist der Junge?«, fragte der Barbier.

Ich sagte: »Es ist kein Junge. Es ist dieser Mann.«

»Um Gottes Willen!«, rief Duqlah aus. »Der?! Unmöglich!«

D'Silva war ein hochgewachsener Mann, der Barbier Duqlah hingegen war klein und fortgeschrittenen Alters.

Ich versuchte, Duqlah zu beruhigen: »Haben Sie keine Angst. Wir werden ihn für die Beschneidung fesseln.«

Der Barbier war immer noch ängstlich. »Wenn er mich tritt, wird er mir die Knochen brechen.«

»Ziehen Sie Ihre Unterwäsche aus, und setzen Sie sich auf den Boden«, wies ich D'Silva an.

D'Silva tat wie geheißen. Ich wand meine *kufiya* (Kopftuch) um sein rechtes Bein und band seine linke Hand auf dem Rücken fest. Khalifa tat dasselbe mit D'Silvas linkem Bein und band seine rechte Hand auf dem Rücken fest. Wir verknoteten die Enden der *kufiyas* und drückten unsere Knie gegen D'Silvas Rücken.

»Vertrauen Sie auf Gott, und fangen Sie an«, sagte ich zum Barbier Duqlah.

Der Barbier führte die Beschneidung durch; anschließend behandelte er die Wunde. Wir legten D'Silva auf eine Matratze auf dem Boden, und er war so friedlich wie ein Lämmchen.

Duqlah schlug das Stück Stoff, das er für die Beschneidung auf dem Boden ausgebreitet hatte, wieder zusammen und verstaute die Instrumente, die er mitgebracht hatte. Dann verließen wir das Haus und D'Silva.

Am nächsten Tag ging ich frühmorgens zusammen mit Khalifa al-Hadhari zur Privatschule. Als wir uns dem Schlafzimmer D'Silvas näherten, hörten wir einen klagenden Ton. Wir gingen hinein und sahen ihn erschöpft daliegen. Er hatte in der Nacht kein Auge zugetan. Wir brachten ihm Frühstück, und er bat uns, zur Heuschrecken-Kontrollstation zu gehen, um seine Kollegen zu informieren, dass er krank sei, und zu fragen, ob er eine Woche zu Hause bleiben könne.

Wir behandelten D'Silva mit sehr einfachen Methoden, genau so wie wir als Kinder nach unserer Beschneidung behandelt worden waren. Ich brachte Ziegenmist mit, der etwa ein Jahr alt war. Dann grub ich ein Loch in den Schulhof und entzündete ein Feuer in dem Mist, den ich zuvor in das Loch hineingelegt hatte. Ich sagte zu D'Silva: »Halten Sie Ihre Beschneidungswunde in das Loch.«

»Was? Seid ihr verrückt geworden?«, antwortete er entsetzt. »In diesem Loch brennt ein Feuer!«

Ich entgegnete: »Es wird Ihnen helfen, sich schnell zu erholen.«

»Aber ich werde brennen!«, rief er.

»Halten Sie die Wunde etwas entfernt vom Feuer, nur über den Rauch«, riet ich ihm.

Das tat er dann auch, und seine Wunde heilte tatsächlich ab.

D'Silva nahm den Islam an und begann zu lernen, wie man betet und den Qur'an liest. Eines Tages sagte er zu mir: »Ich will in der Moschee beten.«

Ich legte ihm arabische Kleidung an und nahm ihn mit zum Freitagsgebet in die Moschee. Wir beteten zwei Gebetseinheiten, bei denen ich meine Stimme erhob, sodass er mir folgen konnte; dann setzten wir uns in die dritte Reihe.

Der Imam hielt die Predigt, und das Gebet begann. Als wir niederknieten, konnte er meine Stimme nicht hören; also sagte er auf Englisch zu mir: »Sprich lauter!« Aber ich konnte während des Gebets nicht sprechen; also schwieg ich. Als wir wieder aufstanden, zischte er nochmals auf Englisch: »Sprich lauter!« Abermals reagierte ich nicht. Mitten im Gebet – als wir gerade mit dem Gesicht nach unten lagen – wiederholte er zum dritten Mal: »Rede lauter!« Als ich mich hinsetzte, hockte er sich direkt vor mich, griff nach meinen Schultern und protestierte: »So war das nicht abgemacht!«

Ich konnte das Lachen nicht zurückhalten, und um zu verhindern, dass wir die Leute störten, die gerade ihr Gebet beendeten, sprang ich über die Reihen der Betenden und rannte weg. Hinter mir erscholl D'Silvas Stimme: »Warte, warte, warte!«

Dies war das erste und letzte Gebet, das D'Silva je durchführte!

Am Ende des Schuljahres wurden Vereinbarungen zum Kauf neuer Schreibmaschinen getroffen, die den Unterricht in D'Silvas Schule verbessern sollten. Er hatte seine Arbeitsstelle gekündigt, um sich voll seiner Bildungsanstalt widmen zu können. Die befand sich mittlerweile in der Nähe des Hauses von Muhammad bin Hamad al-Shamsi, der nach Bahrain gegangen war, um dort zu studieren; nun war er zurückgekehrt, um im Schuljahr 1955–56 die Qasimiyyah-Schule in Sharjah zu besuchen.

Die Schüler sammelten Geld, um neue Schreibmaschinen zu kaufen.

Muhammad al-Shamsi nahm das Geld an sich und reiste mit D'Silva nach Dubai, um die Schreibmaschinen zu kaufen. Auf dem Markt von Dubai wurden D'Silva und Muhammad al-Shamsi in der Menschenmenge getrennt und konnten einander nicht mehr finden.

Nach dem Gebet zu Sonnenuntergang ging ich zur Schule von D'Silva. Ich war immer noch dabei, das Tippen zu erlernen. Der Schüler, der seine Zeit an der Schreibmaschine beendet hatte, wollte gehen; ich hätte also seinen Platz einnehmen können, aber ich sagte zu ihm: »D'Silva ist betrunken. Lass mich nicht allein.«

Er fragte: »Woher weißt du das?«

Ich antwortete: »Ich bin Wasser trinken gegangen und habe gesehen, wie er in seinem Zimmer zusammen mit jemandem Alkohol getrunken hat.«

Die Unterrichtsstunde fand spätabends statt, und die Stühle und Tische standen auf dem Schulhof. Plötzlich erschien Muhammad al-Shamsi. Als D'Silva ihn sah, begann er, ihn zu beschimpfen. Muhammad al-Shamsi tat dasselbe. Ihre Stimmen wurden immer lauter, und der Streit schien kein Ende zu nehmen. Sie störten die Nachbarn, darunter auch 'Umair bin 'Abdullah al-Falasi – er erzählte Shaikh Saqr bin Sultan al-Qasimi, dem Herrscher von Sharjah, von dem Zwischenfall.

Ein paar Minuten später klopfte es an der Tür zu D'Silvas Schule. Ich ging zur Tür, um sie zu öffnen, und stand zwei Soldaten des Herrschers gegenüber. Sie hatten den Auftrag, D'Silva der Stadt zu verweisen. Ich versprach, ihn am nächsten Tag aus der Stadt zu bringen.

Am nächsten Morgen mietete ich ein Auto. D'Silva lud seine Möbel ein und fuhr nach Dubai. Nach einigen Wochen hörten wir folgende Nachrichtenmeldung: »Ein Mann ist aus dem dritten Stock eines Hauses gefallen und zu Tode gekommen. Sein Name war offensichtlich D. S. D'Silva.«

5

Die Hajj-Pilgerfahrt

Mein Vater beschloss, seine Tochter, Shaikha bint Muhammad al-Qasimi, in Dammam (Saudi-Arabien) zu besuchen. Sie war ihrem Ehemann, meinem Cousin Khalid bin Sultan al-Qasimi, am 15. November 1954 gefolgt, der Sharjah verließ, nachdem es zwischen ihm und seinem Bruder, Shaikh Saqr bin Sultan al-Qasimi, zu einem Zerwürfnis gekommen war. Mein Vater reiste in Begleitung meiner Mutter, meiner Großmutter, meines älteren Bruders Khalid, meiner jüngeren Schwester Na'ima und meines kleinsten Bruders 'Abdullah. Auch ich reiste mit, zusammen mit dem Diener meiner Großmutter, der Mubarak hieß.

Mein Vater entschied, uns nach dem Besuch meiner Schwester in Dammam auf die *Hajj*-Pilgerreise zu schicken.

Bahrain

Ende Juni 1955 bestiegen wir mittags ein Schiff der British India Steam Navigation Company, das von Sharjah nach Bahrain fuhr. Das Schiff schien so groß wie ein ganzes Dorf zu sein. An Bord duftete es nach indischen Früchten, die nach Sharjah importiert worden waren. Ich konnte den Rauch riechen, der aus der Küche stieg und den Appetit der Passagiere anregte. Es gab zwei Klassen von Passagieren an Bord: Die einen schliefen in klimatisierten Räumen, die anderen wählten die weitaus billigere Option und übernachteten auf dem Schiffsdeck.

Wir verbrachten die Nacht in klimatisierten Kabinen, da es draußen drückend heiß war; am nächsten Tag trafen wir in Bahrain ein, wo wir als Gäste von Shaikh Salman bin Hamad Al Khalifa, dem Herrscher von Bahrain, begrüßt wurden. Unsere Gastgeber brachten uns ins Muhammad Nur-Hotel, von dem aus man einen schönen Ausblick auf den Obst- und Gemüsemarkt hatte. Morgens erwachten wir vom Lärm der Händler. Ich bat meinen Vater um Erlaubnis, zum Markt zu gehen; er trug mir auf, mich nicht zu verspäten, denn bald würde das Auto kommen, das uns zur *majlis* von Shaikh Salman bin Hamad Al Khalifa bringen sollte.

Ich verließ das Hotel und erkundigte mich bei den Leuten auf der Straße nach dem Weg zum Mu'ayyad-Buchladen. Ich fand das Geschäft und trat ein. Ich war so beschäftigt damit, mir die beeindruckende Anzahl von Büchern, die den Laden vom Boden bis zur Decke füllten, anzusehen, dass ich den Mann gar nicht bemerkte, der in meiner Nähe auf einem Stuhl saß. Vor ihm stand ein Tisch. Er fragte mich: »Wonach suchst du, Junge?«

Ich wandte mich ihm zu – er war ein sehr alter Mann. Ich begrüßte ihn und fragte dann zurück: »Sind Sie Al-Mu'ayyad?«

Er antwortete: »Ja. Was willst du?«

Ich gab mich zu erkennen: »Ich bin Ihr Brieffreund, Sultan al-Qasimi aus Sharjah.«

»Wie alt bist du?«

»Sechzehn«, entgegnete ich.

Dann wollte er wissen: »Was machst du mit den Büchern, die du kaufst, und mit denen, die ich dir schenke?«

»Ich lese sie«, antwortete ich.

Ich erzählte Al-Mu'ayyad meine Büchergeschichte:

Als mein Onkel, Shaikh Sultan bin Saqr al-Qasimi, in London starb, verging eine Woche, bis sein Leichnam in Sharjah eintraf. Während wir auf ihn warteten, saßen wir zusammen mit dem Sohn des Verstorbenen, Salim bin Sultan al-Qasimi, im Westtrakt des Hauses in dem Raum, der sich neben der Bibliothek seines Vaters befand.

Salim war älter als ich, genauso wie sein Bruder 'Abdullah, mein Bruder 'Abdul-'Aziz und unsere Cousins. Sie vertrieben sich die Zeit mit Kartenspielen. Ich las Bücher in der Bibliothek. Ich studierte die Titel und prägte mir die Namen der bedeutenden literarischen Werke ein, die mein Onkel Shaikh Sultan gelesen hatte. Unter ihnen befanden sich auch das Buch *Al-Shawqiyat* des Dichters Ahmad Shawqi sowie *Literarische Schätze* und *Das Buch der Tiere* von Al-Jahiz, auf dessen Titelblatt mein Onkel geschrieben hatte: »Dieses Buch sollte man nicht lesen.« Ich habe keinen einzigen Satz des Buches gelesen. Ich sah mir auch ein paar Briefe an, und auf einigen stand der Name »Mu'ayyad-Buchladen«.

Dann fragte mich Al-Mu'ayyad: »Wie warst du mit dem verstorbenen Shaikh Sultan bin Saqr verwandt?«

Ich antwortete: »Er war mein Onkel.«

Er schüttelte seinen Kopf, als wenn er sagen wollte: »Jetzt verstehe ich!«

Ich sprach weiter: »Ich sparte etwas Geld, das man mir in Form von Münzen hin und wieder schenkte, und wechselte es in Scheine. Diese schob ich in einen Brief, den ich Ihnen schickte, damit Sie mir die Bücher besorgten, deren Titel ich mir gemerkt hatte, darunter auch *Al-Shawqiyat*, *Literarische Schätze* und *Das Buch der Tiere*. Nachdem ich Letzteres gelesen hatte, war ich mir sicher, dass ein junger Mensch es nicht lesen sollte. Ich habe noch mehr Bücher von Ihnen gekauft: Werke über ʻAntara bin Shaddad und Abu Zaid al-Hilali, *Tausendundeine Nacht* und andere. Ich las meinen Freunden Geschichten vor, wenn wir lernten oder wenn ich unsere Nachbarn besuchte.«

Al-Muʻayyad machte eine weitausholende Geste: »Dieser Buchladen gehört dir. Nimm dir alle Bücher, die du willst, und betrachte sie als Geschenk.«

Ich dankte ihm und sagte: »Ich bin leider in Eile, denn ich fahre mit meinem Vater zur *majlis* von Shaikh Salman. Ich werde noch einmal wiederkommen.«

Wir betraten die *majlis* von Shaikh Salman, die voller Gäste war. Als mein Vater auf ihn zuging, stand der Shaikh auf und begrüßte ihn mit einem Lächeln. Mein Vater, mein Bruder Khalid und ich erhielten Sitzplätze ganz in der Nähe von Shaikh Salman. Seine *majlis* war voller Leben: Leute kamen und trugen ihre Begrüßungsworte vor, während andere sich verabschiedeten und gingen. Sie taten dies mit lauten Stimmen, die jeder hören konnte, und Shaikh Salman erwiderte die Grüße. Als es ruhig in der *majlis* war, fragte Shaikh Salman seine Gäste einen nach dem anderen, wie es ihnen ging, egal, ob sie weit weg an der Tür oder direkt neben seinem Stuhl saßen.

An diesem Abend besuchte ich den Mu'ayyad-Buchladen ein zweites Mal. Nun war viel los. Al-Mu'ayyad setzte mich auf einen Stuhl und ließ mir ein Glas Tee bringen. Dann gab er mir ein paar Bücher. Ich dankte ihm für sein Geschenk und fragte ihn, ob er sie für mich aufheben könne, denn ich würde nach der *Hajj*-Pilgerreise nach Bahrain zurückkehren.

Am folgenden Nachmittag nahm mein Vater uns mit nach Rifa', damit wir uns von Shaikh Salman verabschiedeten. Rifa' liegt weit entfernt von der Hauptstadt Manama. Wir wurden von seinen zwei Söhnen 'Isa und Khalifa empfangen, die sich gerade im Reiten übten, als wir eintrafen. Wir warteten gemeinsam auf einer langen Holzbank auf die Ankunft ihres Vaters. Dann begann der Shaikh ein langes Gespräch mit meinem Vater. Ich weiß nicht, worüber sie redeten, aber die beiden Männer waren seit 1948 befreundet, als die Briten meinen Vater ins Exil nach Bahrain geschickt hatten, und Shaikh Salman bestand darauf, dass er sein Gast sein sollte. Anschließend verabschiedete Shaikh Salman meinen Vater genauso, wie er ihn begrüßt hatte.

Dammam

Am vierten Tag unseres Besuchs in Bahrain flogen wir nachmittags nach Dhahran im Königreich von Saudi-Arabien. Shaikh Khalid bin Sultan al-Qasimi, der Ehemann meiner Schwester, begrüßte uns bei unserer Ankunft und brachte uns ins Gästehaus von Dammam.

Die Straße von Dhahran nach Dammam war asphaltiert. Große Tamariskenbäume säumten die Straße und weißer Sand erstreckte sich in westlicher Richtung. In der Nähe der Stadt

Dammam trafen wir auf weichen, goldenen Sand, der *a'dama* genannt wurde. Hier stand das Haus von Shaikh Khalid bin Sultan; nicht weit davon befand sich das Gästehaus.

Am nächsten Morgen nahm mein Vater uns mit auf einen Besuch beim Emir, Su'ud bin Juluwi, dem Präsidenten der Ostprovinz. In der *majlis* des Emirs war es ruhig und still. Die Bewegungen der Gäste waren gemessen, und es wurde im Flüsterton gesprochen. Der Emir saß auf seinem Stuhl, und sein Bart bedeckte den größten Teil seines Gesichtes. Wir saßen nicht lange in der *majlis*; bald verließen wir sie mit dem Bruder des Emirs, Prinz Sa'd bin Juluwi – einem wirklich lustigen Mann.

Während unseres Aufenthalts in Dammam besuchte ich auch meinen früheren Lehrer, Herrn Ahmad bin Muhammad Abu Ruhaima, der jetzt dort arbeitete.

Nach einigen Tagen wurden die Vorbereitungen für unsere *Hajj*-Pilgerreise als Gäste der saudischen Regierung getroffen.

Jeddah

Wir alle reisten weiter; mein Vater jedoch blieb in Dammam zurück. Am Morgen bestiegen wir ein Flugzeug der Saudi Airlines, um von Dhahran nach Jeddah zu fliegen. Die Flugzeuge dieses Unternehmens waren zweimotorig.

Nach dem Start hatten wir zunächst eine angenehme Reise, bis wir auf dem letzten Viertel des Fluges eine bergige Region erreichten. Plötzlich fiel einer der Antriebsmotoren aus, und die Maschine flog nur noch mit einem Motor. Sie schwankte nach rechts und links, sackte nach unten und schoss wieder nach oben. Der Steward ordnete an, dass wir alle unsere Gurte anlegen sollten, und kam dann wieder, um uns mitzuteilen: »Die Temperatur des zweiten Motors steigt … Sprecht eure Gebete … Das Flugzeug stürzt ab!«

Wir sahen, dass einer der Piloten den Steward von hinten am Hemd ergriff, ihn ins Cockpit zog und die Tür schloss. Wir alle beteten, manche übergaben sich auf den Boden.

Dann versagte der zweite Antrieb, und das Flugzeug sank immer tiefer. Die Berge kamen näher und näher. Das Erbrochene strömte an uns vorüber und sammelte sich in einer Vertiefung bei den Vordersitzen. Von den Fenstern aus sahen wir unter uns eine flache Ebene. Das Flugzeug stieß auf den Boden, schrammte ihn und hob wieder ab … dann stieß es erneut auf den Boden und schrammte abermals die Erde. Schließlich kam es zum Stehen.

Der Steward öffnete die Tür des Cockpits und rief: »Wir haben es geschafft! Wir haben es geschafft!«

Einer der Piloten stieg mit dem Steward aus dem Flugzeug, und ich schloss mich ihnen an. Wir befanden uns auf einer Bergpiste. Bald schon kam ein Auto, ein roter Pickup. Er transportierte Wasserfässer. Der Pilot fragte den Fahrer: »Woher kommen Sie gerade?«

Der Fahrer antwortete: »Aus Al-Muwayh. Ich bringe Wasser zur Mine von Zhulm [der alte Name der Region], der Goldmine.«

Der Steward bat den Fahrer des Autos, ihm etwas Wasser zu geben, denn im Flugzeug war nichts Trinkbares mehr zu finden. Das Wasser in den Fässern war sehr heiß, denn es war gerade Mittag. Im Flugzeug gab es auch nichts Essbares außer salzigem Käse und ein wenig Brot.

Der zweite Pilot versuchte, ein Flugzeug zu kontaktieren, das vom Flughafen in Riyadh hierherkommen und auf der Piste landen sollte. Wir mussten die Fahrbahn so gut es ging in Ordnung bringen, denn sie war vom Regen erodiert.

Die Männer stiegen aus, und der Steward brachte eine Gummimatte vom Boden des Flugzeugs nach draußen. Wir stapelten Steine darauf und schleiften sie zu dem Platz, den der Flugkapitän reparieren wollte. Wir brauchten mehrere Stunden, um die Trasse zu ebnen. Einer der Piloten bat die Passagiere, ihm die weißen *ghutras* (Kopftücher) zu geben, die sie trugen. Wir sammelten sie ein, und er wickelte jede *ghutra* um einen kleinen Stein. Dann legte er sie in einer geraden Linie an jede Seite des Weges. Auf diese Weise schuf er die Markierungen für unseren neuen Flughafen!

Die Maschine aus Riyadh landete sicher und öffnete ihre Türen. Der Steward dieses Flugzeuges sagte: »Wir haben sieben Sitzplätze. Die stellen wir den Gästen der Regierung zur Verfügung, denn unter ihnen sind Kinder.«

Meine Großmutter, meine Mutter, meine Schwester Na'ima und mein Bruder 'Abdullah wurden aus dem ersten Flugzeug gebracht. Mein Bruder Shaikh Khalid und ich halfen ihnen beim Aussteigen. Aber als wir an Bord gingen, konnten wir keinen Platz für Mubarak finden.

Der Steward wiederholte: »Ich habe sie abgezählt, sieben Sitze. Einer der Fahrgäste des anderen Flugzeugs muss unerlaubt in diese Maschine gestiegen sein! Ich werde eine Passagierliste holen.« Ich zeigte auf jemanden, und der Steward wusste, dass die Person, die rechts von mir saß, diejenige war, die das Flugzeug unaufgefordert bestiegen hatte. Er bat also den Fahrgast, das Flugzeug zu verlassen. Der Passagier hatte sich bereits angegurtet und hielt die Schnalle mit beiden Händen fest. Er sagte: »Bei Gott, selbst wenn Sie mich in Stücke schneiden, ich werde diesen Gurt nicht öffnen!«

Mein Bruder Khalid zeigte sich großzügig: »Wir lassen Mubarak bei den Leuten im beschädigten Flugzeug.«

Unsere Maschine hob von der Startbahn ab, die wir gebaut und auf der wir unsere *ghutras* platziert hatten. Wir flogen weg und ließen den Unglücksort zurück, der später ein Flugplatz namens »Zhulm-Flughafen« werden sollte.

Der Passagier rechts neben mir war derselbe Mann, der schon im ersten, verunglückten Flugzeug neben mir gesessen hatte. Auf diesem ersten Flug hatte er auf den rechten Propeller gestarrt, der stehen geblieben war, und sein Gesicht dann weinend mit beiden Händen bedeckt. Jetzt beobachtete er wieder den Propeller. Er konnte die Luftschraubenblätter nicht erkennen, so schnell drehten sie sich, und lächelte.

Wir stiegen auf dem Flughafen von Jeddah aus und fuhren zum Basatin Jeddah-Hotel.

Das Hotel lag am Stadtrand von Jeddah, nicht weit vom Wasserverteilungszentrum Al-Kandasa. Es bestand aus mehreren Villen und Apartments inmitten einer großzügigen Gartenanlage mit Zierpflanzen und Blumen.

Jeddah ist eine wunderschöne Stadt an der Küste. Sie hat einen überdachten Markt mit mehrstöckigen Gebäuden, die Balkone besitzen. Der Gouverneur der Stadt hieß Qa'im Maqam von Jeddah, und wir besuchten sein Büro am Strand.

Medina

Die saudische Regierung mietete bei der »Bakhashab Pasha-Gesellschaft für den Transport von Pilgern« zwei Autos für uns. Der Fahrer des Hauptwagens hieß 'Abdul-Rahman. Er war ein dicker, schwergewichtiger Mann, und dort, wo er saß, hing das Auto nach unten. Im anderen Wagen saß Mubarak mit unserem Gepäck.

Wir verließen Jeddah nach drei Tagen um die Mittagszeit und fuhren an der Küste entlang in Richtung Medina. Bei Sonnenuntergang hielten wir in einem Dorf am Roten Meer; es hieß Rabigh. An der Hauptstraße gab es ein Restaurant, in dem gebratener Fisch und frisches Brot serviert wurden. Nach Sonnenuntergang und den Abendgebeten fuhren wir weiter und kamen nach Mitternacht in Medina an. Wir übernachteten im Taysir, einem Hotel mit unzähligen Etagen, hohen Decken und einem Treppenaufgang mit großen Trittstufen. Es lag im Marktbezirk, gleich neben der Heiligen Moschee des Propheten Muhammad.

Am nächsten Tag besuchten wir die Moschee des Propheten. Wir beteten zwei Gebetseinheiten und besichtigten das Grab des Propheten Muhammad bin 'Abdullah (Gott segne ihn und schenke ihm Heil). Wir erwiesen ihm unsere Ehrerbietung, dann sprach mein Bruder Khalid ein Gebet. Berührt von der Heiligkeit des Ortes und der Verehrung für den Propheten, weinte Khalid voller Ehrfurcht, und wir weinten mit ihm.

Wir besuchten auch das Grab von Muhammads Nachfolger, dem Kalifen Abu Bakr, und das Grab seines Nachfolgers 'Umar ibn al-Khattab. Nachmittags gingen wir zum Friedhof Al-Baqi', wo sich die Gräber der Gefährten des Propheten und die der

Nachfolger Muhammads befanden. Wir zollten allen unseren Respekt.

Bevor die Nacht hereinbrach, sah ich einen Mann, der Laternen mit sich führte, die bereits entzündet und an einem Stab befestigt waren. Er trug sie über einer Schulter; in der anderen Hand hielt er einen weiteren Stab mit einem Haken an der Spitze. An bestimmten Orten blieb der Mann stehen und nahm die Laternen nacheinander mit der Hakenstange auf. Er hängte sie an Metallkeile, die an den höchsten Punkten der Stadtmauern befestigt waren. Das machte er so lange, bis alle Märkte und Straßen, die zur Moschee des Propheten führten, erleuchtet waren.

Am zweiten Tag unseres Aufenthalts besuchten wir den Berg Uhud (wo die zweite islamische Schlacht stattfand) und gedachten dort der Märtyrer der Schlacht von Uhud. Am Abend spazierten wir durch die Märkte von Medina.

Mekka

Am Morgen des dritten Tages verließen wir Medina, um nach Mekka zu fahren. Wir nahmen die Straße, die Abu Hulaifa passiert – eine der *miqat* (Weihestätten), die Pilger aus Medina auf dem Weg nach Mekka durchqueren müssen. Die Straße war nicht geteert und sehr steinig. Dennoch kam das Auto ohne Probleme voran, und wir erreichten den *miqat* von Dhi al-Hulaifa. Dort traten wir in den rituellen Weihezustand für unsere *'Umra* (kleine Pilgerfahrt) ein: Wir beteten und legten die einfache weiße Kleidung des Pilgers an. Danach umkreisten wir die Ka'ba, das heilige, würfelförmige und mit schwarzem Stoff behangene Gebäude im Herzen der Moschee, und absolvierten den *sa'i* (den rituellen Gang zwischen den Hügeln Safah und Marwah in Mekka). Nachdem wir die ʿUmra durchgeführt hatten, beendeten wir unseren Weihezustand.

Am nächsten Tag begegnete ich dem Mann, der für die Verpflegung im Hotel zuständig war. Er war Ägypter, hieß Mahmud und behauptete, einer der Köche von König Faruq gewesen zu sein. Er stellte mich einem Generalmajor des saudischen Innenministeriums namens ʿAbdul-Rahman vor, der während der Hajj-Saison im Hotel wohnte, um die Sicherheitsvorkehrungen für die Pilgerreisen zu überwachen. Als ich ihn traf, war er gerade dabei, das Hotel zu verlassen, um zu seinem Arbeitsplatz im Hamidiyya-Gericht zu gehen. Ich bat ihn, mich zum Bushnaq-Buchladen mitzunehmen, der sich neben dem Hamidiyya-Gericht am Weg zum *saʿi*, kurz vor dem Berg Safah befand. Ich hatte diesen Buchladen in der vergangenen Nacht gesehen, als ich den *saʿi* durchführte. Ich bat ihn, mich dem Besitzer des Geschäfts zu empfehlen, denn ich wollte dort ein wenig Zeit verbringen und mir die Bücher ansehen. Dabei hatte ich jedoch kein bestimmtes Buch im Kopf.

Nachdem ich den Generalmajor ʿAbdul-Rahman meinem Bruder Khalid vorgestellt hatte, fragte ich diesen um Erlaubnis, nach Mekka zu fahren. Der Generalmajor ʿAbdul-Rahman stellte mich dem Besitzer des Bushnaq-Buchladens vor, und ich hatte das Gefühl, dass die beiden Männer sich kannten. Herr Bushnaq gab mir einen Stuhl, auf dem ich sitzen konnte, während er seinen Pflichten im Geschäft nachkam.

Der Bushnaq-Buchladen lag im ersten Abschnitt des Wanderweges, nicht weit vom Berg Safah entfernt. Dieser erste Teil des Weges war durch die einzige Hauptstraße Mekkas von den anderen Teilen abgeschnitten. Er war steinig und lag inmitten eines trockenen Flussbettes. Der Ort heißt *al-Harwala* (»Ort des schnellen Gehens«). Viele Pilger glauben, dass die Menschen hier schnell laufen müssen, weil die Straße so verkehrsreich ist. Die anderen zwei Drittel des Weges bestanden aus einer Art überdachtem Markt. An den Seiten befanden sich Geschäfte, die sich bis zum Berg Marwah hinzogen. Zwischen Safah und Marwah stand ein Metallzaun, der die ankommenden Menschen von denen trennte, die gingen. Die Ladenverkäufer rauchten Wasserpfeifen; der Rauch stieg auf und zog in den Hof der Heiligen Moschee.

Im Hof der Moschee standen Schreine für jeden der vier Imame: Hanbal, Hanafi, Malik und Shafi'i. Al-Shafi'i's Schrein befand sich auf dem über dem Zamzam-Brunnen errichteten Gebäude. Die anderen Schreine erhoben sich wie Schirme im Hof der Moschee. Um jeden Schrein versammelten sich Menschen, die ihren jeweiligen Imam zu religiösen Angelegenheiten befragten, um Antworten zu erhalten, die den Grundsätzen ihrer jeweiligen Schule entsprachen.

Vom Tor Ibrahims (Abrahams) aus überblickte man eine Reihe von Unterkünften, die für die Pilger gemietet worden waren. Aus diesen Quartieren trat fauliger Gestank.

Wir blieben mehr als zehn Tage in Mekka, in denen die Tür der Ka'ba geöffnet war. Die männlichen Pilger strömten zur Tür der Ka'ba, von deren Dach ein Seil herunterhing. Die Leute hielten sich an dem Seil fest und versuchten, daran zur Tür der Ka'ba hochzuklettern, um das heilige Gebäude zu betreten. Ich zog mich am Seil hoch, bis ich über den Köpfen der Menschen war, die den Strick festhielten. Plötzlich griff jemand nach meiner *ghutra,* die ich um meinen Hals gebunden hatte. Er begann an ihr zu zerren, denn er dachte, sie sei das Seil. Ich stürzte zu Boden, zwischen die Beine der Pilger, die das Seil festhielten. Allah sei gepriesen, dass ich nicht von den Füßen verletzt wurde, die um mich herum auf den Boden stampften. Ich band meine *ghutra* um die Taille und entfernte mich ein Stück von den Männern. Dann rannte ich, so schnell ich konnte und sprang auf die Köpfe der Leute, die das Seil festhielten. Ich bekam das Seil zu fassen, und eine Person an der Tür der Ka'ba ergriff meine Hand und zog das Seil zu sich. Schließlich befand ich mich in der Ka'ba. Es war dunkel, aber einen Moment später konnte ich ihr Inneres erkennen. In der Mitte standen zwei Holzsäulen, und in der Ecke, wo der schwarze Stein lag, hing eine Lampe. In der Ecke rechts von der Tür war eine Öffnung im Dach, durch die Licht hereinfiel. Von hier aus betraten die Hüter der Ka'ba das Dach des Gebäudes. Ich betete in jeder der vier Ecken zwei Gebetseinheiten.

Am achten Tag des Monats Zhu'l-Hijja im islamischen Jahr 1374, dem *tarwiyah*-Tag, einem Donnerstag – also dem 28. Juli 1955 –, traten wir in den rituellen Zustand der Weihe ein und erklärten unsere Absicht, die *Hajj*-Riten auszuführen. Wir umkreisten die Ka'ba, führten den *sa'i* aus und fuhren nach Mina, wo wir die Nacht verbrachten. Der nächste Tag war der Tag von 'Arafah – er fiel auf einen Freitag. Wir standen auf dem Berg 'Arafah und sandten Gebete an Allah. Als die Sonne unterging, fuhren wir weiter nach Muzdalifah und danach wieder nach Mina. Es war der Opfertag. Wir warfen Steine auf die Säule des *jamarat al'aqabah* (eines der Hauptgebote der *Hajj*, ein Ritus, der an Ibrahim, Ismail und den Teufel erinnert). Danach ging ich mit meinem Bruder Khalid und Mubarak zum Opferplatz. Khalid suchte einen fetten Bullen aus, der groß genug war, um als Opfer für sieben Menschen zu dienen – denn wir waren sieben Personen.

Anschließend schnitten wir unser Haar so, wie es die *Hajj*-Riten vorschreiben. Die Frauen kürzten ihr Haar nur wenig. Wir beendeten den Zustand der rituellen Weihe und legten unsere Alltagskleidung an. Dann fuhren wir nach Mekka, um noch einmal das Ritual der *ifadah,* der Umkreisung der Ka'ba, und den *sa'i* auszuführen.

Meine Großmutter war in Mina nicht dabei gewesen, denn sie war krank geworden. Aber um die Vorschriften der *Hajj* zu erfüllen, musste sie an diesem Abend die Ka'ba umkreisen und den *sa'i* ausführen. Also setzten wir Großmutter auf ein Bett, und zwei Männer hoben sie auf ihre Köpfe. Dann umkreisten sie die Ka'ba mit ihr. Für den *sa'i* setzte ich sie in einen Rollstuhl und sagte zu dessen Besitzer: »Ich werde sie schieben.«

Der Besitzer des Rollstuhls war damit einverstanden, und wir begannen den *sa'i.* Als wir die letzten beiden Abschnitte erreichten, erweckten wir die Aufmerksamkeit einiger Jungen, die sich an den Pilgern ein paar Rupien verdienten; sie betrachteten mich als neuen Konkurrenten, denn ich trug die Kleidung der Hijaz-Region. Die Jungen kamen zu mir und schlugen mich solange, bis ich den Rollstuhl losließ. Er raste zum steilen Abhang des Marwah, und meine Großmutter rief: »Sultan! Sultan!«

Ich stand mit dem Rücken gegen den Trennzaun, der auf dem *sa'i*-Weg stand, und die Jungen schlugen brutal auf mich ein. Eine Gruppe afrikanischer Pilger, die sich gegenseitig festhielten, schoben die Jungen von mir weg. Aber auch diese Männer traten mich. Ich schrie, und die Menschen um mich herum kamen mir zu Hilfe. Sie hoben mich vom Boden auf, aber ich konnte mich in der Menge nicht bewegen. Ich rief: »Großmutter! Großmutter!« Schließlich kam ich zu ihr durch und konnte den Rollstuhl weiterschieben.

Die Tage des *tashriq*, die drei Tage nach dem Opfertag, verbrachten wir in Mina mit dem Ritual des *jamrat* (Steinewerfen). Von dort kehrten wir nach Mekka zurück, wo wir die letzten Umkreisungen der Ka'ba vornahmen. Danach fuhren wir zum Flughafen von Jeddah und stiegen in eine der Maschinen, die zum Flughafen von Dhahran flogen.

Wir blieben zwei Tage in Dammam und fuhren anschließend mit zwei Autos über 'Ujair nach Qatar. Dort besuchten wir Shaikh 'Ali bin 'Abdullah Al Thani, bevor wir endgültig den Rückflug nach Sharjah antraten. Die Bücher, die ich vor der Pilgerfahrt in Bahrain gelassen hatte, wurden mir später mit der Frachtpost nachgeschickt.

6

Der dreiseitige Angriff auf Ägypten

Am 29. Oktober 1956 begannen Großbritannien, Frankreich und ihr verzogenes Kind Israel einen Angriff auf Ägypten. Sie beschossen die Rundfunkstation, die in Muqattam als *Stimme der Araber* bekannt war – sie musste ihre Radiosendungen einstellen. Danach sendete *Die Stimme der Araber* aus Damaskus. Die Menschen waren außer sich, aber sie konnten nichts gegen die Übergriffe tun. Sie verfluchten die Aggressoren und wünschten Ägypten von Herzen, dass es sich erfolgreich gegen die Angreifer behauptete. Alles, woran ich denken konnte, war: »Was kann ich tun, damit die Eindringlinge verlieren, selbst wenn es nur ein Quäntchen ist?«

Auskundschaftung

Am 1. November 1956 fuhr ich zum britischen Luftwaffenstützpunkt in Sharjah. Mein Auto war den Beamten der Basis bekannt, denn ich war Mitglied des Fußballteams des britischen Ministeriums für öffentliche Bauarbeiten, das seinen Hauptsitz in der britischen Luftwaffenbasis von Sharjah hatte. Ich kontaktierte die Spieler regelmäßig und informierte sie über die zukünftigen Einsätze. Ich brachte sie auch zu den Spielen, denn ich trug die Verantwortung für das Team.

Ich ging zum Tankhof, der sich unweit der Garage befand, in der einer der Spieler arbeitete. Sein Name war 'Abdul-Rahman Damuni. Ich hatte ihn schon oft nach seiner Arbeit in meinem Auto mitgenommen. Seit wir zusammen Fußball spielten, waren wir gute Freunde geworden.

Als ich zur Tür der Werkstatt kam, fragte ich nach 'Abdul-Rahman. Er kam heraus, und ich führte ihn weit weg von der Werkstatt zu der Stelle, an der ich mein Auto geparkt hatte. Dann nahm ich einige Papiere heraus, auf die ich in englischer Sprache die Namen der Spieler und das Datum des nächsten Spiels geschrieben hatte. An diesem Tag wehte ein starker Westwind, und ich ließ absichtlich einige Blätter aus den Händen fallen. Sie flogen in Richtung des Tankhofs, der sich in der Nähe des äußeren Zauns der Militärbasis befand.

Ich rannte den Papieren hinterher. Der britische Wachmann, der an der Tür zum Tank stand, stellte sich eilig vor mich hin und begann die Unterlagen zu lesen. Er gab sie mir zurück und sagte: »Viel Glück.«

Eines der Blätter blieb am Außenzaun – der aus Stacheldraht bestand – hängen. Ich wandte mich an den englischen Wachmann: »Ich kann es nicht holen, der Draht ist elektrisch geladen.«

Er antwortete: »Der ist nicht elektrisch geladen.«

Ich fragte: »Auch nachts nicht?«

»Auch nachts nicht.«

Ich ging zum Zaun, um das Blatt Papier zu holen, und fand heraus, dass er aus drei Schichten Stacheldraht bestand. Nicht einmal eine Katze konnte da durchkommen. Am 2. November 1956 fuhr ich kurz nach Mittag zum britischen Militärstützpunkt, um ein Spiel mit dem Team des Flughafens zu arrangieren. Als ich zum Tor der Basis kam, fiel mein Blick auf mehrere seitlich stehende Gebäude, in denen die Militärflugzeuge gewartet wurden. Dort sah ich ein Auto, auf dessen Rückseite in Großbuchstaben und englischer Sprache »BITTE FOLGEN« geschrieben stand.

Das Auto fuhr vor mir her, und ich folgte ihm die Rollbahn entlang in Richtung Wüste, bis es am Munitionslager ankam. Dort hielt es an, und ich blieb stehen. Ich musterte das Munitionslager. Der Fahrer des Autos stieg aus und fragte mich wütend: »Warum folgst du mir?« Ich zeigte auf das Schild im Heck des Autos und entgegnete: »Sie haben mir befohlen, Ihnen zu folgen.«

Er lachte und sagte: »Dieses Schild ist für die Piloten der Flugzeuge gedacht. Es führt sie zu der Stelle, wo sie die Maschine parken sollen. Wohin wolltest du eigentlich?« Ich antwortete: »Ich wollte die Person treffen, die für Ihr Team, das Team des Flughafens, zuständig ist, um ein Spiel mit ihnen zu organisieren.«

Er fragte: »Bist du Sultan?«

»Ja«, antwortete ich.

Er lachte wieder: »Folge mir.«

Das Munitionslager lag zur Hälfte unter der Erde; der andere Teil erhob sich eineinhalb Meter über dem Erdboden. In den Mauern befanden sich Glasfenster, durch die Licht in das Lager fiel. Das Gebäude war nicht umzäunt.

In dieser Nacht lief ich die vier Kilometer von meinem Haus bis zum Munitionslager. Ich wollte herausfinden, ob es nachts bewacht war.

Der Mond war untergegangen, und die Nacht war stockdunkel. Ich trug dunkle Kleidung. Auf dem Gelände, das sich, wie ich schätzte, etwa 300 Meter zwischen mir und dem Gebäude erstreckte, wuchsen Büschel von Sonnenwenden und Melden. Ich kroch auf dem Bauch bis zum Gebäude. Als ich ankam, stellte ich fest, dass es streng bewacht und ein Auto vor dem Lager geparkt war. Ich legte mich wieder auf den Bauch und kroch ein Stück weiter weg.

In der Nacht des 3. November 1956 ging ich wieder zur britischen Basis – ich wollte prüfen, wie streng die Sicherheitsvorkehrungen für die Militärflugzeuge waren. Es war acht Uhr abends. Ich erkundete das Gelände, indem ich die Hauptstraße entlanglief, während die Arbeiter zur Zeit des Schichtwechsels auf dem Stützpunkt kamen und gingen. Die Security-Einheit bestand aus zwei englischen Soldaten, die je ein Gewehr mit Bajonett trugen. Manchmal verließen sie ihre Posten, um die Bar im Hotel neben dem Flughafen aufzusuchen, wo sie Dosenbier kauften. Dann kehrten sie zurück und setzten sich auf die Fässer, die zwischen dem zu bewachenden Militärflugzeug und der Hauptstraße aufgereiht waren.

Meine Anwesenheit war nichts Ungewöhnliches, denn im Hotel arbeiteten einige Mitglieder des Fußballteams, dem ich angehörte. Es war der perfekte Ort. Von hier aus konnte man problemlos einen Angriff auf das Militärflugzeug unternehmen.

Am 4. November 1956 ging ich nachmittags zum Gebäude, in dem das Zentrum für kabellose und telefonische Kommunikation untergebracht war; es lag zwischen dem britischen Luftwaffenstützpunkt und Sharjah-Stadt. Das Zentrum war ein bedeutender Platz für die internationale Kommunikation der britischen Basis. Außerdem wurde hier der Luftverkehr kontrolliert. Ich ging unter dem Vorwand hin, einen der Spieler des Fußballteams, einen indischen Ingenieur namens Siddiqi, zu treffen.

Ich überprüfte das Gebäude – außer am Haupteingang waren keine Wachmänner zu sehen. Hinter dem Haus befand sich ein Holztor, das geschlossen und unbewacht war. Das Gelände war nicht von Mauern umgeben. Ich bat Siddiqi, mich im Haus herumzuführen. Dabei bemerkte ich, dass über der Hintertür Kabel verliefen und ein strombetriebenes Gerät in der Nähe stand. Jetzt war ich mir sicher – dies war ein geeigneter Ort.

Am 5. November 1956 fuhr ich in die Wüste nach Falaj. Hier stand eine Pumpstation, die durch unterirdische Rohre Wasser zur britischen Basis pumpte; in einem Bereich hatte der Wind die Rohre freigelegt. Als ich noch dort studierte, hatte ich diese Stelle oft gesehen. Ich sah das freigelegte Rohr und merkte mir, wo es sich befand.

Am folgenden Tag verließ ich nach dem Abendgebet mein Haus und machte mich auf den Weg in den Stadtbezirk Maraija. Hier stand das Gray-Mackenzie-Gebäude, das den Kindern des verstorbenen Shaikh Sultan bin Saqr al-Qasimi gehörte. Einst hatte es die British India Steam Navigation Company gemietet, jetzt residierte hier der britische Kommandeur der Trucial Oman Scouts.

Vor dem Haus stand das Auto des saudischen Gesandten von Buraimi. (Der britische Kommandeur benutzte es, seit er die Kontrolle über die Stadt übernommen hatte. Den saudischen Gesandten und die Shaikhs von Buraimi hatte er nach Saudi-Arabien deportieren lassen.) Der einzige Wachmann war ein alter

Mann namens Ibn Mazhloum. Er saß vorn im Auto. Es war perfekt. Ich hatte meine Auskundschaftung beendet und beschloss, an die Arbeit zu gehen.

Die erste Operation

Am 7. November 1956 verließ ich nach Sonnenuntergang unser Haus und ging zum Parkplatz; dort stand unser Wagen in der Garage. Ich wusste, dass sich daneben noch ein leerer Kanister befand, den ich benutzt hatte, als ich das Öl im Auto gewechselt hatte. Ich öffnete den Stopfen am Boden des Benzintanks und füllte den Kanister mit Benzin; dann kehrte ich mit dem gefüllten Behälter ins Haus zurück.

Ich zog ein Paar schwarze Hosen, einen dunkelbraunen Pullover und Turnschuhe an, die ich bei den Fussballspielen und anderen sportlichen Aktivitäten trug. Dann verließ ich das Haus mit dem Benzinkanister; in der Hosentasche hatte ich eine Schachtel Streichhölzer. Zwei meiner Freunde saßen auf der langen Bank vor dem Tor zu unserem Haus. Einer davon war mein Klassenkamerad Muhammad bin Sultan bin ʻAbdullah, der andere Hamad bin ʻAbdul-Rahman al-Mannaʻi – er war jünger als wir und besuchte eine andere Klasse. Ich erzählte ihnen, dass ich Benzin zu meinem Auto bringe, das auf der Straße zwischen Dubai und Sharjah stehen geblieben sei.

Einer der beiden sagte: »Wir kommen mit dir.«

»Im Auto sind Frauen«, wandte ich ein.

Der andere schlug vor: »Dann bringen wir dich hin, und wenn du deine Familie nach Hause gebracht hast, kannst du wieder zu uns kommen.«

»Seid ihr Männer?«, fragte ich sie.

»Ja, natürlich!«, antworteten sie.

»Habt ihr Angst vor dem Tod?«

»Nein!«, erwiderten sie erstaunt.

Dann sprach ich weiter: »Seit den Angriffen auf Ägypten fordern wir tagtäglich den Sieg für Ägypten und die Niederlage und die Demütigung der Aggressoren, aber wir haben nichts getan. Jetzt ist es an der Zeit zu handeln. Ihr könnt mir helfen, indem ihr mich begleitet oder deckt.«

Keiner der beiden zauderte. »Wir kommen mit dir.«

Ich nahm den Benzinkanister, und wir gingen aus der Stadt. Unterwegs bogen wir mehrmals ab, bis wir in der Nähe des Kommunikationszentrums waren. Dann sagte ich: »Lasst uns eine kurze Pause machen.«

Das Gebäude war noch etwa 100 Meter von uns entfernt. Es war nur an der Vorderseite beleuchtet, wo zwei bewaffnete Wachen saßen. Ich weihte meine Begleiter kurz in meinen Plan ein:

1. Das Dach des Hauses war mit Teer bedeckt. Wenn es mit Flammen in Berührung käme, würde es Feuer fangen.

2. Die Hintertür war groß und bestand aus Holz. Wenn man Benzin darüber goss und sie anzündete, würden die Flammen das Dach und auch die Geräte im Innern des Gebäudes verbrennen.

3. Hamad würde hier bleiben. Sobald er die Flammen sähe, würde er schnell wegrennen und bei den erhöht liegenden Palmzweighäusern auf uns warten.

Hamad al-Manna'i war kleiner und schwerer als wir, also konnte er nicht so gut rennen. Im Gegensatz dazu war ich Erster und Muhammad bin Sultan Zweiter im 100-Meter-Lauf gewesen. Beim 400- und 800-Meter-Lauf war Muhammad bin Sultan der Sieger und ich Zweiter gewesen. Deshalb brauchte Hamad al-Manna'i einen Vorsprung, damit er nicht zurückblieb.

Der Mond begann gerade unterzugehen, und ich machte mich ans Werk. Bei mir war Muhammad bin Sultan; er trug den Benzinkanister zum Gebäude. Ich sagte, er solle das Benzin von oben über die Tür gießen und dann wegrennen. Er goss das Benzin auf die Tür, bis es auf die davorliegenden Zementstufen tropfte. Man hörte das Benzin heruntertopfen. Das machte Muhammad bin Sultan Angst – er warf den Kanister fort und floh.

Ich rannte zur Tür, um den Kanister zu holen und stellte fest, dass noch etwas Benzin drin war. Also goss ich den Rest über die Tür und zündete das Benzin an. Die Treppenstufe unter mir fing Feuer, denn dort hatte sich das heruntergetropfte Benzin gesammelt. Ich sprang die Stufe herunter und rannte, so schnell meine Beine mich trugen. Als ich mich umdrehte, um zurückzuschauen, sah ich, dass das Dach des Gebäudes von hellen Flammen erleuchtet wurde, die die Nacht zum Tage machten.

Die Angestellten verließen das Haus und liefen zu den Wachen, die laut brüllten. Dann stiegen sie ins Auto und fuhren in unsere Richtung. Ich traf zuerst auf Muhammad, dann auf Hamad. Wir rannten an den Palmzweighütten vorbei von einer Hütte zur anderen. Die Hütten waren nicht bewohnt, denn sie wurden nur im Sommerurlaub genutzt. Die Wachen suchten im Bereich um die Hütten mithilfe ihrer Autoscheinwerfer nach uns, aber wir waren bereits am Rand der Stadt, und sie konnten uns nicht finden.

Die zweite Operation

Am folgenden Morgen sprach man in der ganzen Stadt von dem Feuer, das in der vergangenen Nacht ausgebrochen war. Mittags ging ich zum Parkplatz; dort gab es eine Tischlerwerkstatt, die einem Mann aus Aden gehörte. Sein Name war Salih al-ʿAdni. Er ließ die Tür zu seiner Werkstatt jeden Mittag unbewacht offen stehen. Ich ging rein und nahm mir eine Eisensäge, mit der ich Metall schneiden konnte. Außerdem schnappte ich mir noch ein paar Messer und Klingen. Nach dem Gebet bei Sonnenuntergang kamen Hamad al-Mannaʿi und Muhammad bin Sultan in unser Haus. Von dort fuhren wir zu der Stelle außerhalb der Stadt, wo der Wind die Rohre freigelegt hatte, die die Basis mit Wasser versorgten. Dann beschrieb ich ihnen meine Pläne für diese Nacht.

Wir begannen, das Metallrohr anzusägen. Das Wasser spritzte mit hohem Druck aus dem Rohr. Schließlich schafften wir es, das ganze Rohr durchzusägen. Aber wir konnten die zersägten Teile nicht voneinander trennen, denn sie waren schwer und im Boden vergraben. Also ließen wir das Rohr, aus dem das Wasser sprudelte, unverrichteter Dinge zurück.

In der Stadt erfuhr niemand von unserer Aktion, denn sie fand weit entfernt in der Wüste statt.

Die dritte Operation

Am 9. November 1956 kam Hamad al-Mannaʿi gegen Mittag zu mir, um mir mitzuteilen, dass Muhammad bin Sultan heute Nacht nicht zu uns stoßen würde, da er beschäftigt sei.

»Aber die Operation kann nur zu dritt ausgeführt werden«, sagte ich.

Hamad al-Manna'i fragte: »Was für eine Aktion ist es?«

»Ich weiß es nicht!«, entgegnete ich.

Hamad al-Manna'i dachte eine Weile nach und sagte dann: »Ich kenne da jemanden. Er heißt 'Ali bin Khadim und lebt nicht weit von unserem Haus in Maraija.«

»Können wir ihm vertrauen?«, fragte ich.

»Ja«, antwortete er.

»Dann bring ihn nach Sonnenuntergang mit.«

Hamad al-Manna'i und 'Ali bin Khadim kamen nach dem Gebet bei Sonnenuntergang zu unserem Haus. Sie brachten einen Kanister mit Benzin mit, den ich an der Tankstelle gekauft hatte. Ich goss die Hälfte in meinen Autotank, damit wir den Behälter leichter tragen konnten. Ich nahm auch einen Holzstab mit, an den ich alte Stofffetzen gebunden hatte. In meiner Tasche lag eine Schachtel mit Streichhölzern. Dann fuhren wir nach Maraija.

Unser Ziel war das Haus des britischen Kommandeurs der Trucial Oman Scouts. In der Al-Ma'tam-Gasse, die sich direkt vor unserer Zieladresse befand, blieb ich stehen, um den anderen meinen Plan zu erläutern:

1. Ich würde unter das Auto kriechen, um die Gegend auszukundschaften.

2. Hamad sollte mir den Benzinkanister bringen und ihn wieder zurücknehmen, sobald ich den Behälter ausgeleert hatte.

3. 'Ali bin Khadim sollte mir den Stab geben und ihn an einem Ende anzünden.

4. Nach Ausführung der Operation würden wir über die

Al-Ma'tam-Gasse fliehen und von dort durch die sabkha nach Al-Jubail gehen.

Wir erreichten das Haus des britischen Kommandeurs. Das Heck seines Autos stand südwärts, direkt vor dem offenen Tor. Eine Betonmauer trennte uns vom Auto. Ich kroch unter den Wagen und sah den Wachmann – Ibn Mazhloum – am Vorderreifen sitzen. Neben ihm saß der Bootsmann 'Abaduh, der in seinem kleinen Boot (*'abra*) Passagiere von Maraija nach Layya brachte. Ich konnte hören, wie 'Abaduh darum bat, zum Laden gehen zu dürfen, um etwas Brot zu kaufen, bevor er schloss, und Ibn Mazhloum zu ihm sagte: »Es ist noch genug Zeit.«

Ich kroch unter dem Auto hervor, ließ mir den Benzinkanister geben, leerte ihn unterhalb des Autos – unter dem Benzintank – aus und gab ihn Hamad zurück. Danach reichte 'Ali bin Khadim mir den Holzstab. Der Stoff, den ich an einem Ende darum gewickelt hatte, war mit Benzin durchtränkt. Er zündete den Stab an, und ich legte ihn unter das Auto. Flammen stiegen auf. Als wir uns zur Al-Ma'tam-Gasse zurückzogen, sahen wir, dass 'Abaduh mit einem Kanister in der Hand zum Meer rannte, um Wasser zu holen und das Feuer zu löschen. Aber der Benzintank des Wagens explodierte; 'Abaduh kam nicht an das Auto heran und konnte nichts mehr tun.

Wir drei flohen durch die *sabkha* nach Al-Jubail und kehrten dann zum Ort des Geschehens zurück. Um das ausgebrannte Fahrgestell des Autos hatten sich viele Menschen versammelt – und wir waren unter ihnen.

Am 10. November 1956 war der Vorfall das Stadtgespräch. Der britische Politikbeauftragte kam mit dem Auto aus Dubai in unsere Schule. An seinem Auto flatterten englische Flaggen. Er stieg aus und betrat das Büro von Herrn Muhammad Dhiyab al-Musa, dem Direktor der Qasimiyyah-Schule. Einen Augenblick später kam er wieder heraus, stieg in sein Auto und verließ die Schule.

Ich hatte vom Fenster meines Klassenzimmers aus alles beobachtet und blieb weiterhin aufmerksam. Dann sah ich, dass der Hausmeister der Schule, ʻUbaid al-Taqi, das Büro des Direktors verließ und mein Klassenzimmer ansteuerte. Er klopfte an die Tür und sagte zum Lehrer: »Der Direktor will Sultan sehen.«

Mein Lehrer forderte mich auf, mich beim Direktor zu melden.

Bevor Herr Muhammad Dhiyab al-Musa über sein Anliegen sprach, bat er mich, zum Schulhof vor seinem Büro zu gehen und die Schüler zu zählen, die sich in der Schule aufhielten. Ich sagte: »Ich weiß, wieviele Schüler anwesend sind. Es sind 617.«

Herr Muhammad Dhiyab fragte: »Willst du, dass deine Brüder und deine Schwestern in der Fatima al-Zahra-Schule weiterhin unterrichtet werden? Ich habe mit keinem anderen Schüler außer dir gesprochen und werde das auch nicht tun! Jetzt geh in deine Klasse zurück!« Ich war mir sicher, dass meine Brüder und Schwestern nicht unter meinen Aktionen leiden würden und führte meinen Kampf trotz der drohenden Gefahren fort.

Die vierte Operation

Ich war entschlossener als je zuvor. Die nächste Operation würde bedeutend sein und die Welt erschüttern! Drei britische Militärflugzeuge würden in Flammen aufgehen, Maschinen, die Frauen und Kinder in Port Said getötet hatten. Ich hatte auf den Müllhaufen rund um die Stadt zahlreiche Stofffetzen gesammelt –

damit würde ich die Operation durchführen. Als der Schultag vorüber war und wir den Klassenraum verließen, flüsterte ich Muhammad bin Sultan ins Ohr: »Heute ist der Tag; nach dem Gebet bei Sonnenuntergang!«

Auf dem Schulhof kam Hamad al-Manna'i zu mir, und ich sagte zu ihm: »Wir treffen uns heute nach dem Gebet bei Sonnenuntergang.«

Hamad fragte: »Soll ich 'Ali bin Khadim mitbringen?«

»Nein«, antwortete ich. »Dieses Mal kommt Muhammad bin Sultan mit. Ich habe schon mit ihm gesprochen.«

Nach dem Gebet kamen Hamad al-Manna'i und Muhammad bin Sultan zu mir. Sie hatten einen Benzinkanister dabei, der oben offen war. Ich befestigte zwei Griffe am Kanister, mit denen man ihn tragen konnte. Im Kanister befand sich ein langer Strick. Ich wickelte Stofffetzen um den Strick und befestigte einen Stein an seinem Ende. Ich würde den Stein in die Lufteintrittsöffnung des Militärflugzeugs legen und das Seil – das mit benzingetränktem Stoff umwickelt war – davor auslegen. Dann würde ich das Ende des Stricks anzünden, sodass sich das Feuer bis zum Flugzeug fraß.

Wir näherten uns dem britischen Stützpunkt; am Rand der Straße, die von Sharjah zur Basis führte, legten wir uns bäuchlings zwischen den Sonnenwenden und Melden auf den Boden, sodass wir von Passanten und den Lichtern der vorüberfahrenden Autos nicht entdeckt werden konnten. Wir warteten eine Weile, bis die Arbeiter aus Sharjah sich zum Schichtwechsel auf den Weg zur Basis machten.

Ich sagte meinen Kameraden, dass ich losgehen würde, um die Situation auszuspähen. Ich war schnell wieder zurück und informierte sie darüber, dass vor der Tür zum Hotel zwei britische Soldaten standen, die Bier tranken. Jeder von ihnen trug ein Gewehr mit Bajonett bei sich. Sie würden sich eine Weile dort aufhalten, bevor sie zum Flugplatz zurückkehrten, um Wache zu stehen. Bis zu ihrer Rückkehr hätten wir die Operation bereits abgeschlossen.

Muhammad bin Sultan bekam Angst und sagte: »Ich mache nicht mit!«

»Warum?«, fragte ich.

»Ihr redet über Waffen und Bajonette, aber ihr habt nicht mal ein Messer!«

»Mein Glaube ist stärker als Waffen und Bajonette«, entgegnete ich.

Da griff Hamad al-Manna'i ein und sagte: »Lass ihn gehen. Ich bin immer noch dabei!«

»Geh schnell und bleib nicht stehen«, wies ich ihn an. »Sie werden mit Autos nach uns suchen, wie bei unserer Aktion im Kommunikationszentrum.«

Wir warteten eine Weile, bis Muhammad bin Sultan wieder in Sharjah-Stadt war. Dann sagte ich zu Hamad al-Manna'i: »Lass uns gehen. Wegen ihm haben wir viel Zeit verloren!« Wir trugen den Benzinkanister und das Seil zum Flugzeuggelände. Bis auf das nächtliche Zirpen der Grillen, die sich an diesem Ort besonders zahlreich versammelten, war es ruhig.

Ich fragte Hamad: »Hörst du das?«

»Was?«

»Das Zirpen der Grillen. Wenn du etwas siehst, zirpe wie die Grillen, um mich zu warnen.«

Wir standen nun unter dem Laternenpfahl, der die drei Militärflugzeuge beleuchtete. Unter dem Pfahl gab es eine unbeleuchtete Stelle.

Wir versteckten uns in dem dunklen Bereich zwischen den Fässern, die als Zaun zwischen dem Flugzeuggelände und der Hauptstraße dienten – direkt vor uns stand das mittlere Flugzeug.

Ich zog das Ende des Strickes heraus, an das ich den Stein gebunden hatte, und flüsterte Hamad ins Ohr: »Wenn ich unter dem Flugzeug bin, wirf mir den Stein und ein Stück Seil zu.«

Ich kroch zum mittleren Flugzeug, das nur eine niedrige Bodenhöhe hatte. Es warf einen dunklen Schatten. Plötzlich hörte ich eine Stimme: »Tschirp, tschirp, tschirp!«

Ich drehte mich zu Hamad um, und er zeigte nach Süden, wo ich zwei Paar Beine entdeckte, die sich mir näherten – ich konnte die Soldaten nur von den Knien abwärts sehen. Schnell bewegte ich meinen schmalen Körper zu einem Reifen der Maschine, um mich mit meiner dunklen Kleidung unsichtbar zu machen.

Die zwei Soldaten gingen in den Bereich zwischen dem ersten und mittleren Flugzeug. Einer von ihnen sagte: »Lass uns eine Zigarette rauchen.«

Der andere antwortete: »Nicht hier. Gehen wir ein Stück von den Flugzeugen weg.«

Die Soldaten schlenderten ein paar Meter weiter und versuchten, die Zigaretten anzuzünden, aber der Wind blies die Flammen immer wieder aus. Also steckten sie ihre Köpfe dicht zusammen, um sich Feuer zu geben. Ich hatte die Zeit genutzt, um mich ein Stück von ihnen zu entfernen, und war zu den im Dunkeln liegenden Fässern gekrochen. Ich stand auf und sah, dass Hamad auf mich wartete.

»Was hast du jetzt vor?«, flüsterte er.

Ich erwiderte: »Wir haben das Problem nur, weil wir uns ein paar Minuten verspätet haben. Muhammad bin Sultan ist schuld.« Dann fragte ich Hamad: »Wo ist der Benzinkanister?«

»Ich habe ihn zwischen den Fässern stehen lassen, nicht weit vom mittleren Flugzeug«, antwortete er.

Ich sagte: »Die zwei Soldaten sitzen immer genau an dieser dunklen Stelle auf den Fässern, wo du den Kanister gelassen hast. Lass uns einen Augenblick warten, bis sie Durst bekommen und zum Hotel gehen, um etwas zu trinken.«

Wir kehrten zum Flugzeuggelände zurück, um die Operation abzuschließen. Als wir ankamen, sahen wir, dass mehrere Soldaten und Militärfahrzeuge den Platz ansteuerten, an dem wir den Benzinkanister zurückgelassen hatten. Ich raunte Hamad zu: »Die Engländer haben den Kanister gefunden. Lass uns abhauen.«

Er fragte: »In die Stadt?«

»Nein«, sagte ich, »in die Wüste! Am Zaun des Flugplatzes entlang.«

Die Militärfahrzeuge begannen, den Bereich, wo sie den Kanister gefunden hatten, mit Scheinwerfern abzusuchen, und fuhren dann in Richtung Stadt. Wir rannten in die Wüste nach Norden, um von Norden aus in die Stadt zu gehen, obwohl wir von Süden gekommen waren.

Gebet bei Sonnenaufgang

Kurz vor Sonnenaufgang kam ich nach Hause. Ich betrat den großen Raum, den wir zum Schlafen nutzten. Der Raum wurde *makhzan* (Schlafzimmer) genannt, und der größte Teil meiner Familie schlief dort.

Mein Vater lag in einem Bett in der einen Ecke des Raumes. Meine Mutter schlief zusammen mit ihren kleinen Kindern; mein Bruder 'Abdullah und meine Schwester Na'ima lagen auf Matratzen auf dem Boden. Ein weiteres Bett stand in der anderen Ecke des *makhzan*.

Ich schlich mich zu dem freien Bett und legte mich hin. Aber ich konnte nicht schlafen. Also blieb ich wach und hörte, wie meine Mutter meinen Vater rief, der aufstand, um das Gebet bei Sonnenaufgang zu verrichten. Sie sagte: »Muhammad? Muhammad!«

Mein Vater antwortete: »Ja?«

Meine Mutter bat ihn: »Kümmere dich um deinen Sohn. Seit mehreren Tagen kommt er erst frühmorgens nach Hause!«

»Es ist mir unangenehm, mit ihm zu sprechen«, entgegnete mein Vater.

Meine Mutter fragte: »Wie kann es dir unangenehm sein, mit deinem eigenen Sohn zu sprechen?!«

Mein Vater verließ das Bett und ging ins Bad, um seine Waschung vorzunehmen, ein Ritual, das *qati'a* (»Trennung«) hieß. Als er fertig war, stellte er sich an die Tür, die den *makhzan* vom Badezimmer trennte und rief nach mir: »Sultan ... Sultan!«

»Ja?«, antwortete ich.

Mein Vater sagte: »Nimm die Waschung vor. Lass uns zur Moschee gehen.«

Ich stand schnell auf, doch bevor ich die Tür zum Bad erreichen konnte, stellte mein Vater sich mir in den Weg. Ich versuchte durch die Lücke zu kommen, doch mein Vater fasste mich mit beiden Händen an den Schultern und zwang mich, ihn anzusehen. Er starrte mir in die Augen und schien zu fragen: »Hast du diese Dinge getan?«

Ich nickte, als wollte ich damit sagen: »Ja, ich war es.«

Mein Vater zog mich an seine Brust und küsste mich. Meine Mutter hörte den Kuss und schaute verwundert erst meinen Vater und dann mich an: »Du bist seltsam. Statt den Jungen für seine Taten zu bestrafen, küsst du ihn!«

Mein Vater entgegnete: »Mariam, der Junge hat etwas getan, das ich nicht tun konnte.«

Während sein Blick noch auf mir ruhte, rief der Muezzin zum Morgengebet …

Allahu Akbar, Allahu Akbar (Gott ist groß, Gott ist groß).

7

Ereignisse in Sharjah

Es war ruhig in Sharjah-Stadt. Die Arbeiter und Angestellten verließen ihre Häuser frühmorgens, um sich auf den Weg zu ihren Arbeitsplätzen am Flughafen oder in der britischen Basis im Süden der Stadt zu machen. Danach verließen die Schüler ihre Häuser. Die Jungen gingen zur Qasimiyyah-Schule, die zwischen Sharjah-Stadt und dem Flughafen lag, die Mädchen gingen zu ihrer Schule im Stadtzentrum.

In den Jahren 1958 und 1959 fanden zahlreiche Ereignisse in unserem Land statt. Ich werde über einige von ihnen berichten.

Das Exil der Lehrer

Am Ende des Schuljahres 1956–57 wurde Herr Hashim ʿImara, der palästinensische Direktor der Dubaier Schule, auf Anweisung der britischen Vertreter im Kuwaiter Büro in Dubai – wo die kuwaitische Bildungsbehörde untergebracht war – des Landes verwiesen. Auch Herr Faiz Abu Na'aj, ein palästinensischer Lehrer der Qasimiyyah-Schule in Sharjah, wurde verbannt. Beide hatten ihre Schüler angeblich gegen die Engländer aufgehetzt.

Alle Bemühungen von Shaikh Saqr bin Sultan al-Qasimi, Faiz Abu Na'aj zu behalten (mit der Begründung, dass er der Privatlehrer seines Sohnes sei), blieben fruchtlos. Den größten Schaden erlitt die Qasimiyyah-Schule, als die Engländer beschlossen, Herrn Muhammad Dhiyab al-Musa, dem Schuldirektor, zu verbieten, nach Sharjah zurückzukehren. Auch er wurde beschuldigt, seine Schüler gegen die Briten aufzuhetzen, besonders angesichts der Ereignisse, die in Sharjah vorgefallen waren. Als die Schule für das Schuljahr 1957–58 öffnete, hatte sie keinen Direktor mehr. Also forderte das Kuwaiter Büro in Dubai, dass einer der Lehrer zum stellvertretenden Direktor ernannt werden solle, bis ein neuer Schulleiter eintreffen würde.

Seit Herr Muhammad Dhiyab al-Musa nach Sharjah gekommen war, um in der Qasimiyyah-Schule zu unterrichten, hatte er jedes Jahr neue Schulaktivitäten ins Leben gerufen und den Bildungsstand der Schüler angehoben. Eine seiner letzten Neuerungen war das Sportfest, das nun jedes Jahr im April stattfinden sollte. An diesem Fest nahmen Shaikhs aus verschiedenen Emiraten und viele Gäste aus Dubai, Sharjah und 'Ajman teil. Es gab auch eine Vorführung des bekannten Theaterstücks *Maskierte Ehre*, das von dem palästinensischen Dichter Mahmud Ghonaim stammte. Ich spielte die Hauptrolle, die des Jabir 'Atharat al-Kiram, was wörtlich »Der die Fehltritte der Edelleute wiedergutmacht« bedeutet. Mehrere Shaikhs aus verschiedenen Emiraten waren zu Gast, aber es kamen auch viele Menschen, die an den *'Eid*-Feiertagen, die der Aufführung vorausgingen, Karten gekauft hatten. Es kamen rund 32.000 Rupien zusammen, die größtenteils die Shaikhs der Emirate gespendet hatten. Besonders großzügig war die Spende von Shaikh Rashid bin

Sa'id al-Maktum, dem Herrscher von Dubai. Das eingenommene Geld sollte dem Gebäude zugute kommen und für den Bau von zusätzlichen Klassenzimmern für die Qasimiyyah-Schule verwendet werden.

Prüfungen der Mittelstufe in Kuwait

Kurz vor dem Ende des Schuljahres 1957–58, als wir in der vierten Klasse der Mittelschule waren, kam die Zeit für die Prüfungen zur Erlangung des Schulabschlusses. Es waren die ersten Prüfungen dieser Art, und die Schüler mussten nach Kuwait reisen, um sie abzulegen.

Das Bildungsministerium in Kuwait mietete ein Spezialflugzeug von Gulf Air, das uns über Bahrain nach Kuwait bringen sollte. Wir waren insgesamt dreizehn Schüler. Unsere Aufsichtsperson war Herr Jasim bin Saif al-Midfa'; er war für den Reiseablauf verantwortlich und wurde von Sidqi Dhiyab al-Musa, dem Bruder von Herrn Muhammad Dhiyab al-Musa, unterstützt.

Als wir am Flughafen von Kuwait ankamen, brach der Beamte, der unsere Pässe kontrollierte, in Gelächter aus. Er sprach mit einem zweiten Angestellten, einem dritten und noch einem vierten. Einer der Beamten kam lachend mit den abgestempelten Pässen zurück. Er fragte: »Ihr seid alle am selben Tag geboren?«

Wir konnten ihm keine Antwort geben, denn wir verstanden nicht, was er meinte! Dann sahen wir uns die Reisepässe an und stellten fest, dass Herr Gharib 'Abdul-Salihin aus dem ägyptischen Konsulat – der vor der Reise unsere Pässe ausgefüllt hatte – in jeden unserer Ausweise das Geburtsdatum 1. 1. 1942 geschrieben hatte, was uns natürlich der Lächerlichkeit preisgab. In Kuwait wohnten wir im Haus Nummer 12, einem der Häuser des Shuwaiykh-Gymnasiums. Die Mittelschulprüfungen verliefen reibungslos.

Danach brachte uns ein ebenfalls vom Bildungsministerium bereitgestellter Bus nach Ahmadi, wo wir neben der Stadt auch die Ölanlagen besichtigten. Bevor wir Kuwait wieder verließen, bekamen wir noch einen Tag frei. Ich mietete ein Auto, um zur Abu Hulaifa-Schule zu fahren, die außerhalb von Kuwait-Stadt lag. Dort besuchte ich meinen früheren Direktor, Herrn Muhammad Dhiyab al-Musa, der nun in dieser Schule unterrichtete. Ich fragte ihn: »Warum haben Sie während der Ereignisse 1956 gerade mich gewarnt?« Herr Muhammad Dhiyab al-Musa antwortete: »Deine Lehrer haben mich darüber informiert, dass Sultan al-Qasimi damals gerade eine ganz spezielle geistige Entwicklung durchmachte und nicht mehr derselbe war. Sie sagten, du seist ein Musterschüler, der den Lehrern mit den Augen überallhin folgte, selbst wenn sie in den hinteren Bereich der Klasse gingen. Aber an diesem Tag warst du geistig abwesend.«

Wir verließen Kuwait mit dem gemieteten Flugzeug von Gulf Air und kehrten nach Sharjah zurück. In Bahrain musste die Maschine neu aufgetankt werden, während wir im Transitbereich warten sollten. Als unser Flugzeug in Bahrain eintraf, betrat ein Hygienebeamter die Maschine und fragte nach unseren Gesundheitszeugnissen. Es stellte sich heraus, dass der Reiseverantwortliche diese in Kuwait vergessen hatte.

Der Beamte sagte: »Ihr müsst geimpft werden.«

»Wir sind auf dem Weg nach Sharjah. Die Maschine muss lediglich betankt werden und während dieser Zeit werden wir den Transitbereich nicht verlassen«, versuchte ich zu erklären.

Er blieb stur. »Ihr müsst eure Gesundheitspässe dabei haben.«

Ich trat zu ihm, öffnete meinen Reisepass und sagte: »Sehen Sie. Hier ist der Einreisestempel für Kuwait und dies ist der Ausreisestempel aus Kuwait. Wie hätten wir sonst einreisen können?«

Er antwortete: »Das ist nicht von Bedeutung für mich.«

Ich rollte einen meiner Ärmel auf und zeigte ihm meine Impfstelle. »Sehen Sie, die Impfwunde eitert noch!«

Er sagte: »Du hast eine Wunde am Arm, das ist es, was ich sehe!«

Ich bat die anderen Schüler: »Zeigt ihm eure Arme.«

Der Beamte ließ sich jedoch nicht umstimmen. »Trotzdem, ihr müsst geimpft werden.«

»Bei Gott«, sagte ich, »dazu wird es nicht kommen!«

»Bei Gott«, gab er zurück, »dann fliegt das Flugzeug eben nirgendwohin!«

Wir warteten eine Viertelstunde, aber der Beamte ließ keine weitere Gesprächsbereitschaft erkennen und die anderen Schüler flehten mich an, der Impfung zuzustimmen. Daraufhin forderte der Gesundheitsbeauftragte uns auf, aus dem Flugzeug zu steigen, zum Flughafengebäude zu gehen und dort zu warten. Nach einiger Zeit kam er zurück.

»Wo ist der Arzt, der uns impfen wird?«, fragte ich ihn.

»Das bin ich«, antwortete er.

»Sie?!«

»Bin ich nicht gut genug für dich? Muss ich Ausländer sein, um deinen Ansprüchen zu genügen?«

»Gott bewahre. Aber Sie hätten uns schon vorher impfen können, als wir Ihnen unsere Arme zeigten.«

»Im Flugzeug hatte ich keinen Impfstoff dabei. Er ist hier im Kühlschrank.«

Der Arzt führte die Impfungen an allen Schüler durch. Ich war der Letzte und blieb allein mit ihm in dem Behandlungsraum.

Ich sagte: »Ich habe einen Eid geschworen und ich werde sterben, wenn ich ihn nicht einhalte. Aber ich glaube nicht, dass Sie meinen Tod wollen.«

»Nein, das will ich nicht«, entgegnete er.

Ich bat ihn: »Geben Sie mir das Skalpell; ich werde mir den Schnitt selbst zufügen und die Impfung unter Ihrer Aufsicht vornehmen.«

»Einverstanden«, antwortete er.

Und so geschah es.

Die Waffen versagen

Ende 1958 waren viele streunende Hunde in Sharjah-Stadt unterwegs. Shaikh Saqr bin Sultan al-Qasimi, der Herrscher von Sharjah, ordnete an, sie zu beseitigen.

Eines Abends hörte ich Schüsse im Innenhof der Festung. Ich verließ unser Haus, um zu sehen, was los war. Ich stieß auf einen Soldaten, der einen Hund getötet hatte. Dann richtete er sein Gewehr auf einen weiteren Hund, der Schutz bei mir suchte. Die Kugel traf den Hund am unteren Rücken, und er fiel zu Boden. Als er sich aufrappelte, um davonzulaufen, zeigte sich, dass seine Hinterläufe gelähmt waren.

Ich beschimpfte den Soldaten, bis er wegging, und brachte die Hündin in unser Haus. Dort behandelte ich sie und baute ihr ein

Holzhäuschen. Ich pflegte sie, fütterte und säuberte sie und gab ihr Wasser, bis die Fleischwunde verheilt war. Jedes Mal, wenn ich versuchte, die Hündin zu verlassen, folgte sie mir und zog dabei ihr Hinterteil nach. Ich versuchte, sie in ihre Hütte zu bringen, aber sie begann, mit mir zu spielen, als ob sie mich bitte, bei ihr zu bleiben.

Wenn ich aus der Schule kam, schaute ich zuerst nach ihr. Eines Tages lag sie feucht und zitternd auf dem Boden! Wer hatte sie gewaschen?! Und wer hatte den Strick um ihren Hals gelegt?!

Ich entdeckte eine Spur, die mir zeigte, dass sie ihren feuchten Körper vom Westtor aus hierher geschleppt hatte. Ich folgte der Spur weiter und fand heraus, dass sie zum Markt am Strand führte. Ich fragte die Ladenbesitzer, ob sie einen gelähmten Hund gesehen hatten. Sie antworteten, jemand habe dem Hund einen Strick um den Hals gelegt und ihn daran hinter sich her geschleift, um ihn ins Meer zu werfen. Die Person hatte versucht, den Hund zu ertränken, aber der schwamm weg und kam nicht mehr ans Ufer zurück. Als ich in unser Haus zurückkehrte, war die Hündin tot.

An einem anderen Ort hatten sich junge Männer um einen Soldaten versammelt, der sein Gewehr auf einen Hund richtete, der am Abfall schnüffelte. In der Menge fiel eine Person auf, die dieselbe Kleidung wie wir trug und sich unter uns versteckte. Als jemand den Fremden ansprach, zeigte er auf seine Ohren, um darauf hinzuweisen, dass er nicht hören, und auf seinen Mund, um zu verstehen zu geben, dass er auch nicht sprechen könne. Die einzigen Geräusche, die er von sich gab, waren: »*Hop … Ay … Hop.*«

Der Soldat richtete sein Gewehr auf den Hund, und alle warteten darauf, dass er schoss. Er drückte ab und man hörte nur: »Klick.«

Der *Hop-Ay-Hop*-Mann sagte: »Es hat versagt.«

Damit war klar, dass er ein Betrüger war. Die jungen Männer aus der Stadt drehten sich zu ihm um und hielten ihn fest, aber er entwand sich ihrem Griff und floh aus der Stadt.

Später fanden wir heraus, dass er ein Spion der Engländer war.

Es gab einen Mann namens Sayyid ʿAbdullah, der sich selbst zum »Führer der Belutschen« ernannt hatte. Er lebte in Sharjah.

Sayyid ʿAbdullah gehörte zu der Gruppe von Belutschen, die zwanzig Jahre zuvor im Iran gegen Reza Schah rebelliert hatten. Er war mit vielen anderen Leuten geflohen, hatte sich in Sharjah niedergelassen und die Staatsbürgerschaft unseres Landes angenommen. Damals trug er einen Reisepass bei sich, der in Sharjah ausgestellt worden war. Er war einer der Männer von Shaikh Saqr bin Sultan al-Qasimi, des Herrschers von Sharjah. Der Shaikh hatte ihm jahrelang 200 Rupien pro Monat gezahlt.

Am 9. Dezember 1958 kam es in Sharjah zu einem Streit zwischen einem Belutschen und seiner Frau. Der Belutsche wurde Shaikh Saqr vorgeführt, der befand, das Problem müsse Shaikh Saif al-Midfaʿ, dem Richter von Sharjah, vorgetragen werden. Shaikh Saif wurde aufgefordert, den Streit zwischen dem Mann und seiner Frau beizulegen. Als Sayyid ʿAbdullah davon hörte, weigerte er sich, dem Belutschen zu erlauben, seinen Fall dem Richter Shaikh Saif vorzutragen. Am Abend des 11. Dezember ging er zur Haupt-*majlis* von Shaikh Saqr, um diesen persönlich zu treffen. Sayyid ʿAbdullah sagte zu Shaikh Saqr, dass die Belutschen unter seiner Befehlsgewalt stünden und es seine Pflicht sei, im Falle eines Disputes zwischen ihnen zu vermitteln. Shaikh Saqr war der Proteste von Sayyid ʻAbdullah müde und bat ihn, still zu sein und die *majlis* zu verlassen. Da zog Sayyid ʻAbdullah eine Pistole und richtete sie auf Shaikh Saqr. In der *majlis* saß auch ein ägyptischer Lehrer namens Muhammad ʻAbul-Maʻati. Er überwältigte Sayyid ʻAbdullah von hinten und entwendete ihm die Waffe. Gleichzeitig nahm Shaikh Saqr ein Gewehr von einem seiner Männer, richtete es auf Sayyid ʻAbdullah und drückte ab. Aber der Schuss löste sich nicht. Er versuchte es nochmals, aber die Kugel blieb im Gewehr stecken. Die Wachen ergriffen Sayyid ʻAbdullah und verprügelten ihn, bevor sie ihn ins Gefängnis warfen.

Shaikh Saqr drohte, Sayyid ʻAbdullah den iranischen Behörden auszuliefern, die nach ihm fahndeten. Schließlich kam Mirza Berkut, der Führer aller Belutschen der omanischen Batinah-Küste, nach Sharjah, um Sayyid ʻAbdullah mit in den Oman zu nehmen. Mirza Berkut versicherte, Sayyid ʻAbdullah werde nicht nach Sharjah zurückkehren.

Ende Dezember 1958 brach in einem Palmblattzelt im Belutschenviertel ein Feuer aus; die Besitzerin des Zeltes verbrannte. Der Ehemann der Frau wurde beschuldigt, das Feuer gelegt zu haben.

Er wurde inhaftiert, vor den Richter geführt und zum Tod durch Erschießen verurteilt. Aber Sayyid ʻAbdullah, der selbsternannte Führer des Belutschenvolkes, war nicht mehr in Sharjah, und so konnte niemand den Mann verteidigen. Man führte ihn aus der Stadt zu einem Ort unweit des Rolla-Baums, wo normalerweise die *ʻEid*-Festlichkeiten stattfanden. Dort sollte die Exekution vorgenommen werden.

Ich verließ unser Haus, um mir die Hinrichtung anzusehen. Auch andere Leute eilten zum Rolla-Baum, um der Bestrafung beizuwohnen.

An unserer Haustür stand die belutschische Frau, die unser Haus putzte – sie war wie erstarrt. Ihre Augen schwammen in Tränen. Sie fragte: »Wohin gehst du?«

»Ich sehe mir die Hinrichtung an.«

»Geh nicht!«, flehte sie.

»Warum nicht?«

»Das ist ungerecht!«

»Wieso?«

Sie sagte: »Ich bin die Nachbarin der Frau, die verbrannt ist, und unsere Zelte haben keine Wände und Zäune. Ihr Ehemann war nicht zu Hause. Sie war beim Kochen, und das Zelt fing Feuer. So ist sie verbrannt.«

»Haben Sie Zeugen dafür?«, fragte ich.

»Ja, alle Leute, die dort wohnen, haben es gesehen.«

Während sie noch sprach, rannte ich bereits los. Als ich am Rolla-Baum ankam, sah ich den Belutschen, der an Händen und Beinen gefesselt war. Die Einwohner von Sharjah standen aufgereiht vor dem Mann, um der Hinrichtung beizuwohnen. Auch ein Mann namens Salim al-Batini war anwesend. Er war ein erfahrener Scharfrichter und Handabschneider und sollte die Strafe vollstrecken. Er war gerade dabei, sich auf die Hinrichtung vorzubereiten und seine Waffe zu laden.

Ich baute mich vor ihm auf und bat ihn, nicht zu schießen. Dann erklärte ich: »Dieser Mann ist unschuldig! Ich habe Zeugen, die das beweisen können!«

Ich griff nach dem Lauf der Waffe, der sich nun auf meine

Brust richtete! Salim al-Batini befahl: »Ergreift ihn! Die Waffe ist geladen.« Die Wachen packten mich, und ich musste den Gewehrlauf loslassen. Salim al-Batini richtete das Gewehr auf den Belutschen und betätigte den Abzug … aber nichts geschah!

Vergeblich versuchte ich, mich aus dem Griff der Wachen zu befreien, und schrie: »Genug!! Genug!!«

Salim al-Batini zielte erneut auf den Verurteilten – und schoss. Der Belutsche fiel zu Boden. Ich lief zu ihm hin und dachte, ich könnte ihn ins Krankenhaus bringen. Aber als ich seinen Kopf anhob, sah ich, dass er tot war. Seine Augen waren offen und sahen mich an, als ob er »Danke« sagen wollte.

Trennung von meinen Eltern

1957 heiratete meine Schwester Na'ima Shaikh Muhammad bin 'Ali Al Thani, den Sohn des Herrschers von Qatar. Weil sie noch sehr jung war, zog meine Mutter mit ihr nach Qatar. Von da an war in unserem Haus kein Leben mehr. Ein Jahr nach der Hochzeit, im Juni 1958, fuhr ich nach Qatar, um meine Mutter und meine Schwester zu besuchen, die inzwischen einen kleinen Sohn namens 'Abdullah hatte.

Ich blieb einen Monat in Qatar. In dieser Zeit besuchte ich die Städte, Dörfer und Strände des Landes. Seit meinem letzten Besuch vor drei Jahren hatte sich viel verändert. Eines Tages hielt ich mich im Hafen von Doha auf, wo zahlreiche Holzschiffe vor Anker lagen, die Waren aus allen Häfen der Golfregion sowie aus Indien, Pakistan und Ostafrika transportierten. An einer Seite des Hafens sah ich mehrere Lastwagen, die ihre Steinfrachten ins

Meer luden. Als ich mich danach erkundigte, erfuhr ich, dass hier der neue Hafen von Doha erbaut wurde.

In Qatar gibt es keine Berge. Wo also kamen diese Steine her? Ich folgte den Lastwagen in meinem Wagen und fand heraus, dass sie die Felsbrocken aus einem Steinbruch holten, der mehrere Kilometer südlich von Doha lag. Die milchfarbenen Steine lagen unter dem Wüstensand begraben.

Anfang Juli 1958 beschloss ich, nach Sharjah zurückzufliegen. Unterwegs landete das Flugzeug auf dem Flughafen von Abu Dhabi, der erst einige Monate zuvor fertiggestellt worden war. Eine erschlossene Salzwüste hatte man zu einer Rollbahn ausgebaut und ein Aufenthaltsgebäude für die Passagiere errichtet. Am Ende der Rollbahn zog das Flugzeug nicht rechtzeitig hoch und ein Reifen der Maschine versank im weichen Untergrund des Wüstenbodens, sodass sich die Maschine schräg legte und einer der Flügel den Boden berührte. Vom Passagierterminal kam ein Auto angerast, und nachdem man herausgefunden hatte, was geschehen war, wurde ein Fahrzeug mit Allradantrieb geschickt. Der Fahrer hieß Mashallah und kam aus Sharjah. Nachdem er den Reifen ausgegraben hatte, band er ein Stahlkabel an die Achse des Flugzeuges. Dann zog er das bewegungsunfähige Flugzeug heraus.

Die Geschäftsleitung des Flughafens von Abu Dhabi beschloss, eine andere Maschine aus Bahrain anzufordern, die uns nach Sharjah fliegen sollte. Wir stiegen mit Mashallah ins Auto. Nur zwei von uns hatten Sharjah als Zielflughafen: Ibrahim bin Nassar und ich. Mashallah brachte uns in ein Restaurant aus Palmzweigen, das am Strand von Abu Dhabi stand; dort aßen wir zu Mittag. Dann nahm er uns mit auf einen Ausflug zu den bedeutenden Sehenswürdigkeiten – zum Beispiel der Festung – Abu Dhabis. Die Festung war weiß; von ihren Türmen konnte man bis weit über die Stadt hinaus blicken. Sie war durch weichen, weißen Sand vom Zentrum der Stadt getrennt. Am Strand standen mehrere Gebäude, die man für die ansässigen Unternehmen gebaut hatte.

Ich fragte Mashallah: »Kommt das Flugzeug nur wegen Ibrahim und mir aus Bahrain?«

Mashallah antwortete: »Das Flugzeug kommt, um eine große Lieferung Gold zu transportieren, die in eurem Flugzeug war. Deshalb sind die Reifen der Maschine auch in der *sabkha* versunken.«

Die Goldlieferung wurde von Bahrain nach Sharjah transportiert; von dort aus sollte sie nach Indien geschmuggelt werden.

Einen Abend vor Beginn des neuen Schuljahres rutschte mein Vater im Bad aus und brach sich das Bein, genau an der Mitte des Oberschenkels. Weil ich in der Nähe war, als er nach uns rief, brachte ich ihn ins Auto und fuhr ihn ins Al-Maktum-Krankenhaus in Dubai.

Seine Kinder und andere Verwandte versammelten sich im Krankenhaus, um ihn zu besuchen und sich nach seinem Gesundheitszustand zu erkundigen. Mein Bruder Khalid diskutierte mit den Ärzten darüber, wie mein Vater behandelt werden sollte. Sie kamen zu dem Schluss, ihn zur weiteren Versorgung nach Qatar zu bringen. Also begleiteten mein Bruder Khalid und ich ihn nach Qatar. Ich blieb nur kurz und kehrte bald nach Sharjah zurück, um meine Studien weiterzuführen.

In der Klinik in Qatar entschied man, den gebrochenen Knochen meines Vaters nicht einzugipsen, sondern ihn nach Beirut ins Barbir-Krankenhaus zu verlegen, wo man ihn operieren und einen Metallstab in den Hohlraum seines Oberschenkelknochens einsetzen wollte. Die Operation wurde Anfang 1959 erfolgreich ausgeführt, und einen Monat später konnte mein Vater wieder laufen.

Frühmorgens am 4. Februar 1959 – während er noch in Beirut war – erlitt mein Vater jedoch einen Schlaganfall. Shaikh Saqr bin Sultan al-Qasimi, der Herrscher von Sharjah, erhielt ein Telegramm, in dem ihm mitgeteilt wurde, was geschehen war. Er reiste nach Beirut, um sich aus erster Hand über den Gesundheitszustand seines Onkels zu informieren.

Ein Vertreter der Regierung von Qatar im Libanon bat die britische Botschaft, unverzüglich einen berühmten Chirurg aus London einzufliegen, der eine dringend notwendige Operation an meinem Vater durchführen sollte. Am 5. Februar 1959 landete um 13.30 Uhr nachmittags eine BOAC-Maschine in Beirut. An Bord befand sich der britische Chirurg Murray Falconer, der im Guy's Hospital arbeitete. Er hatte ein Jahr zuvor eine ähnliche Operation an dem libanesischen Politiker Hamid Farangieh ausgeführt. Der Arzt reiste in Begleitung seines Assistenten Dr. Hamilton.

Direkt nach der Ankunft von Mr. Falconer wurde mein Vater operiert und kam wieder zu Bewusstsein. Der Schlaganfall hatte jedoch seine Hand und sein Bein in Mitleidenschaft gezogen. Anfang März 1959 kehrte er nach Sharjah zurück, blieb aber weiterhin ans Bett gefesselt.

Feuer in Sharjah

An einem Nachmittag im März 1959 blies ein starker Wind aus dem Süden (der *suhaili*) und erzeugte einen Sandsturm. Ein Feuer entstand, und der Wind trug die Flammen bis ins Viertel der Belutschen, die gegen den Schah des Iran opponiert hatten. Dort lebten auch die Anhänger von Sayyid ʿAbdullah, der ein paar Monate zuvor von Sharjah nach Muskat, Oman, emigriert war.

Das Feuer griff auf die Häuser über, eines nach dem anderen ging in Flammen auf. Die glühende Asche flog dem Feuer voraus zu weiter entfernten Häusern, deren Dächer mit leicht entzündlichen Palmzweigen gedeckt waren.

Das Belutschenviertel und einige angrenzende Bezirke verbrannten vollständig. Das Feuer hatte sich in der gesamten Region ausgebreitet und alles zerstört, was ihm in den Weg gekommen war. Viele Familien, die dort gelebt hatten, waren nun obdachlos.

Zwei Tage nach dem Brand trafen mehrere iranische Flugzeuge auf dem Flughafen von Sharjah ein. Sie waren mit Zelten und Decken beladen, und Shaikh Saqr bin Sultan al-Qasimi erhielt 100.000 Rupien von der iranischen Regierung, um den betroffenen Familien zu helfen.

Absturz eines Militärflugzeugs

Am Morgen des 10. März 1959 saßen wir in unserem Klassenzimmer, als eine Explosion die Wände erschütterte. Die Schüler liefen ins Freie, um herauszufinden, was geschehen war. Wir erfuhren, dass auf dem nur hundert Meter entfernten Flughafen von Sharjah ein britisches Militärflugzeug abgestürzt war.

Es war nicht das erste Mal, dass es auf dem Flughafen zu einem derartigen Vorfall kam.

Am 5. Juli 1959 stürzte ein weiteres britisches Militärflugzeug vom Typ Canberra ab. Mit diesen Ereignissen hatte ich jedoch nichts zu tun.

Der Autor im Alter von 10 Jahren.

Shaikh Sultan bin Saqr al-Qasimi, ehemaliger Herrscher von Sharjah (der Onkel des Autors), 1942.

Fort Sharjah, 1950.

Vor dem Fort Sharjah: Shaikh Sultan bin Saqr al-Qasimi, ehemaliger Herrscher von Sharjah *(zweiter von links)*. Zu seiner Rechten steht Shaikh Saif bin Muhammad bin Mijlad und zu seiner Linken ein Gast, links neben dem Gast der Minister Sayyid Ibrahim bin Muhammad al-Midfa', 1942.

Shaikh Muhammad bin Saqr al-Qasimi (der Vater des Autors), stellvertretender Herrscher von Sharjah, 1950.

Shaikh Rashid al Maktoum, stellvertretender Herrscher von Dubai bei der Feierlichkeit zum Amtsantritt von Shaik Saqr bin Sultan al-Qasimi (der Cousin des Autors) als Herrscher von Sharjah, 1951.

Das erste Fußballteam der Qasimiyyah-Schule, 1953-54. Der Autor ist in der ersten Reihe als zweiter von rechts zu sehen.

Die Lehrerin Sharifa und ihre Schülerinnen der zweiten Klasse in der Qasimiyyah-Schule, 1954-55.

Willkommensfeier für die Kuwaitische Delegation in der Qasimiyyah-Schule (Ibn Kamils Haus), 1955.

Jungpfadfinder und Pfadfinder der Qasimiyyah-Schule, 1955-56.

Der Autor (rechts) als Leiter bei den Pfadfindern, 1957.

Das Fußballteam der Qasimiyyah-Schule, 1955-56.

Der Autor als Schüler der Qasimiyyah-Schule, 1956.

Der Autor beim Sprung durch einen Feuerring beim Sportfest, 1956.

Die Sharjah Pfadfinderdelegation am Kuwaiter Flughafen.
Erster von rechts: der Autor; in der Mitte: Salim Abdullah al-Mahmud,
und der Vertreter des kuwaitischen Bildungsministeriums, 1956.

Teheran, 1959: sitzend, von rechts nach links: der Autor, Muhammad bin al-Shamsi, Taryam bin ʿUmran, und Herr Shahini (der Inhaber der iranischen Zeitung *Itlaʾat*); davor von rechts nach links: ʿAbdullah ʿUmrani, Yaʿqub bin Yusuf al-Dukhi.

Stützpunkt der britischen Luftwaffe, 1956.

Feierlichkeiten in Sharjah bei der Verkündung des Dreierabkommens zwischen Ägypten, Syrien und Irak, 1963.

Der Paradeplatz vor dem Gästehaus und dem Fort. Die Bürger Sharjahs haben sich versammelt, um den Generalsekretär der Arabischen Liga, Herrn ʿAbdul Khaliq Hassuna, zu begrüßen, 1964.

Shaikh Khalid bin Muhammad al-Qasimi, Bruder des Autors und ehemaliger Herrscher von Sharjah, 1965.

Das Gästehaus, der Ort der *majlis* von Shaikh Saqr bin Sultan al-Qasimi, dem ehemaligen Herrscher von Sharjah, 1964.

Trucial Oman Scouts begleiten Shaikh Khalid bin Muhammad al-Qasimi, den ehemaligen Herrscher von Sharjah, zum Sharjaher Gästehaus, 1965.

Der Autor in seinem ersten Studienjahr an der Fakultät für Agrarwissenschaft, Universität Kairo, 1965-66.

Der Autor *(rechts außen)* an der Fakultät für Geisteswissenschaften/philosophischen Fakultät der Universität Kairo, 1969.

8

Reise in den Iran

In der Nähe unseres Hauses lebte ein iranischer Arzt namens Ja'far, der 1958 eine medizinische Klinik in Sharjah besaß. Dr. Ja'far erhielt Besuch von seinem jüngeren Bruder, der aus dem Iran gekommen war, und stellte ihn mir vor. Nachdem wir uns ein paarmal getroffen hatten, lud Dr. Ja'fars Bruder mich ein, ihn in sein Land zu begleiten.

Ich fragte meine Freunde Taryam bin 'Umran bin Taryam, seinen Bruder 'Abdullah bin 'Umran bin Taryam, Muhammad bin Hamad al-Shamsi und Ya'qub bin Yusuf al-Dukhi, und sie waren bereit, mit mir zu kommen.

Dann bat ich meinen bettlägerigen Vater, einen Brief an Generalmajor Rahmani zu schreiben, den iranischen Regierungsbeamten, der ein paar Jahre zuvor für meinen Vater verantwortlich gewesen war, als dieser sich in Teheran hatte behandeln lassen. In seinem Schreiben bat er ihn, sich um uns zu kümmern.

Dr. Ja'far schrieb den Brief auf Persisch, und mein Vater stempelte sein Siegel darauf. Wir mieteten ein Motorboot namens *Söhne von Zamzam,* das uns von Sharjah nach Linga – einem Ort an der Küste des Iran – bringen sollte.

Die Seereise nach Linga

In den letzten Julitagen des Jahres 1959 stiegen wir – Dr. Ja'fars Bruder, meine Reisegenossen und ich – nach dem Gebet bei Sonnenuntergang ins Boot. Der Schiffskapitän war ein junger Mann namens 'Abaduh, ein alter Mann namens Khalfan unterstützte ihn bei der Navigation. Sonst befanden sich keine weiteren Passagiere an Bord.

Als das Boot ablegte, entwickelte sich zwischen Taryam bin 'Umran – der ein fanatischer Anhänger von Jamal 'Abdel Nasser war – und Dr. Ja'fars Bruder – der auf ebenso fanatische Weise den Schah von Iran liebte – eine hitzige Diskussion. Ich übersetzte den Streit so gut ich konnte ins Persische, ließ aber vieles weg, was gesagt wurde.

Ich übersetzte einige Wörter falsch, was zu Feindseligkeiten zwischen den beiden führte. Einer von ihnen hielt meine linke, der andere meine rechte Hand fest. Einige Wörter, die ich in persischer Sprache nicht wusste, konnte ich nicht übersetzen, wie zum Beispiel »blockfreie Staaten« und andere Ausdrücke dieser Art …

Es gelang mir, mich von den beiden loszueisen, und ich ging zum Schiffsbug, wo Kapitän 'Abaduh saß. Er begann, mir von den Schrecken des Meeres zu erzählen. Während er sprach, fuhr ein riesiger Öltanker an uns vorbei, der zu den internationalen Ölmärkten unterwegs war. 'Abaduh sprang zum Maschinenraum hinüber und sagte zu mir: »Drück das Ruder nach links«, während er den Motor auf volle Geschwindigkeit brachte. Inzwischen schliefen alle, auch Khalfan, der für die Steuerung des Boots zuständig war. Verglichen mit dem riesigen Öltanker war unser Boot winzig. Als es am Tanker vorbeifuhr, hob sich unser Bug, und das Heck drohte im Meer zu versinken. Der Motorenlärm des Öltankers wurde schwächer, und ʿAbaduh sagte: »Er hat uns gesehen! Er hält den Tanker an.«

Ich fragte: »In dieser Dunkelheit?«

Er antwortete: »Er sieht die Laterne, die an unserem Schiffsmast hängt.«

Unser Boot fuhr so schnell wie möglich durchs Wasser und ließ den Öltanker, der nun gestoppt hatte, in seinem Kielwasser zurück. Dann steuerte unser Schiff zur linken Seite des Tankers, und Kapitän ʿAbaduh hielt das Boot an.

Ich wollte wissen, warum er anhielt.

Er sagte: »Um unseren Kurs anzupassen.«

ʿAbaduh stand auf und holte einen großen Kompass. Er hielt ihn ins Licht der Laterne, die er vom Mast genommen hatte, und murmelte unverständlich vor sich hin, bis er zu einem Entschluss gekommen war. Er schien erleichtert: »Alles in Ordnung! Ich habe den Kurs gefunden.«

»Wäre es nicht besser gewesen, den Tanker vorbeizulassen und dann erst weiterzufahren?«

»Wenn wir das getan hätten, wäre es mit uns aus gewesen!«

»Wieso?«, fragte ich.

Er entgegnete: »Wenn wir hinter dem Öltanker geblieben wären, hätte die hohe Welle, die er bei dieser Geschwindigkeit erzeugt, unser Boot umgekippt – wir wären untergegangen.«

Unser Boot fuhr auf seinem Kurs weiter, bis ʿAbaduh es stoppte und mich bat, den Anker zu setzen.

»Aber wir sind mitten auf dem Meer!«, rief ich aus.

Er schüttelte den Kopf. »Wir befinden uns direkt vor Linga.«

Ich setzte den Anker und konnte es kaum erwarten, Linga zu sehen.

Von Weitem hörte ich den Klang des Gebetsrufes … *Allahu Akbar!*

Ich hörte das Krähen von Hähnen und den entfernten Klang von Stimmen.

Die Gebäude an der Küste, die sich nach Norden und Süden erstreckten, färbten sich golden im Sonnenaufgang, und als die Sonne dann am Himmel emporkletterte, erstrahlten sie in leuchtendem Weiß, und man konnte ihre traditionellen Verzierungen sehen, die an meine Vorfahren erinnerten, die die persische Küste vor vielen Jahrhunderten – als die meisten Einwohner Lingas noch Araber waren – regiert hatten.

Am Strand wurden wir von Ahmad bin 'Abdullah al-Sa'di empfangen, der ein Empfehlungsschreiben von meinem Vater erhalten hatte. Wir gingen zum Gästehaus, das der Familie von Rais al-Sa'di (einem großen Kaufmann an dieser Küste) gehörte. Damals gab es keine Hotels in Linga, aber Rais al-Sa'di hatte gute Beziehungen und zahlreiche Besucher. Er war für viele der Handelsschiffe verantwortlich.

Die Straße nach Shiraz

Die Familie von Rais al-Sa'di war sehr großzügig; sie nahm uns mehrere Tage lang auf, als der Flug von Linga nach Shiraz, den wir nehmen wollten, abgesagt wurde. Wir waren gezwungen, ein Auto zu mieten und nach Shiraz zu fahren.

Der Gouverneur von Linga schrieb einen Brief für uns, der ein Empfehlungsschreiben enthielt, mit dem wir problemlos die

Grenzposten passieren konnten, die unterwegs errichtet worden waren, um Schmuggler aufzuspüren.

Wir stiegen ins Auto, das vorn geschlossen und hinten offen war. Dr. Ja'fars Bruder füllte es mit unseren Taschen und zwei großen Kisten voller Schmuggelwaren, für die er in Linga keine Zollgebühren bezahlt hatte; dann bedeckte er alles mit Teppichen und Wolldecken. Der Besitzer des Autos war auch der Fahrer. Er hieß Marzuq und arbeitete als Hilfsmechaniker von Yusuf al-Dukhi, dem Vater unseres Kameraden Ya'qub bin Yusuf al-Dukhi, in der Autoreparaturwerkstatt in Sharjah.

Wir verließen Linga am Nachmittag und fuhren nach Westen, weg von der Küste und auf die Berge zu. Nachdem wir die Dörfer Ras Bustana und Shinas passiert hatten, fanden wir uns in einer Ebene wieder, in der Bäume und Büsche wuchsen. Plötzlich stellten sich uns Soldaten in den Weg; unter ihnen war ein dünner Mann, der Militärhemd und -hosen trug. Er schien Offizier zu sein. Er kam zwischen den Bäumen hervor und ordnete unsere Durchsuchung an. In dem Moment sagte Dr. Ja'fars Bruder: »Wir haben einen Brief des Gouverneurs von Linga, der erklärt, dass wir nicht durchsucht werden müssen.«

Der Offizier entgegnete: »Die Befehle des Gouverneurs von Linga gelten nur in Linga, nicht hier.«

Der Offizier hob den Teppich hoch, auf dem wir gesessen hatten, und fand unsere Taschen. Er öffnete eine davon und begann sie zu durchwühlen und mit seiner schmutzigen Hand zu inspizieren. In der anderen Hand hielt er den Brief des Gouverneurs von Linga.

Dr. Ja'fars Bruder versuchte es erneut. »Ich bin Beamter im Innenministerium in Shiraz.«

»Sie sehen nicht aus wie ein Beamter«, sagte der Offizier. »Geben Sie mir einen Stift.«

Dr. Ja'fars Bruder reichte ihm einen Stift mit den Worten: »Machen Sie ihn aber nicht schmutzig.«

Jetzt wurde der Offizier wütend und rief: »Soldaten!«

Die Soldaten kamen hinter den Bäumen hervor und umringten das Auto; der Offizier ging zu einem Zelt, das in der Nähe stand. Ein alter Mann, der uns gebeten hatte, ihn in sein Dorf mitzunehmen, während wir nach Shiraz fuhren, flüsterte: »Der Offizier hat die große Kiste unter dem Teppich gesehen.«

Nachdem er seine Militärjacke angezogen hatte, kam der Offizier schnell zurück und sagte zu uns: »Ich bringe euch nach Linga.« Als er ins Auto steigen wollte, griff ich nach ihm und klopfte ihm leicht auf die Brust. Sofort schlug einer der Soldaten mit seiner Hand auf meine – seine Berührung fühlte sich an wie der Schlag einer Keule. Er richtete das Bajonett seines Gewehrs auf mich, beschimpfte mich und stieß Beleidigungen aus: »Du wagst es, deine Hand auf die Brust des Offiziers zu legen?!«

Ich hob beide Hände, um mich geschlagen zu geben. Dr. Ja'fars Bruder sprang aus dem Auto, berührte die Schulter des Offiziers und ging mit ihm davon. Wir glaubten, sie würden gleich anfangen zu streiten, aber Dr. Ja'fars Bruder öffnete die Tasche, die er bei sich trug, nahm einige Papiere heraus und zeigte sie dem Offizier. Dieser kam eilig zurück, stampfte vor mir mit dem Fuß auf den Boden, hob seine Hand und salutierte. Er verbeugte sich und sagte mehrmals: »Es tut mir leid, Shaikh. Ich entschuldige mich aus tiefstem Herzen für mein Verhalten.«

Dann drehte er sich zu seinen Soldaten um und befahl ihnen, sich vor mir aufzustellen und zu salutieren.

Als die Soldaten ihre Waffen erhoben und auch der Offizier seine Hand erhob und mich grüßte, stieg ich wieder ins Auto. Taryam bin ʻUmran meinte: »Setz dich nicht hinten hin, setz dich neben den Fahrer Marzuq.« Ich wehrte mich: »Es ist heiß auf dem Vordersitz!« Taryam bin ʻUmran antwortete: »Setz dich eine Weile dorthin, wie es sich für eine Person von hohem Rang gehört. Wenn wir ein Stück gefahren sind, kannst du wieder hinten sitzen.«

Ich setzte mich neben den Fahrer Marzuq und hielt meinen Kopf und meine Hand nach draußen, um dem Offizier zum Gruß zu winken, der bald im Staub verschwand, den die Reifen des Autos aufwirbelten.

Das Auto überquerte die Bergkette und schwankte auf der holprigen Straße hin und her.

Als es dunkel wurde, sahen wir nur noch unser Auto und die Scheinwerfer, die ein paar Meter vor uns die Straße erhellten.

Nachdem das Auto eine flache Ebene durchquert hatte, hielt Marzuq es plötzlich an und rief: »Alle aussteigen! Wir sind in Maghuh, meinem Heimatland!«

Wir stiegen aus und einige von uns gingen zur Toilette, während die anderen Decken auf dem Boden ausbreiteten. Marzuq verschwand für einen Moment und kehrte mit Essen und Wasser zurück. Nach dem Abendessen bat ich Marzuq, mich zur Festung von Shaikh Sultan bin Ahmad al-Marzuqi, dem Shaikh von Maghuh, zu bringen. Das Haus von Shaikh Sultan al-Marzuqi war sehr groß. Es hatte zwei Stockwerke und zahlreiche Fenster, von denen man im Obergeschoss das Anwesen überblicken konnte, auf dem keine weiteren Häuser standen. Das Eingangstor öffnete sich zu einem überdachten Durchgang, an deren Seiten sich mehrere *majalis* befanden.

Dann stiegen wir wieder ins Auto, und als es abfuhr, fielen wir alle in einen tiefen Schlaf, da wir völlig erschöpft waren.

Ich erwachte vom Klang der Stimme Marzuqs, der rief: »Das ist die Stadt Kukhird.« Ich öffnete die Augen und sah rechts und links Mauern aus Schlamm aufragen. Das Auto fuhr durch die Straßen der Stadt, und wir erwachten abermals von Marzuqs Stimme, der uns nun aufforderte auszusteigen. »Wir sind in der Stadt Bastak. Ihr werdet hier übernachten.«

Wir breiteten die Teppiche und Läufer auf dem Boden aus, obwohl wir überhaupt nichts sehen konnten. Als mich am Morgen das Licht der Sonne kitzelte, erwachte ich und sah mich um.

Da war ein Laden, und davor stand ein Mann, der Brot backte.

Hier stand ein Gebäude, halb verfallen, und dort ein Haus, das Zeichen von Wohlstand zeigte, in dessen oberstem Stock ein Gesicht vom Balkon herunterschaute, das rund wie der Mond war.

Wir bezahlten den Besitzer des Ladens für unser Frühstück, das aus Brot und gebratenen Eiern bestand. Aber er streckte seine Hand abermals aus.

»Zahlen Sie voll! Die Gebühr dafür, dass sie am Straßenrand geschlafen haben! Das Geld ist nicht für mich. Es ist die Gebühr für den Gemeinderat.«

Wir stiegen in unser Auto und fuhren los. Das runde Gesicht schaute immer noch vom Balkon herunter. Ich winkte ihm zum Abschied, und es winkte zurück.

Die Sonne stand hoch am Himmel, als wir eine Stadt namens Harmud passierten, die etwa zweihundert Meter von der Straße in einer Schlucht lag. Wir hielten in der Nähe eines Geschäftes am Straßenrand und kauften Brot und Joghurt. Im Laden war es so heiß wie in einem Ofen. Im Licht der brennenden Sonne begann ich, das in Joghurt getauchte Brot zu essen. Ein junger Mann aus Harmud, der vorbeikam, kannte mich und lud mich in sein Haus ein. Ich lehnte die Einladung höflich ab, und er rannte in die Stadt zurück. Dann kehrte er mit einem lebendigen Ziegenbock zurück, den er mir schenkte. Ich lehnte auch sein Geschenk ab, dankte ihm aber für seine Großzügigkeit. Wir fuhren weiter nach Lar und ließen den jungen Mann aus Harmud zurück, der immer noch den Ziegenbock in seinen Armen hielt.

Nachmittags hielten wir auf einem Parkplatz in der Stadt Lar. Wir erkundigten uns nach dem Haus, das der Familie von Rais al-Sa'di gehörte, und wurden hingeführt. Yusuf al-Baluki wartete schon auf uns. Nachdem er uns begrüßt hatte, sagte er: »In dem Telegramm, das ich aus Linga erhielt, stand, dass ihr heute Mittag ankommt. Ihr habt euch verspätet.«

Yusuf al-Baluki führte uns zum Gästehaus von Rais al-Sa'di. In der *majlis*, deren Klimaanlage den ganzen Tag lief, war es kühl.

An den Wänden lehnten Baumwollkissen, auf dem Boden lagen Matratzen. Wir setzten uns auf die Matratzen und erholten uns.

Da wir müde von der Reise waren, legten wir uns bald hin. Ich streckte meine Beine aus und stieß an ein paar Teller, die neben mir arrangiert worden waren. Als ich mich wieder hinsetzte, sah ich, dass der Boden der *majlis* voller Speisen stand: Fleisch, Süßigkeiten und Früchte. Ich weckte meine Freunde auf und ging hinaus, um nach Yusuf zu suchen. Da kam er aber schon herein und erklärte: »Das ist euer Mittagessen. Bitte bedient euch.«

Wir aßen und tranken Tee dazu; dann verabschiedeten wir uns von unserem großzügigen Gastgeber.

Meine Reisegenossen stiegen ins Auto, während ich vor Yusuf stand und ihm noch einmal dankte. Eine große Frau kam auf uns zu; sie bewegte ihre Arme beim Gehen vor und zurück und sagte: »Auf dem Parkplatz steht ein Auto, dessen Passagiere nach Ihrem Haus gefragt haben. Was sind das für Leute?«

Yusuf antwortete: »Das sind die Söhne der Shaikhs von Sharjah, Gäste von Reis al-Sa'di. Sie stehen direkt vor Ihnen.«

»Das ist ja eine Neuigkeit!«, sagte die große Frau. »Es gibt aber noch mehr zu erzählen. Die … hat ein neues Kind, der … hat etwas für 50.000 verkauft und …«

Damit verließ sie uns.

Ich fragte: »Wer war das?«

Er lächelte: »Sie wird ›Ilm Dar‹ genannt. Sie ist die Tageszeitung der Stadt Lar.«

Vor Sonnenuntergang verließen wir Lar.

Nach mehreren Stunden Nachtfahrt durch die Berge wurden wir vor einer Gruppe von Offizieren aus dem Anti-Schmuggel-Zentrum angehalten, die nach Schmuggelware suchten.

Dr. Ja'fars Bruder nahm seine Tasche, stieg aus dem Auto und ging auf die Kontrolleure zu. Ich folgte ihm, um zu hören, was er vorbrachte, damit wir die Grenzposten auch in Zukunft ohne Aufenthalt passieren konnten. Dr. Ja'fars Bruder sagte zu den Offizieren: »Das sind wichtige Leute, die Söhne der Shaikhs von Sharjah, Gäste der Regierung.« Dann holte er den Brief meines Vaters an Generalmajor Rahmani heraus. Nachdem die Offiziere ihn gelesen hatten, salutierten sie und ließen uns weiterfahren.

Im nächsten Laden, an dem wir vorbeikamen, kauften wir ein paar Lebensmittel, aber als wir wieder ins Auto stiegen, stellten wir fest, dass Marzuq und sein Assistent nicht da waren. Wir warteten und schliefen ein.

Als ich erwachte, schwankte das Auto. Auf der anderen Seite des Wagens sah ich ein Licht, das in eine tiefe Schlucht hinableuchtete. Wir befanden uns oben auf einem Berg, die Straße war schmal und kurvenreich. Ich blickte durch die Glasscheibe, die den Vorder- vom Hintersitz trennte, und sah Marzuq und seinen Assistenten. Sie tranken abwechselnd aus einer Flasche Alkohol. Beide waren betrunken. Ich stand auf und hämmerte mit beiden Händen gegen den vorderen Teil des Autodaches. Das Auto hielt an. Ich stieg aus und öffnete die Tür des Fahrzeugs an der Seite, wo Marzuq saß. Dann forderte ich ihn auf, das Auto zu verlassen. Ich nahm den Zündschlüssel an mich und befahl ihm, bis zum Morgen zu schlafen. Bis dahin behielt ich den Schlüssel.

Im Morgengrauen sahen wir, dass die Entfernung zwischen der Schlucht und dem Auto gerade nur so groß war, dass ein einzelner Mensch hätte vorbeilaufen können. Wir fuhren eine weitere Schlucht herunter und dann wieder einen Berg hinauf. Die Straße war sehr schmal und die Kurven sehr scharf – so scharf, dass wir bei jeder Kurve aus dem Auto steigen mussten.

Das Auto steuerte um die Kurven, indem es vorwärts fuhr und wendete, während wir direkt hinter ihm standen und große Steine unter die Reifen legten, damit sie nicht abrutschten. Wir kommandierten mithilfe von Handzeichen immer wieder: »Zurück … zurück … zurück …« Dann rollten wir die Steine hinter die Reifen und riefen: »Stopp … stopp … stopp …«

Schließlich fuhren wir weiter in Richtung Shiraz und erreichten mittags die Stadt Jahrum. Die Luft hier war angenehm, die Gärten üppig und grün. Im Zentrum der Stadt befand sich ein öffentlicher Park mit hohen, alten Bäumen. Unter den Bäumen lag ein Freiluftrestaurant, wo wir köstliches Grillfleisch und andere leckere Speisen zu uns nahmen.

Ein weiser Mann wurde einst gefragt: »Wer ist der beste Koch?« – »Der Hunger!«, antwortete er.

Zwischen Jahrum und Shiraz liegt eine Region namens 'Ali 'Abad. Hier werden Honig- und Wassermelonen gezüchtet, die man am Straßenrand in Hülle und Fülle kaufen kann. In dieser Nacht wurde unser Auto am Rand von Shiraz am Inspektionszentrum angehalten. Alle außer einem Jungen namens Jahrun, den wir mitgenommen hatten, mussten aussteigen. Der Wagen wurde überprüft. Der Junge wachte auf und wollte urinieren gehen, aber es wurde ihm nicht gestattet. Man brachte uns in einen Raum des Inspektionszentrums. Dr. Ja'fars Bruder rief seinen Onkel an, der der Polizeichef von Shiraz war. Sein Onkel ordnete an, das Auto samt seiner Insassen unter Bewachung zur Sicherheitsabteilung von Shiraz zu bringen.

Unser Wagen verließ das Inspektionszentrum; zurück blieb ein feuchter Fleck auf der Straße an der Stelle, wo der Junge gesessen hatte. Wir fuhren durch Shiraz; in unserem Wagen standen vier Soldaten, die ihre Maschinengewehre auf uns richteten. Wir saßen zusammengepfercht nebeneinander, und immer wenn wir an einer Ecke oder Ampel hielten, versammelten sich die Menschen, um uns anzustarren.

In der Sicherheitsabteilung von Shiraz wurden wir von Dr. Ja'fars Onkel empfangen. Er ließ uns mit dem Auto und dessen Inhalt nach Shiraz einreisen. Dr. Ja'fars Bruder setzte uns an der Tür eines bescheidenen Hotels ab und verschwand mit den Kisten, in denen sich die Schmuggelwaren befanden.

Wir verbrachten drei Tage in Shiraz. In dieser Zeit besuchten wir die Sehenswürdigkeiten der Stadt und die Region Takht-e-Jamshid, die mehr als sechzig Kilometer von Shiraz entfernt ist. Dort liegen die Ruinen von Persepolis, die aus der Achämenidenperiode im 5. Jh. vor Christus stammen. Wir besichtigten die Säulen und ein Bauwerk, das aus Basaltblöcken gemeißelt war. An dem Gebäude befand sich ein Relief, das den Achämenidenkönig mit den Völkern der Erde zeigte, die ihm Geschenke überreichten. Ich fragte mich: »War unser Volk, die Araber, unter diesen Völkern, die in der frühen Geschichte lebten?«

Ich sah mir die Darstellungen genau an und entdeckte einen Araber, der ein Kamel führte.

Teheran

Am vierten Tag mieteten wir einen Bus, der uns von Shiraz nach Teheran bringen sollte. Unterwegs besuchten wir Isfahan, wo wir am Flussufer zu Mittag aßen. Wir saßen in der Nähe der Brücke, deren Alter auf vierhundert Jahre geschätzt wird, und die aus 33 Bögen besteht, nach denen sie auch benannt wurde.

In Teheran übernachteten wir in einem Hotel auf dem Parlamentsplatz. Am nächsten Tag besuchten wir Herrn Shahini, den Verleger und Herausgeber der Zeitung *Itla'at*. Er sprach fließend Arabisch und war ein Freund von Herrn Ibrahim al-Midfa', dem Minister von Shaikh Saqr bin Sultan al-Qasimi, des Herrschers von Sharjah.

Herr Shahini arrangierte ein Treffen mit Generalmajor Rahmani für uns, und ich gab ihm den Brief meines Vaters.

Herr Shahini besuchte uns jeden Tag und hatte oft hitzige Diskussionen mit Taryam bin ʻUmran, denn Letzterer unterstützte – wieder einmal – Jamal ʻAbdel Nasser, während Ersterer ein engagierter Anhänger des Schahs von Iran war.

Einmal besuchten wir das Observatorium von Teheran. Herr Shahini hatte uns gefragt: »Habt ihr das Observatorium von Teheran besucht?«

Taryam bin ʻUmran antwortete: »Zu seiner Zeit … war das Observatorium von Helwan das beste.«

Herr Shahini lehnte sich zu mir herüber: »Wo ist das Observatorium von Helwan?«

»In Ägypten!«, antwortete ich.

Herr Shahini sagte: »Das dachte ich mir!«

Nach der Rede des Schahs zur Nation kam Herr Shahini zu uns und fragte: »Habt ihr die Rede des Schahs gehört?«

Taryam bin ʻUmran entgegnete: »Zu seiner Zeit war ʻAbdel Nassers Rede die beste! Die Rede des Schahs bestand nur aus vier Worten. Abdel Nassers Rede war vier Stunden lang.«

Herr Shahini bemerkte: »Die Reden der Könige … die Könige der Rede« (in diesem Zusammenhang weist »Könige der Rede« auf Menschen hin, die nur Unsinn reden).

Herr Shahini war äußerst geizig. Einmal lud er uns zum Mittagessen in ein Hotelrestaurant außerhalb von Teheran ein; die Rechnung war sehr hoch. Wir bezahlten sie von unserem Reisebudget, das immer mehr schrumpfte. Am folgenden Abend kam Herr Shahini zu uns und kündigte an, dass er in einem der besten Restaurants von Teheran Plätze für uns reserviert habe.

Muhammad al-Shamsi, unser Schatzmeister, protestierte. Er sagte: »Sultan und ich können nicht mitkommen; wir gehen ins Kino.«

Taryam bin ʿUmran, sein Bruder ʿAbdullah und Yaʿqub hingegen wollten sich das Essen nicht entgehen lassen.

Nach dem großen Bankett berichteten sie uns, was geschehen war.

»Wir bestellten das teuerste Essen, und als die Rechnung kam, verschwand ich auf die Toilette. Von dort aus winkte ich erst ʿAbdullah und dann Yaʿqub zu mir«, erzählte Taryam.

»Wir warteten lange Zeit und beobachteten Herrn Shahini heimlich von der Toilette aus. Er konnte nicht gut sehen, blickte sich um und suchte mit seinen dicken Brillengläsern nach uns. Es waren keine anderen Gäste im Restaurant, und die Besitzer des Lokals wichen Herrn Shahini nicht von der Seite, bis er schließlich die Rechnung bezahlte.

Als ich mit ʿAbdullah und Yaʿqub zum Tisch zurückkehrte, klatschte ich in die Hände und rief: ›Die Rechnung!‹ Natürlich durchschaute Herr Shahini den Trick.«

Generalmajor Rahmani bat uns um ein Treffen. Er schlug uns vor, mit einem Flugzeug nach Sharjah zurückzukehren, das den Shaikh von Umm al-Quwain nach Teheran brachte, der auf Einladung des Schahs in den Iran kam.

Taryam sagte: »Sultan will den Zug nehmen. Also haben wir beschlossen, mit dem Zug nach Chorramschahr zu fahren und von dort mit der British India Steam Navigation Company nach Sharjah zu reisen. Sultan liebt Zugfahrten.«

Generalmajor Rahmani hatte eine andere Idee: »Dann werden

wir für euch eine Zugfahrt zum Kaspischen Meer arrangieren, wo ihr ein paar Tage bleiben könnt, bis das Flugzeug nach Sharjah startet.«

Das Kaspische Meer

Am Tag nach dem Treffen trafen frühmorgens zwei Autos ein, die uns zum Bahnhof brachten. Es war auch ein junger Iraner mitgekommen, der sagte, er heiße Labbaf. Er sollte auf der Reise unser Dolmetscher sein.

Wir stiegen in den Zug, und als er losfuhr, kam zu unserer Überraschung der Zugleiter zu uns und rief: »Sultan! Taryam!«

Er küsste uns. Es stellte sich heraus, dass er einige Wochen zuvor bei meinem Vater in Sharjah zu Gast gewesen war. Mein Vater hatte ihn und seine Frau, die während der Behandlung meines Vaters in Teheran seine persönliche Krankenschwester gewesen war, eingeladen. Er und die anderen Mitarbeiter im Zug ließen uns auf unserer Reise eine Sonderbehandlung zukommen.

Die Fahrt dauerte den ganzen Tag. Wir genossen die schöne Landschaft – außer Taryam: Er saß im Abteil und diskutierte mit Labbaf über die Politik des Schahs von Iran.

Schließlich fuhren wir in den Zielbahnhof des Zuges ein: Bandar Pahlavi am Kaspischen Meer. Vor dem Bau des Hafens hieß die Stadt Anzeli.

Dort wartete ein Land Rover auf uns. Wir fuhren die Küstenstraße entlang und bogen dann nach rechts ab, um die Stadt Chaluz an der kaspischen Küste anzusteuern. Dort übernachteten wir in einem mehrstöckigen Hotel. Am nächsten Morgen nieselte es, und der Himmel war voller Wolken, die sehr tief hingen. Wir stiegen ins Auto und fuhren weiter die Küstenstraße entlang nach Westen in einen Urlaubsort namens Ramser, wo wir mittags ankamen. Wir übernachteten in einer Hotelvilla, die drei Kilometer vom Meer entfernt in den Hügeln lag.

Am zweiten Tag suchten wir den Strand auf. Die gepflegte Straße führte vom Tor des Hotels in den Bergen zum Tor des Erholungsbereiches am Strand, wo es auch ein Casino gab. Bis auf eine Statue des Schahs von Iran, die auf halber Strecke zwischen Hotel und Strand stand, war die Straße vollkommen leer. Danach fuhren wir zu den Teeplantagen und besuchten die Fabrik, in der der Tee getrocknet wurde.

Auch am dritten Tag nahmen wir die Küstenstraße nach Westen und gelangten von dort ins Landesinnere. Wir passierten Reisfelder, die von einem Duft erfüllt waren, der dem von gekochtem Reis glich.

Der Fahrer unseres Wagens fragte die Bauern auf den Feldern, wie weit Rasht entfernt sei. Die Bauern auf den Feldern sagten, es sei eine Strecke von 45 … 30 … dann 15 Kilometern.

Schließlich erreichten wir Rasht. Die Straßen waren von Orangenbäumen gesäumt, die zahlreiche Früchte trugen. Nachdem wir zu Mittag gegessen hatten, verließen wir die Stadt und fuhren nach Nordwesten an die kaspische Küste: Unser Ziel war Astara. Es lag an der russisch-iranischen Grenze. Die beiden Länder sind hier durch einen Fluss voneinander getrennt, der von den Hügeln herabströmt und ins Meer mündet. An beiden Ufern standen Lautsprecher: Eine Gruppe auf der russischen Seite beleidigte das Schahregime, und die Gruppe auf der iranischen Seite beschimpfte das Sowjetregime.

Dann kehrten wir zurück nach Ramser.

Am vierten Tag trafen wir in unserem Auto via Karaj wieder in Teheran ein. Ende August 1959 reisten wir dann endgültig nach Sharjah: Wir flogen mit dem iranischen Flugzeug, das Shaikh Ahmad bin Rashid al-Mu'allah nach Teheran gebracht hatte.

Einige von der iranischen Regierung eingeladenen Shaikhs der Küste waren schon eher nach Teheran gekommen. Shaikh Ahmad bin Rashid al-Mu'allah war krank gewesen und hatte nicht mitreisen können.

Die Eröffnung der israelischen Außenstelle in Teheran

Anfang September 1959 gab die iranische Regierung die Eröffnung einer israelischen Außenstelle in Teheran bekannt.

In Bahrain kam es zu Protestdemonstrationen, in Sharjah brachen am Morgen des 5. September 1959 Proteste aus – sie wurden von Taryam bin 'Umran und mir angeführt. Die Demonstranten zogen zum Flughafen von Sharjah, wo das iranische Flugzeug landen würde, das einen der Shaikhs nach Teheran bringen sollte.

Das Flugzeug traf ein und öffnete seine Türen. Generalmajor Rahmani spähte prüfend heraus; er winkte mit beiden Händen der Menge zu, die von mir und Taryam bin 'Umran angeführt wurde, denn er glaubte, wir seien gekommen, um ihn zu begrüßen, da er sich während unseres Aufenthaltes in Teheran um uns gekümmert hatte. Er rief uns zu: »Sultan! Taryam!« Der Sicherheitsbeamte stieß ihn zurück ins Flugzeug, aber er widersetzte sich und sagte: »Das sind meine Freunde! Sie sind gekommen, um mich zu empfangen!«

9

Die Baʿath-Partei

Im September 1959 eröffnete ich den Sport- und Kulturclub von Sharjah wieder, der vier Jahre lang geschlossen gewesen war. Der Club war ursprünglich 1952 von einer Gruppe junger Leute gegründet worden, und der Vorstand bestand damals aus folgenden Mitgliedern: Shaikh Khalid bin Sultan al-Qasimi, Shaikh Muhammad bin Sultan al-Qasimi, Shaikh Hamad bin Majid al-Qasimi, Shaikh Saqr bin Rashid al-Qasimi, 'Abdullah bin Jum'a al-Mutawwa' und Ibrahim bin 'Ubaid al-Sha'ir.

1954, nach der Abreise von Shaikh Khalid bin Sultan al-Qasimi nach Saudi-Arabien und der Ernennung von Shaikh Muhammad bin Sultan al-Qasimi zum Vizepräsidenten der Ostregion, war der Club geschlossen worden.

Seine Aktivitäten waren ursprünglich rein kultureller Natur. Als ich den Club 1959 wiedereröffnete, machte ich ihn zum Hauptsitz des Fußballteams des britischen Ministeriums für öffentliche Bauarbeiten in Sharjah, dessen Mitglied ich war, seit ich zum Kapitän des Teams ernannt wurde.

Die Leute kamen zum Club, um sich zu treffen oder Domino und Karten zu spielen. Unter den regelmäßigen Besuchern war auch ein Libanese namens Talal Shararah. Er war ein Lehrer der Bildungsbehörde von Qatar und arbeitete in der Qasimiyyah-Schule.

Aufgrund unserer gemeinsamen Liebe zum arabischen Nationalismus wurde unsere Freundschaft immer stärker und er schenkte mir ein Buch mit dem Titel *Das Streben der Ba'ath-Partei* von Michel Aflaq, an dem ich mehrere Tage las, weil es so viele Seiten hatte. Als ich fertig war, fragte er mich: »Was hältst du von dem Buch?« Ich antwortete: »Ein gutes Buch. Wenn nur all seine Ideen wahr werden würden!«

Talal Shararah verbrachte einen Monat damit, mir den Gedanken zu erklären, dass die ganze arabische Nation vereint wäre, wenn es in jedem arabischen Land eine Organisation gäbe, die an die Macht käme und sich mit den Einheiten zusammenschließen würde, die schon in anderen arabischen Ländern organisiert seien.

Eines Tages erzählte er mir, dass diese Organisation Ba'ath-Partei genannt wurde. Die Partei habe sich in der arabischen Welt bereits etabliert, und er forderte mich auf, ihr beizutreten.

Kurze Zeit darauf teilte mir Talal Shararah mit, dass er mich als Mitglied in der Ba'ath-Partei anmelden werde. Wir gingen zu seinem Haus, wo er zu mir sagte: »Du musst einen Eid schwören. Aber wir sind nur zu zweit. Wir brauchen einen Dritten. Warte, ich hole noch ein drittes Mitglied.« Er verließ den Raum und kehrte mit Taryam bin 'Umran zurück. Wir waren verblüfft. Einen Moment lang schwiegen wir. Taryam war vor mir Mitglied der Partei geworden, aber er hatte angenommen, ich sei bereits beigetreten.

Talal Shararah brach das Schweigen, indem er uns die notwendigen Instruktionen erteilte: »Sultan wird den Eid schwören, und

Taryam wird sein Zeuge sein. Dann spricht Taryam die Eidesformel, und Sultan wird dies bezeugen.« Wir besiegelten den Schwur mit einem Handschlag.

Die letzten Tage des Jahres 1959 gingen vorüber, und man schrieb das Jahr 1960. Aus den Broschüren und Büchern, die Talal Shararah uns gab, saugten wir die Ideen des Nationalismus auf, der für ein vereintes Kultur- und Bildungssystem plädierte.

Eine Ba'athisten-Zelle wird entlarvt

Im April 1960 kam Talal Shararah zu mir, um sich über einen Befehl zu beschweren, der ihm vom Bildungsministerium in Qatar erteilt worden war. Er sollte am Ende des Schuljahres aus dem Dienst entlassen werden und erzählte mir, dass er versuchen werde, nach Qatar zu reisen, um der Sache persönlich nachzugehen. Aber er hatte Angst, in Qatar inhaftiert zu werden, wenn er mit seinem libanesischen Pass reiste. Ich bot ihm an, ihm bei der Regierung von Sharjah einen befristeten Reisepass besorgen. So geschah es auch.

Ich brachte Talal Shararah zum Flughafen von Sharjah, und als er am nächsten Tag nach Sonnenuntergang aus Qatar zurückkehrte, holte ich ihn ab und brachte ihn in meinem Auto zum Kulturclub von Sharjah.

Unterwegs erzählte Talal Shararah mir, was er von seinen Freunden im Bildungsministerium von Qatar erfahren hatte: 'Abd-Rabbu Saqr, der Leiter der Bildungsbehörde von Qatar, hatte einen Bericht über ihn geschrieben, in dem stand, er, Talal, habe eine Ba'athisten-Zelle unter den Lehrern aufgebaut. 'Abd-Rabbu Saqr hatte sich in die Schule eingeschleust, um die

Aktivitäten des Parteimitglieds Talal und anderer Lehrer der Behörde zu entlarven, deren Verträge zusammen mit dem von Talal gekündigt worden waren.

Als wir am Club ankamen, stieg Talal Shararah wütend aus. Er stürzte auf ʿAbd-Rabbu Saqr zu, der neben Taryam bin ʿUmran saß. Ich legte ihm beruhigend die Hand auf den Arm und bat ihn, sich ins Auto zu setzen; ich würde Taryam bin ʿUmran und ʿAbd-Rabbu Saqr holen. Dann könnten wir sie in sein Haus bringen und ʿAbd-Rabbu Saqr dort zu dem Thema befragen.

Als wir in den Hof von Talal Shararahs Haus einbogen, begann dieser, ʿAbd-Rabbu Saqr mit seinem Schuh zu schlagen. Obwohl Taryam und ich den Kampf beenden konnten, beschimpften sich die beiden weiter. Ich wollte von ʿAbd-Rabbu Saqr wissen, ob er die Zelle der Lehrer verraten hatte; er bestritt es. Dann fragte ich ihn: »Wie erklären Sie die Entlassung aller Mitglieder der Zelle außer Ihnen?« ʿAbd-Rabbu Saqr begann zu stottern und konnte mir keine Antwort geben. Daraufhin warf Talal Shararah ihn aus dem Haus.

Am Ende des Schuljahrs, Ende Mai 1960, verließen die Lehrer unsere Schule. Nur diejenigen mit lokalen Verträgen blieben zurück. Auch Talal Shararah ging; er erzählte mir, dass er seine Angelegenheiten in Qatar klären und in den Libanon zurückgehen werde. Talal gab mir seine Adresse im Libanon und ließ mir durch den Besitzer des Barbierladens, der sich vor dem Religionsgericht in Doha, Qatar, befand, ein Kodierungsverzeichnis zukommen, mit dessen Hilfe wir miteinander kommunizieren konnten.

Einer der Lehrer, der nach Qatar reiste, war ʿAbd-Rabbu Saqr. Von den Baʿathisten erfuhr ich, dass ʿAbd-Rabbu Saqr sich in

Qatar niederlassen und nicht nach Gaza reisen würde, weil er Angst hatte, dort ermordet zu werden.

Nach einigen Tagen erfuhr ich aus derselben Quelle, dass ein Lastwagen 'Abd-Rabbu Saqr auf dem Bürgersteig einer Straße in Doha überfahren habe. Da wurde ich zum ersten Mal misstrauisch.

Das Shuwaikh-Gymnasium

Nachdem ich die zweite Klasse der Qasimiyyah-Mittelschule abgeschlossen hatte, wurde entschieden, dass ich die dritte und vierte Klasse im Shuwaikh-Gymnasium in Kuwait absolvieren solle.

Seitdem ich in der Qasimiyyah-Schule war, und bis ich nach Kuwait zog, war ich immer Klassenbester gewesen. Ich nahm an allen Schulaktivitäten teil. Ich war der erste Ranger der zwei Pfadfindergruppen, der Kapitän des Fußballteams der Schule, und ich war bei allen Sportfesten dabei, bei denen ich immer an sechs Wettkämpfen teilnahm. Ich war Sieger im Hundertmeterlauf, Zweiter im Vierhundertmeterlauf, Zweiter im Achthundertmeterlauf, Zweiter im Hochsprung, Erster im Weitsprung und Sieger im Hürdenlauf.

Was die kulturellen Aktivitäten anbetraf, so gab ich eine wöchentliche Zeitschrift in arabischer Sprache namens *Al-Taqaddum* (Fortschritt) und eine englische Zeitung namens *Progress* heraus. Die Artikel der beiden Zeitungen schrieb ich selbst. Meine künstlerischen Aktivitäten bestanden darin, dass ich jedes Jahr zur Jahresausstellung ein Bild einreichte und ein innovatives Projekt vorstellte: Eines dieser Projekte befasste sich mit Bewässerungsmethoden, ein anderes mit der Ölförderung. Ich zeichnete auch Illustrationen für die Grundschule und das Gymnasium.

Als ich im September 1960 nach Kuwait zog, um das Shuwaikh-Gymnasium zu besuchen, wurden wir in Haus Nummer 12 einquartiert. Diese Information schickte ich nach Doha; ich gewann bald einen neuen Parteigenossen: 'Abdullah bin Salim al-'Umrani, der mit uns in eine Klasse ging. Auch die Ba'athisten-Zelle, die aus dem Schüler Sultan bin Muhammad al-Qasimi – dem Leiter der Zelle – dem Genossen Taryam bin 'Umran bin Taryam und dem Genossen 'Abdullah bin Salim al-'Umrani bestand, änderte ihren Standort. Eines Abends – wir waren gerade in Haus Nummer 12 angekommen – erhielten wir Besuch von einem Mann namens Muhammad al-Ramlawi, der zwei weitere Männer bei sich hatte. Als Muhammad al-Ramlawi nach 'Abdullah bin Muhammad al-Qasimi fragte, antwortete ich: »Ich bin Sultan bin Muhammad al-Qasimi.«

»Wir suchen deinen Bruder«, sagte er.

»Mein Bruder ist nicht hier«, entgegnete ich.

Dann fragte er nach Sultan bin Salim al-'Umrani.

Ich korrigierte ihn: »Sein Name ist 'Abdullah bin Salim al-'Umrani.«

Schließlich fragte er nach Taryam bin 'Umran.

Ich holte Taryam her, und er nahm ihn beiseite.

Nachdem er mit ihm gesprochen hatte, kehrten sie zu uns zurück und Taryam sagte zu ihm: »Das ist *Sultan* bin Muhammad al-Qasimi, und das ist *'Abdullah* bin Salim al-'Umrani.«

Nun wandte sich Muhammad Al-Ramlawi an uns: »Ich bin Mitglied der Ba'ath-Partei. Ich bin gekommen, um eure Angelegenheiten in Kuwait zu regeln, damit ihr unsere Treffen ohne

Probleme besuchen könnt. Die erste Versammlung ist am Donnerstagabend.«

An einem Donnerstagabend im September 1960 stiegen wir drei – Taryam bin 'Umran, 'Abdullah bin Salim al-'Umrani und ich – in ein Taxi, das am Vordertor des Shuwaikh-Gymnasiums stand. Der Taxifahrer ließ uns am Taxistand bei Safah aussteigen. Ein paar Schritte entfernt war ein Café, in dem wir Tee tranken und eine ganze Weile warteten. Dann stiegen wir in ein weiteres Taxi, das uns zum Hawli-Sommerkino in der Region Hawli brachte.

Wir setzten uns in das Restaurant des Kinos und bestellten etwas zu essen. Als der Kartenschalter öffnete, bildete sich rasch eine Schlange von Menschen, die Kinokarten kaufen wollten. Wir trennten uns, um nicht aufzufallen, und stellten uns an. Als sich der Erste von uns dem Eingang des Kinos näherte, verließen wir die Schlange und gingen zur anderen Seite des Kinos, die in völliger Dunkelheit lag. Dort sahen wir Muhammad al-Ramlawi; er wartete auf uns und begleitete uns durch die dunklen Straßen von Hawli zu einem Haus, in dem wir einen Iraker namens Muhammad Sa'id trafen. Er sagte, er sei gerade aus Brasilien zurückgekehrt.

Mehrere Wochen lang lebten wir so – in gespannter Erwartung und Furcht, maskiert und Täuschungsmanöver ausführend – bis eines Tages in einer Versammlung Vorwürfe gegen Jamal 'Abdel Nasser laut wurden. Als das geschah, geriet Taryam in Wut auf Muhammad Sa'id und fragte ihn: »Ist das Ihre persönliche Meinung oder die Meinung der Parteiführung?!«

Muhammad Sa'id antwortete: »Das ist die Meinung der Führungsriege.«

Taryam beschloss, nicht länger im Haus von Muhammad

Sa'id zu bleiben; Muhammad al-Ramlawi versuchte jedoch, ihn zurückzuhalten. Dank Taryams Entschiedenheit und unserer Unterstützung gelang es uns jedoch, das Haus zu verlassen und nach Kuwait-Stadt zurückzukehren.

Austritt aus der Ba'ath-Partei

Wir drei beschlossen, aus der Ba'ath-Partei auszutreten. 'Abdullah bin Salim al-'Umrani verließ die Schule und reiste nach Sharjah, nachdem er vom Tod seines Vaters erfahren hatte.

Taryam bin 'Umran begann, zusammen mit einer Gruppe, zu der auch sein Bruder 'Abdullah und Sa'id al-Sha'ir gehörten, jeden Donnerstag und Freitag seine Onkel im Bezirk Sha'biyyah in Ahmadi zu besuchen.

Was mich betraf: Ich wartete jeden Donnerstagabend vor dem Shuwaikh-Gymnasium auf das Taxi nach Kuwait-Stadt. Als ich mich eines Tages verspätete, lief ich an der Schulmauer entlang in die Stadt. Neben mir hielt ein Auto. Zwei Männer stiegen aus. Sie baten mich einzusteigen und mit Herrn Muhammad al-Ramlawi zu sprechen. Ich blickte mich um. Direkt vor mir lag die Industrieschule, auf der anderen Straßenseite befanden sich Schulgebäude, die durch zahlreiche Tamariskenbäume von der Straße getrennt waren. Hinter mir waren die Häuser der Lehrer, die im Shuwaikh-Gymnasium angestellt waren; die Gebäude standen ein Stück von der Mauer entfernt. Auf der Straße waren weder Fußgänger noch Autos zu sehen.

Muhammad al-Ramlawi rief: »Sultan, steig ein. Wir nehmen dich mit.«

»Ich warte auf meine Freunde«, entgegnete ich.

»Steig ein«, sagte er. »Ich will mit dir reden.«

Die Autotür war offen. Ich beugte mich hinein, um mit Muhammad al-Ramlawi zu sprechen. Hinter mir standen seine beiden Begleiter, die die Tür schließen wollten. Nachdem ich zu dem Schluss gekommen war, dass er gute Absichten hatte, stieg ich in das Auto. Seine Leibwächter saßen auf dem Rücksitz.

Wir unterhielten uns während der gesamten Fahrt von Shuwaikh nach Kuwait-Stadt, ohne einmal die Ba'ath-Partei zu erwähnen. Ich war entspannt – bis wir in der Stadt ankamen.

Das Auto bog nach rechts auf die Ringstraße ab.

»Wohin fahren wir?«, fragte ich.

Er antwortete: »Muhammad Sa'id will mit dir sprechen.«

Nun lag mein Schicksal in Gottes Hand.

Wir kamen in Hawli-Stadt an und gingen zum Haus von Muhammad Sa'id, der finster dreinblickte. Er überschüttete mich mit Spott und Verachtung, und warf mir vor, dass ich Taryam und 'Abdullah dazu gedrängt hätte, nicht mehr zu den Versammlungen zu gehen.

Dafür entschuldigte ich mich und versuchte, ihm unseren Austritt zu erklären, ohne das Thema Jamal 'Abdel Nasser anzuschneiden, aber ohne Erfolg. Es waren zwei Parteigenossen und die beiden Männer aus dem Auto anwesend. Die Nacht brach herein. Ich fürchtete, dass sie mich lebendig im Hof des Hauses begraben würden. Also versuchte ich, sie zu täuschen, und schwor bei meiner Ehre – denn das war ihr Schwur – ab nächsten Donnerstag wieder zu den Versammlungen zu kommen.

Dann bat ich um die Erlaubnis zu gehen. Muhammad al-Ramlawi wollte mich begleiten, aber – bei Gott – das würde er nicht tun!

Kaum hatten wir das Haus verlassen, rannte ich so schnell mich meine Beine trugen, damit mich niemand verfolgen konnte. Als ich am Hawli-Sommerkino ankam, winkte ich mir sofort ein Taxi heran, das mich zum Shuwaikh-Gymnasium brachte. In der folgenden Woche ging ich nicht zur Versammlung.

Mitte derselben Woche lief ich nach Kuwait-Stadt, um meine Schuhe reparieren zu lassen. Die Teufel aus der Ba'ath-Partei wussten, dass die Schüler unter der Woche – außer donnerstags und freitags – nicht ausgehen durften. Ich nahm ein Taxi vom Tor des Shuwaikh-Gymnasiums und stieg bei Safah aus. Dort fragte ich nach dem Geschäft, das Schuhe und Sandalen reparierte, und erhielt zur Antwort, es liege am Ende des Gharabally-Marktes, in Richtung Salihiyya.

Auf dem Markt stieß ich mit Muhammad al-Ramlawi zusammen.

»*Al-salamu 'alaikum*«, grüßte ich.

»*Wa 'alaikum al-salam* …«, antwortete er. »Wohin gehst du?«

»Ich lasse meine Schuhe reparieren.«

»Ich komme mit«, sagte er.

»Das ist nicht nötig.«

»Du hast uns letzten Donnerstag warten lassen. Du bist nicht gekommen. Du hast bei deiner Ehre geschworen, dass du kommst.«

»Hör zu, Muhammad al-Ramlawi«, erwiderte ich, »sag Muhammad Sa'id, dass ich keiner Organisation angehören will, die die Arabische Union verspottet, wegen der wir der Ba'ath-Partei überhaupt erst beigetreten sind. Ich werde kein Mitglied einer Partei sein, die Jamal 'Abdel Nasser beschimpft, der das Symbol dieser Union ist. Wir werden diese Beleidigungen nicht tolerieren.«

Sein Ton wurde eindringlicher: »Sultan, bei Gott, um Himmels willen. Ich habe Angst um dich. Diese Leute …«

»Was?« Auch ich wurde nachdrücklich. »Bei Gott, ich werde euch kriegen, bevor ihr mich kriegt. Siehst du diesen Polizisten da?«, fragte ich und deutete auf einen Verkehrspolizisten. »Wenn ich will, kann ich alle Zellen der Ba'ath-Partei in Kuwait, Qatar und Sharjah ausräuchern lassen. Ich habe eine Familie, die mich schützt, aber ihr …«

Er fiel mir ins Wort und sagte mit drohender Stimme, »Denk an 'Abd-Rabbu Saqr! Lass uns das vergessen und Freunde bleiben«, fügte er hinzu.

»Gott möge euch alle verfluchen«, sagte ich wütend und ging fort. Ich konnte nicht glauben, was ich gerade gehört hatte.

Am darauffolgenden Abend stieg ich mit einem meiner Freunde ins Auto, um nach Kuwait-Stadt zu fahren. Ich bat den Fahrer, mich im Mirqab-Viertel herauszulassen, wo ich einen Freund von mir – Rashid bin 'Ali bin Dimas – treffen wollte. Er stammte aus Sharjah und arbeitete in Kuwait. Ich wollte mit ihm zu dem Geschäft gehen, in dem meine Schuhe repariert wurden.

Das Haus von Rashid bin Dimas war verschlossen, also setzte ich mich in das Somalis-Café vor seinem Haus, um ihn zu sehen, wenn er zurückkäme. Eine lange Zeit verging. Bei Sonnenuntergang sah ich in der Menschenmenge im Café einen Mann, der wie Muhammad Al-Ramlawi aussah. Ich bekam Angst und sagte mir, dass ich den Platz verlassen müsse. Ich ging zur Shamlan-Moschee auf dem 'Abdullah al-Mubarak-Platz.

Die Straße zur Moschee war breit und asphaltiert. Rechts der Straße erstreckte sich freies Feld, wo einige Häuser abgerissen worden waren. Ich lief an den Häusern entlang, die noch erhalten waren, als plötzlich eine Stimme vor mir rief: »Vorsicht! Pass auf!«

Ich drehte mich um. Ein Auto fuhr mit hohem Tempo geradewegs auf mich zu. Ich sprang auf die Überreste einiger alter Mauern, und das Auto fuhr vorbei, ohne mich zu streifen. Der Ägypter, der mich gewarnt hatte, bemerkte: »Das Auto hatte kein Kennzeichen.« Nun hatte ich riesige Angst.

Nachdem ich mein Abendgebet in der Shamlan-Moschee verrichtet hatte, traf ich Rashid bin Dimas und ging mit ihm meine Schuhe abholen. Danach kehrten wir zu Rashids Haus zurück, wo ich übernachtete.

Ich verlasse die Schule und Kuwait

Am Freitagmorgen, dem 23. Dezember 1960, ging ich mit Rashid bin Dimas zum Shuwaikh-Gymnasium. Ich packte meine Koffer und kehrte mit Rashid bin Dimas zu seinem Haus zurück, in dem ich auch die folgende Nacht verbrachte.

Am nächsten Tag ging ich mit Rashid bin Dimas ins Kultusministerium, wo ich meinen Reisepass erhielt. In dieser Nacht konnte ich kein Auge zutun, denn ich wartete voller Anspannung darauf, Kuwait am nächsten Morgen verlassen zu können. Ich betete zu Gott:

> *Oh Herr, mindere mein Leid und sei gnädig;*
> *der junge Mann ist voller Reue.*
> *Was habe ich in meinem Leben getan, dass der Traum*
> *sich in ein Trugbild verwandelt hat?*
> *Wo habe ich meine Tage und meine Jugend verbracht?*

(Ich sage zu mir selbst:) Frag nicht! Ich habe sie verloren.
Oh mein Herr, vergib mir und tadle mich nicht;
Ich habe die Richtung verloren.
Wie viele wissen nichts von dir, führen ein frevelhaftes Leben,
und erwachen dann?
Wir kehren alle zu dir zurück.

Am Sonntagmorgen, dem 25. Dezember 1960, nahm ich ein Flugzeug von Kuwait nach Dhahran in Saudi-Arabien. Ich blieb ein paar Wochen in der Stadt Khobar und besuchte meine Schwester ʿAlia, ihren Ehemann Shaikh Salim bin Sultan al-Qasimi – einen Ingenieur, der bei der Bahn in Dammam arbeitete – und ihre Kinder. Dann kehrte ich nach Sharjah zurück.

10

Lehrer in der Handelsschule von Sharjah

Als ich im Februar 1961 aus Saudi-Arabien zurückkehrte, stellte ich fest, dass auch meine Cousins, Shaikh Khalid und Shaikh Muhammad – die Söhne meines Onkels, des verstorbenen Shaikh Sultan al-Qasimi, wieder in Sharjah waren. Der Disput zwischen ihnen und ihrem Bruder Shaikh Saqr bin Sultan al-Qasimi, dem Herrscher von Sharjah, war beigelegt, und sie wurden von Geschäften in Anspruch genommen, die sie weit von den Problemen der Regierung entfernten.

Eines Tages bat mich Shaikh Muhammad bin Sultan al-Qasimi, ihn bei einer geschäftlichen Transaktion zu unterstützen – aber ich lehnte ab. Am nächsten Tag erhielt ich Besuch von Shaikh Khalid bin Sultan al-Qasimi. Er bot mir eine Position auf dem Flughafen von Sharjah an, aber ich lehnte auch dieses Angebot ab. Zwei Tage nach seinem Besuch kam er erneut zu mir, um mir eine Stellung als Lehrer in der Handelsschule von Sharjah anzubieten. Dieses Mal nahm ich an.

»Lass uns gehen«, sagte er.

»Jetzt?«, fragte ich.

»Ja. Der Schuldirektor, Mr. John Taylor, wartet auf uns!«

Shaikh Khalid brachte mich zur Handelsschule, wo wir uns mit Mr. Taylor trafen, der ein Mann mit untadeligen Manieren war. Nachdem wir mit ihm gesprochen hatten, sagte Mr. Taylor zu Shaikh Khalid: »Lassen Sie Sultan bei uns. Wir werden ihn nach Hause bringen, wann immer er will.«

Als Shaikh Khalid gegangen war, eröffnete mir Mr. Taylor: »Betrachten Sie sich ab dem Ersten des Monats als angestellt.«

Ich begann, Englisch und Mathematik in der Schule zu unterrichten. Jeden Morgen kam Mr. Taylor im Klassenraum vorbei, um mich zu begrüßen. Er stand da und hörte mir zu, wie ich den Schülern die Lektionen erklärte. Zwischendurch blätterte er in meinen Lehrmaterialien, um zu sehen, was gerade unterrichtet wurde. Dann ging er wieder.

Eines Tages, als er sich meine Notizen ansah, bemerkte ich den Ausdruck großer Überraschung auf seinem Gesicht. Einige Seiten des Buches waren zerknittert und eingerissen, und eine Flüssigkeit hatte die Schrift verwischt.

»Was ist das?«, fragte er.

Ich bedeutete ihm, aus dem Zimmer zu gehen.

Draußen erzählte ich ihm, was geschehen war: »Als ich die Haustür verschloss, legte ich das Buch mit den Unterrichtsmaterialien kurz auf die Bank neben der Tür. In dem Moment kam eine Ziege und schnappte sich das Buch. Ich rannte ihr hinterher. Sie hatte das Buch im Maul und lief damit von einer Straße zur nächsten, bis sie zum Haus ihrer Besitzer kam. Die Haustür war offen, also sprang die Ziege hinein. Ich blieb an der Tür stehen und rief: ›Ergreifen Sie die Ziege!‹

›Was wollen Sie?‹, fragte die Dame des Hauses erstaunt.

Die Ziege stand mitten im Innenhof. Sie sah mich an und

kaute an meinen Lehrnotizen, wackelte mit dem Kopf und freute sich diebisch. Ich machte einen Satz auf die Ziege zu, drückte sie zu Boden und zwang sie, ihr Maul zu öffnen, damit ich ihr mein Buch entreißen konnte.« Mr. Taylor lachte herzlich über die Geschichte.

Ich arbeitete zweieinhalb Jahre in der Schule, von Februar 1961 bis September 1963. In dieser Zeit kam es in Sharjah zu bedeutenden Ereignissen.

Der Tod meines Vaters

Mitte März 1962 beschlossen meine Schwester Na'ima und ich, zwei Tage in Ra's al-Khaimah zu verbringen. Wir reisten mit einer Gruppe von Frauen. Kaum waren wir in Ra's al-Khaimah, da erfasste mich ein seltsames Gefühl, das mich bewog, meinen Vater aufzusuchen. Ich informierte meine Schwester: »Ich fahre zurück nach Sharjah.«

»Wir haben ausgemacht, dass wir heute in Ra's al-Khaimah bleiben und morgen zurückfahren«, entgegnete sie.

»Du bleibst mit dem Fahrer hier«, bestimmte ich. »Ich nehme ein Taxi nach Sharjah.«

»Warum?«, fragte sie mich.

»Ich weiß es nicht!«, antwortete ich.

Im Taxi musste ich die ganze Zeit an meinen Vater denken. Als wir das Zentrum von Jazirat al-Hamra passierten, erhielt der Fahrer die Nachricht, dass Shaikh Saqr bin Sultan al-Qasimi, der Herrscher von Sharjah, gerade auf dem Weg nach Ra's al-Khaimah war, als ein Auto, das von dort kam, ihn mitten in Jazirat al-Hamra gestoppt hatte. Danach war er sofort nach Sharjah zurückgekehrt. Niemand wusste, was Shaikh Saqr bin Sultan al-Qasimi erfahren hatte.

Ich sagte mir, dass etwas Ernstes geschehen sein musste. Als wir in Sharjah ankamen, betrachtete ich die Geschäfte am Rolla-Baum; ich wusste, wenn sie offen waren, konnte ich mich erleichtert fühlen – aber wenn sie geschlossen waren, bedeutete das, dass eine bedeutende Person gestorben war. Alle Geschäfte waren geschlossen.

Ich bat den Taxifahrer: »Lassen Sie mich hier aussteigen.«

Dann lief ich zu unserem Haus. Es war still und dunkel. Als ich das Zimmer meines Vaters betrat, bemerkte ich sofort, dass das Bett, in dem er sich aufzuhalten pflegte, leer war. Da vergrub ich mein Gesicht in den Bezügen und weinte.

Mein Vater war seit seinem Gehirnschlag im Februar 1959 halbseitig gelähmt. Im November 1959 hatte er einen zweiten Infarkt bekommen und war unverzüglich nach Bahrain gebracht worden. Von dort hatte man ihn nach Bombay transportiert, wo er sich wieder erholt hatte.

Mein Vater war an diesem Morgen gestorben. Er wurde beerdigt, während ich weit entfernt war. Er starb im Alter von 54 Jahren.

Shaikh Saqr bin Sultan al-Qasimi, der Herrscher von Sharjah, und seine Brüder

Bei der Rückkehr von seiner Europareise am Donnerstag, dem 6. September 1962 fand Shaikh Saqr bin Sultan al-Qasimi heraus, dass seine Brüder eine Verschwörung gegen ihn planten.

Am Montag, dem 10. September 1962, ordnete Shaikh Saqr

bin Sultan al-Qasimi daher die Verhaftung seiner Brüder an – nur Ahmad blieb verschont; er war noch zu jung. An diesem Abend verhaftete die Polizei Shaikh Khalid bin Sultan, Shaikh 'Abdullah bin Sultan und Shaikh Su'ud bin Sultan.

In derselben Nacht trafen Shaikh Muhammad bin Sultan und sein Bruder Shaikh Salim bin Sultan aus Dubai in Sharjah ein. Als Shaikh Muhammad bin Sultan sein Haus von Polizisten umstellt vorfand, kehrte er mit seinem Bruder nach Dubai zurück.

Mitten in der Nacht wurde Shaikh 'Abdullah bin Sultan al-Qasimi aus der Haft entlassen. Shaikh Khalid und Shaikh Su'ud hingegen blieben bis zum Morgen im Gefängnis; dann wurden sie mit dem Flugzeug nach Qatar deportiert.

Die Vereinigung von Ägypten, Syrien und dem Irak

Am Mittwoch, dem 17. April 1963, unterzeichneten die Republik Irak und die Vereinigten Arabischen Staaten (Ägypten und Syrien) ein Abkommen, nach dem die drei Staaten miteinander vereint werden sollten. Die gesamte arabische Welt war außer sich vor Freude. In den Emiraten wurde die Begeisterung jedoch bald von den darauffolgenden Ereignissen getrübt.

Am Donnerstagabend, dem 18. April 1963 – dem Tag nach der Unterzeichnung des Dreierabkommens – fand in Ra's al-Khaimah ein Fest anlässlich der Hochzeit des Herrschersohnes Shaikh Khalid bin Saqr bin Muhammad al-Qasimi statt. Auch ich nahm daran teil: Meine Tante Shaikha Mira bint Muhammad al-Suwaidi, die Witwe von Shaikh Sultan bin Saqr al-Qasimi und Großmutter des Bräutigams, hatte mich gebeten, sie und eine

Gruppe von Frauen in meinem Auto zur Hochzeitsfeier nach Ra's al-Khaimah zu bringen.

Vor der Festung von Ra's al-Khaimah hatte man eine einfache Bühne aus Palmzweigen aufgebaut. Hier traten Sänger und traditionelle Musikgruppen auf. An diesem Abend sang auch Herr Ibrahim Shuma, der Musiklehrer der Qasimiyyah-Schule in Sharjah. Die meisten Lieder waren patriotischer Natur; ein neues Stück handelte von der Stadt Kairo und ihrem berühmten Turm Al-Jazira. Das Lied begann mit den Worten:

Auf dem Turm Al-Jazira,
O Herr, wie bezaubernd ist es da!

Auf dem Weg nach Ra's al-Khaimah stand nicht weit vom Friedhof »Jazirat al-Hamra« ein Turm, der Al-Jazira-Turm genannt wurde. Von seiner Spitze konnte man die Stadt Ra's al-Khaimah sehen. Obwohl es in dem Lied um den Turm in Kairo ging, glaubten die Leute, dass Herr Ibrahim Shuma über Ra's al-Khaimah sang, und schenkten ihm viel Geld.

Wegen dieses Liedes wurde Shaikh Saqr bin Muhammad al-Qasimi, der Herrscher von Ra's al-Khaimah, später von A. J. M. Craig, dem britischen Regierungsvertreter, scharf zurechtgewiesen. Die Briten sahen die Vereinigung damals als einen weiteren Schritt zur Stärkung der Position Ägyptens unter Jamal 'Abdel Nasser an – der das mächtige Symbol des neuen arabischen Nationalismus war.

Am Abend des dritten Tages nach der Unterzeichnung des Dreierabkommens, am Freitag, dem 19. April 1963, als Shaikh Saqr bin Sultan al-Qasimi, der Herrscher von Sharjah, außer

Landes war, ging ich aus, um eine große Demonstration zur Unterstützung des Dreierabkommens zu leiten. Ich führte die Teilnehmer zum Fußballstadion, das zwischen dem Kulturclub und der Taxistation, also ganz in der Nähe des Grenzzaunes zum Flughafen von Sharjah lag. An der Demonstration für die Vereinigung von Ägypten, Syrien und dem Irak nahmen alte und junge Leute sowie Frauen und Kinder teil. Unter den Frauen war auch eine ältere Dame namens Amina bint 'Ali, die auch als »Manuh Hara'iq« bekannt war. Auf ihrer Brust trug sie ein Bild von Jamal 'Abdel Nasser. Sie tat das nicht zum ersten Mal. Wenn die englischen Soldaten auf den Markt gingen, lief sie mit dem Bild des ägyptischen Präsidenten auf der Brust zu ihnen hin und forderte sie auf, »Nasser« zu grüßen.

An diesem Abend bat sie eine Person, die an dem Demonstrationszug vorbeiging, Jamal 'Abdel Nasser zu grüßen. Doch statt ihn zu grüßen, spuckte die Person auf das Bild. Manuh Hara'iq schrie: »Ergreift ihn! Verprügelt ihn! Er hat das Bild von 'Abdel Nasser angespuckt!«

Eine Gruppe von Demonstranten rannte dem Mann hinterher. Er stieg jedoch in eine weiße Limousine, die vor dem Zaun des Flughafens parkte, und verriegelte die Türen. Die Demonstranten begannen, das Auto hin- und herzuschaukeln, bis sie es umgekippt hatten und es auf dem Dach lag. Jemand öffnete den Tank des Wagens, und das Benzin ergoss sich auf dem Boden. Er zündete es an, und das Auto begann zu brennen. Vom Flughafen eilte ein Löschfahrzeug herbei und die Feuerwehrmänner richteten ihre Schläuche auf die Limousine. Aber die Demonstranten bewarfen das Feuerwehrauto mit Steinen und zwangen es, sich zu entfernen. Nachdem der Brand gelöscht war, blieb nur noch die Metallkarosse des Wagens übrig. Den Körper des Mannes fanden wir nicht; er war offenbar geflohen, bevor die Leute das Auto anzündeten.

Am nächsten Tag, dem 20. April 1963, wartete mein Bruder, Shaikh 'Abdul 'Aziz bin Muhammad al-Qasimi, bei meiner Rückkehr aus der Handelsschule von Sharjah in seiner Militäruniform vor meinem Haus. Er war Offizier der Trucial Oman Scouts und gekommen, um mich davor zu warnen, noch mehr Demonstrationen zu veranstalten.

Er informierte mich, dass die Soldaten der Trucial Oman Scouts im ganzen Land stationiert waren und den Befehl erhalten hatten, jeden Aufruhr zu verhindern. Da ich für diesen Nachmittag eine weitere Demonstration vorbereitet hatte, ging ich zu dem Ort, wo sich die Teilnehmer versammelt hatten. Ich hielt sie auf und erklärte ihnen, dass die Engländer Gewalt anwenden würden, um die Kundgebung zu stoppen.

Um mich herum riefen die Leute: »Hast du Angst? Wir nicht. Sollen sie doch machen, was sie wollen!«

Ich machte ihnen klar, dass unter uns Frauen, Kinder und alte Menschen waren. Wir wollten keine Konfrontation hervorrufen, sondern nur unsere Freude über das Dreierabkommen zeigen.

Nachdem die Demonstranten sich zerstreut hatten, rezitierte ich folgende Verse:

Mein Land, wenn die Zeit dir zusetzt
Oder wenn die Besatzer dich bekämpfen wollen
Ich wünsche dir Frieden
Mein Land, wir haben viele Jahre so gelebt
Jahre, die ein flammendes Feuer erzeugten

Unser Gehorsam gegenüber den Besatzern ist keine Ergebenheit
Unser Schweigen kein Respekt
Sondern die Furcht vor Gewalt
Wir sind wie die Holzsammler in der Nacht, die die Dunkelheit verdammen
Wie Witwen voller Trauer
Wie alte Menschen, die Trümmer in den Händen halten
Das Baby kriecht zur Brust seiner Mutter
Von ihrem Gesicht ziehen sie den Schleier
Mein Land, wenn die Zeit dir zusetzt, dann sage
Frieden … Frieden … Frieden.

Ein paar Tage später, am Abend des 23. April, fand in der Jungenschule in Dubai, die östlich des Nationalkinos lag, ein Fest statt, um die Bekanntgabe des Einigungsabkommens zu feiern. Dabei wurden auch einige politische Reden gehalten. Als das Fest vorüber war, verließen die Schüler ihre Schule und marschierten zum Nationalkino. Dann versammelten sie sich auf dem Platz vor dem Kino. Dort wurden sie von einer kleinen Gruppe Iraner angegriffen. Niemand wusste warum. Vielleicht aufgrund der angespannten Beziehungen zwischen Nasser in Ägypten und dem Schah des Iran. Ein Schüler wurde getötet, viele andere verwundet.

Am nächsten Abend fuhr ich nach Schulschluss nach Dubai, um herauszufinden, was am vorherigen Tag geschehen war. Ich traf mich mit Herrn Batti bin Bishr, der mir von den Ereignissen berichtete.

Er erzählte: »Vor dem Hauptquartier der Polizei von Dubai versammelten sich Menschenmassen, die Drohungen ausriefen und Rache forderten. Die Drohungen richteten sich gegen den britischen Vorgesetzten der Dubaier Polizei, der die Person, die des Mordes beschuldigt war, festgenommen hatte. Sie forderten, er solle ihnen den Mann übergeben, damit sie ihn töten könnten. Die Demonstration löste sich erst auf, als Herr Saif bin Ahmad al-Ghurair – ein Kaufmann aus Dubai, der der Kundgebung beiwohnte – eingriff.

Er sprach mit den wütenden Menschen, und sie hörten auf seinen Rat.«

Herr Batti fuhr fort: »Man erzählt sich, dass Saif bin Ahmad al-Ghurair an diesem Morgen am Begräbnis des Schülers teilnahm und bei der Bestattung des Toten half. Nach der Beisetzung hob er seine Hände und betete mit lauter Stimme für den Verstorbenen.«

Die Menge zerstreute sich, und der Beschuldigte blieb in polizeilichem Gewahrsam. Später wurde er vor Gericht gestellt und für schuldig erklärt. Die Mutter des ermordeten Mannes durfte entscheiden, ob ihr Sohn gerächt werden oder der Verurteilte *diyyah* (Blutgeld/Schadensersatz) zahlen sollte. Er wurde schließlich zu lebenslanger Haft verurteilt.

Während wir uns noch unterhielten, traf eine weitere Gruppe von Demonstranten ein. Herr Batti bin Bishr und ich schlossen uns ihnen an und liefen zum Hauptquartier der Polizei von Dubai. Bevor wir allerdings dort ankamen, stellte sich den Demonstranten eine Gruppe Polizisten entgegen und versperrte ihnen den Weg.

Herr Thani bin ʿAbdullah Abu Qafl, eine bekannte Persönlichkeit in Dubai, versuchte, die Protestanten zu beruhigen. Aber die Leute begannen, die Polizisten anzurempeln und brachten sie dazu, ihre Schlagstöcke zu benutzen. Danach verstreuten sich die Demonstranten; nur eine kleine Gruppe blieb übrig, die weiterhin schrie und Drohungen rief. Auch Batti bin Bishr und ich waren dabei. Einige Polizisten verfolgten uns, bis wir am Haus von Khalifa bin Sultan al-Habtur ankamen; dort löste sich die Gruppe auf. Batti bin Bishr und ich liefen die schmale Gasse herunter, die zum Deira-Markt führte, aber mitten auf der Gasse wurden wir von einem Polizisten angehalten, einem Mann namens Ahmad Hadid.

Ahmad Hadid war von schmächtiger Statur und begann, mit Batti bin Bishr zu streiten, der sehr groß und kräftig war. Im Verlauf der Auseinandersetzung fiel der *'iqal* (die Kopfschnur) des Polizisten herunter. Batti bin Bishr drückte ihn mir in die Hand und begann, auf Ahmad Hadid einzuschlagen.

Ich trennte die beiden miteinander Kämpfenden und lief mit Batti bin Bishr weiter die Gasse entlang, bis wir ans Ufer der Bucht von Dubai kamen. Dort trafen wir auf Thani bin 'Abdullah Abu Qafl und eine kleine Truppe der Dubaier Polizei. Die Polizisten bezogen rechts von uns Stellung; zu unserer Linken versammelte sich eine weitere Polizeitruppe. Dann griffen sie uns an. Alles, was wir tun konnten, war, in ein leeres Fährboot zu springen, das Herr Batti bin Bishr in die Mitte der Bucht ruderte.

Die Begeisterung für die Vereinigte Arabische Republik, die mit der Unterzeichnung des Dreierabkommens aufkam, war unbeschreiblich. Es waren nicht nur die Studenten und Bürger, die Jamal 'Abdel Nasser unterstützten. Die Flagge der Vereinigten Arabischen Republik flatterte auch an Taxis, Gebäuden und Fährbooten, die die Bucht von Dubai kreuzten, sowie an den Schiffen, die dort vor Anker lagen. Die ausländischen Taxifahrer, die Belutschen auf den Booten und die Pakistani auf den Handelsschiffen riefen: »Nasser … Nasser …«

Die Engländer wussten, dass alle Nasser unterstützten.

Beinverletzung

Ich war im Fußballteam der Qasimiyyah-Schule gewesen. Einmal spielte das Sharjah-Team gegen ein englisches Team vom Flughafen, und einer der Spieler des Sharjah-Teams fehlte. Da es keine Reservespieler gab, wurde ich gebeten einzuspringen. Damals war ich fünfzehn Jahre alt. Ich spielte bis 1960 in diesem Team; dann reiste ich nach Kuwait, um dort meine Studien weiterzuführen.

Als ich 1961 aus Kuwait zurückkehrte, gründete ich das *Ittifaq*-Team. Es blieb zwei Jahre bestehen, bis ich es auflöste, weil die meisten Spieler Ausländer waren. Anfang 1963 gründete ich den *al-Sha'b*-Club (Volksclub). Bei einem der Spiele des Clubs brach ich mir das Schienbein und konnte nicht mehr spielen.

Kündigung bei der Handelsschule von Sharjah und Wiederaufnahme des Studiums

Ende Mai 1963 – nach dem Ende des Schuljahrs in der Handelsschule – reiste ich nach Kairo. Von dort fuhr ich nach Alexandria, um Dr. Muhammad 'Abdullah, einen osteopathischen Arzt, zu treffen, dem ich von meinem Bein erzählte. Nach einer Röntgenuntersuchung der Fraktur sagte er mir, dass eine Behandlung unnötig sei, da der Knochen bereits wieder verheilt war.

Also kehrte ich nach Kairo zurück. Dort musste ich dann tatsächlich ins Krankenhaus gehen, um mir den Blinddarm entfernen zu lassen.

Als ich im Sommer 1963 meine ehemaligen Klassenkameraden in Kairo traf, hatten die bereits ihr erstes Studienjahr an der Universität Kairo absolviert. In mir stiegen Erinnerungen auf. Wir waren zehn Jahre lang in dieselbe Klasse gegangen. Sie schlugen mir vor, bei ihnen in Kairo zu bleiben und mein Studium an der Polizeischule weiterzuführen, die ein Studienprogramm für Studenten aus dem Osten anbot; ich könnte mit einem mittleren Diplom einsteigen. Ich versprach meinen Freunden, mich ihnen anzuschließen, aber erst, nachdem ich das Abitur gemacht hätte. (Als ich 1960 nach Kuwait gegangen war, hatte ich die Abiturprüfungen nicht vollständig abgelegt und das Land aufgrund meiner lebensbedrohlichen Erfahrungen mit den Mitgliedern der dortigen Baʿath-Partei nur wenige Monate später wieder verlassen.)

Nach meiner Rückkehr nach Sharjah schickte ich meine Kündigung an den Direktor der Handelsschule und stellvertretenden britischen Politoffizier in Dubai, Mr. Michael Burton. Er hatte die Leitung der Handelsschule von Sharjah am Ende des vorigen Schuljahrs übernommen, als der damalige Direktor nach einer Operation in England behandelt werden musste.

Ich legte dem Kuwaiter Büro in Dubai mein Zertifikat vor, um im dortigen Gymnasium die dritte Klasse mit dem Spezialfach Wissenschaft zu belegen. Die dritte und vierte Klasse mit den Spezialgebieten Wissenschaft und Geisteswissenschaften war zwischen dem Gymnasium von Dubai und der Qasimiyyah-Schule in Sharjah aufgeteilt; die Wissenschaftsklassen wurden in

Dubai, die geisteswissenschaftlichen Klassen in Sharjah unterrichtet.

Es dauerte nur einige Tage, bis der stellvertretende britische Politoffizier Mr. Burton mich bat, ihn in der britischen Politresidenz in Dubai aufzusuchen.

Als ich Mr. Burton traf, war er sehr freundlich zu mir. Er bat mich, meine Kündigung zu überdenken und zur Handelsschule zurückzugehen, um dort weiter zu unterrichten.

Ich erklärte ihm: »Ich besuche das Gymnasium von Dubai, um meine Ausbildung fortzusetzen.«

»Wir bieten Ihnen ein Stipendium, mit dem Sie in England studieren können«, entgegnete er.

Ich antwortete: »Es wurden schon so viele Versprechen gemacht und nicht eingehalten!«

Er brauste auf: »Soll das heißen, wir sind Lügner?«

»Interpretieren Sie das, wie sie wollen«, ewiderte ich.

Er sagte: »Bevor Sie nach Ägypten gegangen sind, waren Sie höflich und kultiviert. So hat Mr. Taylor Sie mir jedenfalls beschrieben. Aber seit Sie Ihrer Rückkehr aus Ägypten sind Sie sehr unhöflich.«

Ich konterte: »Wenn Ehrlichkeit unhöflich ist, soll Gott mich noch ehrlicher machen.«

Darauf sagte er nur: »Ich verbiete Ihnen zu kündigen.«

»Sie können mich nicht einmal davon abhalten, Ihr Büro zu verlassen!«

11

Der arabische Nationalismus erfasst Sharjah

Ende der 1950er- und Anfang der 1960er-Jahre hatte die Welle des arabischen Nationalismus – und damit der Einfluss des ägyptischen Staatspräsidenten Nasser – die gesamte arabische Welt und auch die Golfregion erfasst. In Sharjah und Dubai wurde der arabische Nationalismus von verschiedenen gesellschaftlichen Gruppen unterstützt: der allgemeinen Öffentlichkeit, den Studenten, Kaufleuten sowie vielen bedeutenden Persönlichkeiten aus Sharjah und Dubai. Die Welle erfasste auch die Regierung von Sharjah, die von Shaikh Saqr bin Sultan al-Qasimi, dem Herrscher, repräsentiert wurde.

Ein Theaterstück: Zionistische Agenten

Ende 1963, als Student am Gymnasium von Dubai, leitete ich immer noch den Kulturclub von Sharjah. Während ich im Sommer 1963 in Ägypten war, wurde im Club eine Holzbühne errichtet. Im August 1963 wurde das erste Theaterstück aufgeführt; im September desselben Jahres wurde ein weiteres Stück gespielt – inszeniert von dem irakischen Regisseur Wathiq al-Samara'i. Ich verfasste ein Theaterstück namens *Zionistische Agenten*, das ich selbst einstudierte, und in dem ich die zwei Hauptrollen spielte. Das Schauspiel wurde Ende 1963 aufgeführt.

Der Innenhof des Clubs, in dem die Bühne stand, war voller Gäste; in der ersten Reihe neben der Bühne saß Mr. Michael Burton, der stellvertretende britische Politoffizier in Dubai und Leiter der Handelsschule von Sharjah. Er saß neben ʻUbaid bin Yaʻqub, dem Transportleiter der Schule, den ich zusammen mit Mr. Burton zur Vorstellung eingeladen hatte.

Im letzten Akt des Theaterstückes gab es eine Szene, in der Moshe Dayan, der in den 1950er-Jahren israelischer Generalstabschef war, auf der Bühne erschien. Ich spielte die Rolle von Dayan, der mit dem britischen Außenministerium in London sprach. Die Konversation zwischen Moshe Dayan (MD) und dem britischen Außenministerium (BAM) verlief wie folgt:

MD (am Telefon): Hallo … Hallo … London, das Außenministerium!
BAM (am Telefon): Hallo … Hallo … Wer spricht da?
MD: Hier ist Moshe Dayan. Die Araber haben uns angegriffen. Helfen Sie uns! Greifen Sie ein! Halten Sie sie auf!
BAM: Wir können nichts tun. Die Araber sind jetzt vereinigt und mächtig. Einzugreifen würde nicht unseren Interessen in der Region entsprechen.

Dann legte Moshe Dayan auf, ging zum Rand der Bühne und ließ seine Beine über die Holzbretter baumeln. Er richtete sich an Mr. Michael Burton, den stellvertretenden britischen Politoffizier in Dubai, der direkt vor ihm saß. »Sie haben uns geschaffen, und Sie haben uns zu Handlangern Ihrer Interessen gemacht. Wir fühlten uns wohl in den Ländern, in denen wir lebten, aber Sie haben uns zusammengetrieben und zum Werkzeug Ihrer Aggressionen gemacht.«

Der stellvertretende britische Politoffizier fand es unerhört, dass diese Rede ihm gelten sollte – am nächsten Tag forderte er Shaikh Saqr bin Sultan al-Qasimi auf, den Kulturclub zu schließen. Weil die Engländer mit Nachdruck darauf bestanden, erklärte der Shaikh sich schließlich einverstanden.

Die Gesandtschaft der Arabischen Liga

Im Frühjahr 1964 rief die arabische Presse eine Kampagne ins Leben, die sich gegen die Einwanderung von Iranern in die Golf-Emirate richtete, da diese eine Bedrohung der arabischen Identität darstellten. Nachdem er die Region im Sommer 1964 besucht hatte, verfasste Badr Khalid, der Botschafter des Außenministeriums von Kuwait, einen Bericht über die Region. Er beleuchtete die Angelegenheit aus einer realistischen Perspektive und erklärte das dringende Bedürfnis der Region nach Hilfe und Unterstützung.

Im Oktober 1964 gab 'Abdul Khaliq Hassuna, der Generalsekretär der Arabischen Liga, bekannt, dass er eine Gesandtschaft anführen werde, um zwischen den Golfstaaten und der Arabischen Liga formelle Beziehungen aufzubauen und nach Möglichkeiten zu suchen, die arabische Identität zu bewahren. Er sollte am 28. Oktober 1964 in der Golfregion eintreffen.

Eine Woche lang wurden in Sharjah Flaggen gehisst und Gewölbebögen aufgestellt. An diesem Tag war das bunt dekorierte

Dubai wunderschön anzusehen. Die Arbeiten dauerten bis Sonnenaufgang, kurz bevor die Delegation eintreffen sollte. Auch andere Emirate schmückten ihre Städte und Dörfer.

Am Morgen des 28. Oktober versammelten sich etwa 3.000 Bürger aus Dubai und anderen Emiraten sowie viele Ausländer am Flughafen der Stadt.

Das Flugzeug, in dem 'Abdul Khaliq Hassuna saß, kam genau um zehn Uhr an. Er verließ mit seiner Delegation die Maschine. Seine Begleiter waren Sayyid Nufal, der stellvertretende Generalsekretär der Arabischen Liga sowie Vertreter der Liga aus Saudi-Arabien, Kuwait und dem Irak. Sie wurden von Shaikh Rashid bin Sa'id al-Maktum, dem Herrscher von Dubai, empfangen. Die Menschenmassen schoben und drängelten, und die Polizei musste eingreifen, um die Delegation zu schützen. Nachdem sie eine Erfrischung im Flughafen zu sich genommen hatten, begaben sich die Mitglieder der Gesandtschaft zu ihrem Hotel in Dubai.

Es gab eine kleine Demonstration von etwa 20 Personen, die den Besuch der Delegation befürworteten. Die Demonstranten wurden von der Dubaier Polizei begleitet und versammelten sich vor dem Hotel, in dem die Besucher wohnten. Bald waren es über hundert Menschen. Da sich einige schlecht benahmen, führten die Polizisten die Demonstranten zu einem offenen Bereich in der Nähe des Hotels, wo sich mehrere Geschäfte befanden, die jedoch geschlossen waren. Auf Befehl der Briten zerstreuten sie die Demonstranten mit Schlagstöcken, diese wiederum bewarfen die Polizisten mit Steinen. Vielleicht konnten die Mitglieder der Delegation nicht sehen, was hinter dem Hotel geschah, aber sie sahen die Autos voller jementischer Arbeiter und ein paar Studenten, die aus Sharjah gekommen waren und riefen: »Sieg für Jamal 'Abdel Nasser!« und: »Nieder mit dem Imperialismus!« Während der zwei Tage, die die Delegation in Dubai verbrachte, wurde sie mit Banketten und Tee-Partys geehrt, die Shaikh Rashid bin Sa'id al-Maktum, der Herrscher von Dubai, das Kuwaiter Büro in Dubai und die Stadtverwaltung für sie veranstalteten. Schließlich war die Delegation auch bei Shaikh Ahmad bin 'Ali Al Thani, dem Herrscher von Qatar, zu Gast.

Am 30. Oktober 1964 besuchte die Gesandtschaft Sharjah, wo die Trucial Oman Scouts in der gesamten Stadt aufmarschierten. Viele Bürger fuhren mit ihren Fahrzeugen nach Dubai, um sich dem Festzug anzuschließen, der den Besuchern folgte. Ich lief mit einer Gruppe von Demonstranten zum Rand der Stadt, um mich dem Korso anzuschließen.

Dort stellte ich mich auf eines der Autos, die zum Eingang des Gästehauses fuhren, wo die *majlis* von Shaikh Saqr bin Sultan al-Qasimi, dem Herrscher von Sharjah, lag, und sprach durch ein Megafon zu den Massen.

Vor dem Gästehaus hatten sich Schüler und Studenten versammelt, die von ihren Lehrern angewiesen wurden, zu jubeln und Fahnen zu schwenken. Der Platz vor dem Gästehaus und der Festung war voller Menschen aus Sharjah. Unter ihnen waren Araber aus aller Herren Länder sowie einige belutschische und iranische Arbeiter.

Die Delegation hielt ein Treffen mit Shaikh Saqr bin Sultan al-Qasimi ab, bei dem sie über die benötigte Unterstützung sprachen. Shaikh Saqr erwähnte, dass der saudische Vertreter der Arabischen Liga, der Mitglied der Delegation war, ihm eine Einladung von König Faisal bin 'Abdul-'Aziz Al Su'ud überbracht hatte, in der er gebeten wurde, das Königreich Saudi-Arabien zu besuchen – er nahm die Einladung an.

Nach den Gesprächen fuhr die Delegation zu dem Haus, das für sie vorbereitet worden war. Das Gebäude hieß Hassuna-Haus und lag in der Nähe des Rolla-Baumes.

Nach einer kurzen Erholungspause für die Gäste ging Shaikh Saqr bin Sultan al-Qasimi zum Hassuna-Haus und brachte die Delegation zum Freitagsgebet in die neue Moschee, die von ʿAli bin ʿAbdullah al ʿUwais erbaut worden war. Die Moschee befand sich vor der Handelsschule von Sharjah. Nach Beendigung der Gebete bot Shaikh Saqr der Delegation ein Mittagessen an; danach ruhten die Besucher sich im Hassuna-Haus aus. Anschließend gab die Stadtverwaltung von Sharjah eine Tee-Party.

Abends veranstaltete Shaikh Saqr bin Sultan zunächst ein großes Bankett für die Delegation, zu dem er alle Würdenträger der Region einlud. Nach dem Abendessen – als die Besucher sich von den anderen Gästen des Banketts verabschiedet hatten – fand ein geschlossenes Treffen zwischen den Mitgliedern der Arabischen Liga und Shaikh Saqr statt. Spät in der Nacht begleitete Shaikh Saqr seine Gäste zum Hassuna-Haus, wo sie die Nacht verbrachten.

Am Samstagmorgen, dem 31. Oktober 1964, fuhr die Delegation der Arabischen Liga nach ʿAjman, wo sie von Shaikh Rashid bin Humaid al-Nuʿaimi, dem Herrscher von ʿAjman, und zahlreichen Bürgern empfangen wurde, die den Iran lautstark beschimpften. Generalsekretär ʿAbdul Khaliq Hassuna sprach mit Shaikh Rashid und bat ihn, seinen Bürgern zu sagen, dass sie keine anderen Länder beleidigen sollten, da alle Staaten Freunde der Arabischen Liga seien. Von ʿAjman fuhren die Besucher direkt nach Dubai, wo sie sich für die nächsten Tage einquartierten und in den Emiraten Umm al-Quwain, Ra's al-Khaimah und Fudschaira vorsprachen. Am 4. November 1964 reisten sie vom Dubaier Flughafen aus zurück.

Die Delegation hatte mit den Herrschern der Emirate vereinbart, eine technische Gesandtschaft in die Region zu schicken, die ihre Bedürfnisse nach erforderlichen Projekten untersuchen sollte.

Technische Unterstützung durch die Araber

Mitte November 1964 verließ Shaikh Saqr bin Sultan al-Qasimi Sharjah und reiste auf Einladung von König Faisal bin 'Abdul-'Aziz, dem König von Saudi-Arabien, nach Riadh. Während des Treffens sprach König Faisal über ein Projekt zum Bau einer Straße, das vom Königreich Saudi-Arabien finanziert werden sollte.

Als Shaikh Saqr bin Sultan al-Qasimi aus Riadh zurückkehrte, konsultierte er den britischen Politoffizier in Dubai, H. Glen Balfour-Paul, und sprach mit ihm über die Vereinbarung, nach der König Faisal von Saudi-Arabien oder die Arabische Liga Entwicklungsprojekte in den Küstenemiraten finanzieren würden. Balfour-Paul war nur wenige Tage, bevor die Delegation der Arabischen Liga eingetroffen war, zum britischen Politoffizier in Dubai ernannt worden. Er ersetzte James Craig, der die Position von Balfour-Paul in der britischen Botschaft in Beirut übernommen hatte.

Die Antwort von Frank Brenchley, dem Leiter der Arabischen Abteilung im britischen Außenministerium, lautete:

> Ich empfehle, die Diskussion mit Sir William Luce [dem britischen Regierungsvertreter im Golf, dessen Hauptsitz sich in Bahrain befand] zu führen das Ministerium muss dem Herrscher von Sharjah die besprochenen Antworten durch Mr. Balfour-Paul zukommen lassen. Diese sollten grundsätzlich von Sir William Luce befürwortet werden und wie folgt lauten:
>
> a) Für die Saudis: Die Regierung Ihrer Britannischen Majestät begrüßt grundsätzlich die Bereitstellung finanzieller Hilfe für den Straßenfonds, der vom Trucial States Council (dem Gremium des befriedeten Oman) verwaltet wird. Das Angebot soll bei der nächsten Versammlung des Rates diskutiert werden.
>
> b) Für die Arabische Liga: Der Trucial States Council wird in naher Zukunft nach den besten Möglichkeiten für den Einsatz und die Verwaltung der finanziellen Unterstützungen bezüglich der Entwicklungspläne suchen, die die Arabische Liga unterbreitet.

Am 17. Dezember 1964 traf die technische Gesandtschaft der Arabischen Liga am Flughafen von Sharjah ein. An diesem Tag herrschte ein Sturm, und es fiel heftiger Regen. Auf ihrem Weg vom Flughafen zum Oasis-Hotel in Dubai sah die Gesandtschaft die Not, in der die Einwohner der Emirate lebten. Ihre Autos steckten immer wieder im Schlamm fest, und das Fahrzeug, das ihr Gepäck transportierte, kam erst 24 Stunden nach Verlassen des Flughafens im Hotel an.

Die technische Gesandtschaft der Arabischen Liga bestand aus:

- Dr. Muhammad Salim – Leiter der Mission, aus der Vereinigten Arabischen Republik, Präsident des Industrieverbandes;
- 'Ali Fahmi al-Kashif – zuständig für Wasserfragen, aus der Vereinigten Arabischen Republik, Technischer Direktor der Allgemeinen Gesellschaft für Forschung und Grundwasser;
- Isma'il Muhammad 'Abdul-'Al – zuständig für Landwirtschaft, aus der Vereinigten Arabischen Republik;
- Ghaith Khair al-Din al-Zarkali – zuständig für das Gesundheitswesen, aus dem Königreich Saudi-Arabien;
- Muhammad Yusuf al-Rumi – zuständig für den Straßenbau, aus Kuwait;
- Ahmad 'Azab Karim – ebenfalls zuständig für den Straßenbau, aus der Vereinigten Arabischen Republik;
- Muhammad 'Abdul-Ghani al-Khuli – zuständig für Stromfragen, aus der Vereinigten Arabischen Republik;
- 'Abdul-Hamid al-Bakir – zuständig für Bildungsfragen, aus dem Irak;
- Dr. Ahmad Sa'id – zuständig für Wirtschaftsfragen, aus der Vereinigten Arabischen Republik;
- Muhammad Sa'd al-Din – zuständig für Handelsfragen, aus der Vereinigten Arabischen Republik.

Am nächsten Tag, dem 18. Dezember 1964, besuchte die technische Gesandtschaft der Arabischen Liga Shaikh Saqr bin Sultan al-Qasimi und aß mit ihm zu Abend. Zu dem Treffen waren wiederum zahlreiche Würdenträger eingeladen. Auch Mr. Balfour-

Paul, der britische Politoffizier von Dubai, nahm teil. Nach dem Abendessen sprach er in der *majlis* von Shaikh Saqr bin Sultan al-Qasimi mit Dr. Muhammad Salim, dem Leiter der technischen Gesandtschaft. Danach sandte er einen Brief an den britischen Regierungsvertreter im Golf, Sir William Luce, in dem er schrieb: »Ich sagte zu Dr. Muhammad Salim, den ich bereits von der Arabischen Erdöl-Konferenz kannte, die vor kurzem in Beirut stattfand, dass wir hoffen, die Arabische Liga – insofern es ihr ernst sei, die Entwicklung der Emirate zu unterstützen – werde das Geld an den Zentralen Entwicklungsfonds zahlen, der vom Trucial States Council verwaltet wird. Falls sie dies nicht tut, besteht das Risiko, dass die Pläne des Rates und unsere Pläne – ganz abgesehen von den Plänen des Kuwaiter Amtes – behindert werden.«

In seinem Brief an Sir William Luce schrieb Mr. Balfour-Paul, er habe auch von Muhammad Salim erfahren, dass die Arabische Liga andere Vorstellungen habe. Ihr Beitrag werde von einem Amt verwaltet, das dem Technischen Hilfsfonds der Vereinten Nationen ähnlich sei. Das bedeute, die Arabische Liga könne den Emiraten und Projekten ihre Unterstützung direkt, und nicht unbedingt durch den Zentralen Entwicklungsfonds, zukommen lassen. Er erwähnte auch, dass 'Abdul Khaliq Hassuna ihm zugesichert habe, beim Treffen der arabischen Premierminister der Arabischen Liga – das am 9. Januar 1965 stattfinden werde – eine Summe von 6 Millionen Pfund-Sterling anzufordern.

Die technische Gesandtschaft reiste vier Tage lang durch die Emirate. Das Wichtigste, was die Mitglieder der Mission – mit großem Nachdruck – feststellten, war die Notwendigkeit, eine gute Straße für die Regenperioden zu bauen, die Wasserressourcen zu untersuchen und eine Bodenanalyse durchzuführen.

Am 27. Januar 1965 fand in Dubai ein Treffen zwischen Shaikh Saqr bin Sultan al-Qasimi, dem Herrscher von Sharjah, und Mr. Balfour-Paul, dem britischen Politoffizier, statt. Mr. Balfour-Paul war zwei Tage zuvor aus Bahrain angereist, wo er sich mit Sir William Luce getroffen hatte, der ihn autorisiert hatte, vorbehaltlos mit Shaikh Saqr zu sprechen und jegliche Mittel und Methoden anzuwenden, ihn politisch unter Druck zu setzen und unter Kontrolle zu bringen. Die Engländer waren sehr bemüht, alle politischen Entwicklungen in der Golfregion unter Kontrolle zu behalten, darunter auch die neu entstehenden Beziehungen zwischen den einzelnen Emiraten und den arabischen Staaten. Eine direkte Unterstützung der Arabischen Liga für Sharjah und andere Emirate würde ihre Oberhoheit schwächen.

Mr. Balfour-Paul warnte Shaikh Saqr ein letztes Mal:

> »Haben Sie das Abkommen, das Sie mit der Regierung Ihrer Majestät unterzeichneten, als Sie die Macht übernahmen und die Konditionen anerkannten, eingehalten oder nicht? Falls Sie loyal waren, sollten Sie Ihr Verhalten erklären; falls nicht, sollten Sie nicht erwarten, dass die Regierung Ihrer Britannischen Majestät schweigen und ruhig zusehen wird.«

Die Antwort von Shaikh Saqr lautete, dass er keine Fonds habe, um sein unterentwickeltes Land zu entfalten, und daher jede Unterstützung annehmen müsse, die ihm angeboten werde – egal von wem.

Anfang Februar 1965 beschloss die Arabische Liga mehrere Resolutionen, die Folgendes zusicherten:

- Die Gründung eines Fonds für die Liga, der durch freiwillige Beiträge der arabischen Staaten inklusive der Emirate der Golfregion finanziert wird. Das Geld soll den Küstenemiraten zukommen, um ihnen Dienstleistungen zur Verfügung zu stellen.
- Die Förderungen sollen nicht durch finanzielle Beiträge, sondern durch die Bereitstellung von Technikern und Experten erfolgen.
- Die Gründung eines ständigen Komitees der Arabischen Liga, das die Fördermittel für die Emirate ermisst und verwaltet. Dieses Komitee wird vom Generalsekretär der Liga geleitet; seine Mitglieder werden aus den beteiligten Staaten und Emiraten ausgewählt.
- Der Generalsekretär der Arabischen Liga wird die Resolutionen im Jahresbericht an die Könige und Staatsführer bekanntgeben.

Die saudische Delegation lehnte diese Resolutionen ab und erklärte in einer Stellungnahme, warum sie den Beschlüssen des Rates nicht zustimmen könne. Dabei betonte sie, dass jedes der Emirate den Vereinbarungen schriftlich zustimmen müsse. Dies wurde auch vom kuwaitischen Minister Badr al-Khalid ausgedrückt.

Arabisch-britische Rivalität in der Golfregion

Die Teilnehmer des Treffens der Arabischen Liga beschlossen, Dr. Sayyid Nufal, den stellvertretenden Generalsekretär der Arabischen Liga, in die Emirate zu senden, um die schriftliche Zustimmung von jedem Herrscher einzeln einzuholen.

Die britischen Behörden in der Golfregion beeilten sich, einen alternativen Fonds zu dem der Arabischen Liga zu gründen.

Bei dem Treffen des Trucial States Council am 1. März 1965 beschlossen die Herrscher, ein Entwicklungsamt der befriedeten Staaten und einen eigenen Fonds zu gründen. Sie beschlossen auch, alle Stifter zu bitten, ihre Entwicklungshilfen über diesen Fonds zu senden.

Shaikh Saqr, der Herrscher von Sharjah, zog die Aufmerksamkeit der Anwesenden mit Neuigkeiten aus Beirut auf sich, nach denen Dr. Sayyid Nufal, der stellvertretende Generalsekretär der Arabischen Liga, in einer Woche mit finanziellen Fördermitteln in Höhe von etwa eineinhalb Millionen Pfund-Sterling eintreffen werde. Man habe ihm versichert, die Arabische Liga sei bestrebt, den Herrschern die Verantwortung für die Verwaltung des Fonds zu übertragen.

Alle Parteien wünschten den Aufbau eines gemeinsamen Fonds, da alle Herrscher Vertreter in den Ämtern haben würden. Dabei würden sie die Unterstützung von professionellen Experten erhalten.

Badr al-Khalid, der persönliche Repräsentant des Herrschers von Kuwait im Golf-Komitee der Arabischen Liga – dass 1964 infolge des Gesandtschaftsberichtes gegründet worden war – sagte: »Die Arabische Liga mit Hauptsitz in Kairo hat beschlossen, die Küstenemirate in den nächsten fünf Jahren mit fünf Millionen Pfund-Sterling zu unterstützen, und wird den Herrschern diesen Beschluss wahrscheinlich schriftlich zusenden, um ihre Zustimmung einzuholen.«

Am 10. Mai 1965 kam Dr. Sayyid Nufal, der stellvertretende Generalsekretär der Arabischen Liga, nach Dubai. 24 Stunden später traf der britische Staatsminister des Außenministeriums, George Thomson, in Dubai ein.

Dr. Sayyid Nufal verschwendete keine Zeit. Er behauptete, ihm stehe eine Summe von 900.000 £ zur Verfügung. Er erklärte, dass weitere 250.000 £ aus Kuwait, eine ähnliche Summe aus dem Irak sowie 400.000 £ aus der Vereinigten Arabischen Republik an die Emirate fließen würden.

Am folgenden Morgen, dem 11. Mai 1965, besuchte Dr. Sayyid Nufal Shaikh Saqr bin Sultan al-Qasimi, den Herrscher von Sharjah, in seiner *majlis* in Sharjah. Nach einer langen Diskussion ging dieser mit folgender Mitteilung zum Generalsekretär der Arabischen Liga:

> In Bestätigung des Gespräches, das am heutigen Tag zwischen mir und Dr. Sayyid Nufal, dem stellvertretenden Generalsekretär der Arabischen Liga, stattgefunden hat, möchte ich der Arabischen Liga meine tiefe Dankbarkeit für die Entwicklungspläne ausdrücken, die sie aufgestellt hat. Ich begrüße den sofortigen Beginn ihrer Umsetzung. Ich möchte auch meinen Dank für die Vereinbarungen zur Einrichtung eines Amtes [der Arabischen Liga] für das Emirat von Sharjah ausdrücken.

Am Morgen des 12. Mai 1965 fuhr Shaikh Saqr bin Sultan al-Qasimi nach Dubai, um an einem Treffen teilzunehmen, das der britische Politoffizier in Dubai zwischen dem britischen Minister, George Thomson, und den Herrschern der Küstenemirate arrangiert hatte. Jeder Herrscher sollte einzeln mit ihm sprechen. Die Gespräche fanden in der britischen Verwaltungsstelle in Dubai statt. Der Herrscher von Fudschaira konnte nicht anwesend sein, da er sich auf der *Hajj*-Pilgerfahrt befand.

Der britische Minister konzentrierte sich in den Gesprächen auf Themen, die sowohl für den britischen Regierungsvertreter im Golf, Sir William Luce, als auch für den britischen Politoffizier in Dubai von großer Bedeutung waren:

- Die Regierung Ihrer Majestät wird weiterhin in der Golfregion stationiert sein und ihre Vereinbarungen und Obligationen gegenüber den Herrschern aufrechterhalten.
- Der steigende Druck und die Feindseligkeit gegenüber unserer Position und den Herrschern machen es notwendig, dass die Herrscher miteinander und mit uns zusammenarbeiten. Die Ägypter und Irakis werden jegliche Differenzen zum Nachteil aller Parteien ausnutzen. Außerdem ist die Regierung Ihrer Majestät bestrebt, diese Differenzen zu überwinden und Wege zu finden, miteinander zu kooperieren.
- Die Herrscher müssen zugunsten der Resolutionen, die der Trucial States Council beim ersten Treffen im März beschlossen hat, einmütig auftreten. Sie müssen darauf bestehen, dass alle externen Fördermittel durch den Kanal des Entwicklungsfonds der Emirate fließen werden.

Bei den Gesprächen legte der Herrscher von Ra's al-Khaimah, der sich anschließend mit Mr. Nufal treffen sollte, ein eher zurückhaltendes und reserviertes Verhalten an den Tag. Der Herrscher von Sharjah, der nicht äußerte, was er mit Mr. Nufal vereinbart hatte, schien darüber unglücklich zu sein und zeigte sich sehr ernst.

An diesem Abend besuchte Sayyid Nufal zuerst Shaikh Rashid bin Humaid al-Nu'aimi, den Herrscher von 'Ajman, dann Shaikh Ahmad bin Rashid al-Mu'allah, den Herrscher von Umm al-Quwain, und schließlich Shaikh Saqr bin Muhammad al-Qasimi, den Herrscher von Ra's al-Khaimah.

Bei dem Treffen mit Shaikh Rashid bin Humaid al-Nu'aimi, dem Herrscher von 'Ajman, drängte Sayyid Nufal den Shaikh, ihm einen ähnlichen Brief auszuhändigen wie es Shaikh Saqr bin Sultan al-Qasimi getan hatte.

Shaikh Rashid bin Humaid al-Nu'aimi erklärte jedoch, dass die Herrscher sich geeinigt hatten, einen Fonds für den Entwicklungsrat zu gründen, in den alle Spenden für die Emirate fließen würden.

Als Mr. Nufal auf einem Schreiben bestand, gab der Herrscher von 'Ajman ihm einen Brief. Nur der letzte Satz unterschied sich von Shaikh Saqrs Brief: Er betraf die Eröffnung eines Amtes für die Arabische Liga.

Shaikh Ahmad bin Rashid al-Mu'allah, der Herrscher von Umm al-Quwain, übergab folgenden Brief, der an den Generalsekretär der Arabischen Liga adressiert war:

> Ich freue mich, eine Botschaft an Eure Exzellenz zu senden, mit der ich die Unterstützung begrüße, die die Mitglieder der Arabischen Liga uns und unseren Brüdern im Küsten-Oman gewähren wollen. Wir danken Ihrer Exzellenz für die Sympathie und Aufmerksamkeit, die Sie uns entgegenbringen und bitten Gott, Ihnen und uns Erfolg zu verleihen.

Shaikh Saqr bin Muhammad al-Qasimi, der Herrscher von Ra's al-Khaimah, schrieb:

> Heute besuchte uns Seine Exzellenz Dr. Nufal, und wir sind sehr erfreut über das, was er uns sagte. In Bestätigung unseres Gespräches freue ich mich, Ihre Exzellenz darüber zu informieren, dass wir Ihre Bemühungen, dieser Region der arabischen Welt zu helfen, sehr begrüßen. Wir erklären unsere Zustimmung zur Eröffnung eines Amtes der Arabischen Liga in Ra's al-Khaimah. Als bescheidenes Geschenk an die Arabische Liga stellen wir Ihnen gern eines unserer neuen Gebäude in der Oman-Straße zur Verfügung. Wir hoffen, es wird Ihren Vorstellungen für die Einrichtung Ihres Amtes in unserem Emirat entsprechen.

Die Briten im Zorn auf den Herrscher von Sharjah

Der britische Staatsminister nahm die Einladung von Shaikh Saqr bin Sultan al-Qasimi, dem Herrscher von Sharjah, an, der ihm anbot, am folgenden Tag, dem 13. Mai 1965, gemeinsam Tee zu trinken. Der Minister hatte entschieden, eine Konfrontation mit Shaikh Saqr bis dahin zu vermeiden.

Während der Tee-Party, die Shaikh Saqr in der allgemeinen *majlis* in seinem Gästehaus in Sharjah veranstaltete, fand ein Treffen zwischen Shaikh Saqr und George Thomson, dem britischen Staatsminister, statt.

Neben dem britischen Minister nahmen auch Sir William Luce, der britische Regierungsvertreter im Golf, und Mr. Balfour-Paul, der britische Politoffizier in Dubai, an dem Treffen teil; letzterer übernahm die Übersetzung des Gespräches zwischen dem Herrscher und dem britischen Minister.

Mr. Thomson sagte: »Ich habe Sie schon einmal davor gewarnt, mit der Arabischen Liga zusammenzuarbeiten. Sie haben mich darüber informiert, dass Sie diese Kooperation unterstützen und damit einverstanden sind, ein Amt der Arabischen Liga in Sharjah zu eröffnen. Ich möchte heute nochmals mit Ihnen über diese Angelegenheit sprechen – in offizieller Funktion. Ich möchte Sie fragen, ob Sie Dr. Sayyid Nufal einen Brief überreicht haben, in dem Sie den Plänen der Arabischen Liga zustimmen?«

Der Herrscher antwortete: »Ja. Ich gab ihm einen Brief, in dem ich der Zusammenarbeit mit der Arabischen Liga zustimme, und das ist endgültig.«

Mr. Thomson sprach weiter: »Der Vertrag, der zwischen Ihnen und den Briten abgeschlossen wurde, untersagt Ihnen – unter Beachtung der Außenpolitik –, direkt mit ausländischen Parteien in Kontakt zu treten. Dies ist Ihnen nur über den britischen Regierungsvertreter im Golf erlaubt. Wie Sie wissen, sind unsere Interessen auch Ihre Interessen, und diese Interessen müssen gewahrt werden.«

Der Herrscher entgegnete: »Wir sind hungrig und durstig. Die Hungrigen akzeptieren Angebote aus jedem Land, das ihnen Hilfe anbietet.«

Der Staatsminister erwiderte: »Das fällt nicht unter Ihre Befugnisse.«

Der Herrscher sagte: »Die Gesandtschaft der Arabischen Liga war vor sechs Monaten hier. Warum haben Sie damals nicht protestiert?«

Mr. Thomson antwortete: »Wir sind auf Ihre Interessen bedacht.«

»Sind Sie auf *unsere* oder auf *Ihre* Interessen bedacht?«, fragte der Herrscher.

Mr. Thomson antwortete: »Lassen Sie uns wieder zum Thema kommen. Bestehen Sie auf der Position, die Sie im Hinblick auf die Arabische Liga zum Ausdruck gebracht haben?«

»Meine Entscheidung ist endgültig«, bestätigte der Herrscher.

Mr. Thomson wiederholte: »Sie widerspricht dem Vertrag, den Sie mit uns abgeschlossen haben.«

Daraufhin erwiderte der Herrscher: »Ich bin nicht der Erste, der bereit ist, mit der Arabischen Liga zu kooperieren. Ich bitte darum, dass Großbritannien sich nicht nur auf seine unmittelbaren Interessen beschränkt, sondern auch die Zukunft in Betracht zieht. Ansonsten wird es zu Problemen kommen, wie wir sie in Aden oder Bahrain gesehen haben.«

Mr. Thomson insistierte weiter: »Haben Sie sich nicht einverstanden erklärt, während Ihrer Herrschaft keinen Kontakt mit einer ausländischen Regierung aufzunehmen, ohne vorher unseren Regierungsverteter zu konsultieren?«

»Ich habe gelobt, dass ich vor allem anderen die Interessen meines Landes wahren werde.«

»Aber Sie sind an den Vertrag gebunden. Er besagt, dass Großbritannien Ihre Außenpolitik führt.«

»Dieser Vertrag ist nicht gerecht, denn er wurde zwischen einer starken und einer schwachen Partei abgeschlossen und muss nochmals überprüft werden.«

Mr. Thomson blieb dabei: »Wir bestehen darauf, dass in der Region kein Büro der Arabischen Liga eröffnet wird.«

Der Herrscher entgegnete: »In der Region gibt es Ämter von nichtarabischen Staaten, und auch Kuwait besitzt eine Niederlassung.«

»Die Kuwaiter Niederlassung ist ein altes Problem«, sagte Mr. Thomson und fügte hinzu: »Ich bitte Sie, ausführlich darüber nachzudenken. Dies ist eine sehr riskante Angelegenheit.«

Der Herrscher erwiderte: »Im Moment denke ich nicht lange darüber nach, was riskant ist oder nicht: Meine Sorge gilt der Entwicklung meines Landes.«

»Sie haben den Resolutionen des Trucial States Council zugestimmt, diese unterzeichnet und bei dem Treffen am 1. März vereinbart, dass jegliche Unterstützung von außen durch den Kanal des Trucial States Development Fund fließen muss.«

»Betrachten Sie dies als null und nichtig.«

Dieser Aussage folgte ein langes Schweigen, und der britische Minister sah sich im Raum um. Dann nahm er das Gespräch wieder auf.

»Sie leben in einem wunderschönen Haus mit allem Komfort.«

Der Herrscher winkte unwillig ab. »Ich bin nicht an diesem Haus interessiert. Es ist mir wirklich egal, ob es schön oder hässlich ist. Das Einzige, was ich verhindern will, ist, dass die Leute meine Kinder verfluchen, wenn ich abgetreten bin.«

»Wir geben jedes Jahr Millionen für die Hunderttausend Einwohner der Emirate aus«, gab Mr. Thomson zu bedenken.

Der Herrscher fragte: »Sprechen Sie über die Summen, die Sie der Armee oder den Trucial Oman Scouts zahlen?«

»Die Trucial Oman Scouts wurden erstens zum Schutz des Herrschers und zweitens zum Schutz der Ölleitungen gegründet«, rechtfertigte der Minister die Zahlungen.

Der Herrscher sagte: »Es gibt nichts, wofür ich der britischen Regierung im Laufe der Jahre zu danken hätte.«

Der Außenminister entgegnete: »Ich bitte Sie zum dritten Mal, die Angelegenheit zu überdenken. Wir wollen nicht, dass eine Niederlassung der Arabischen Liga eröffnet wird.«

»Ich kann meine Zustimmung nicht zurücknehmen. Sie können machen, was Sie wollen – auch unter Anwendung von Gewalt. Ich möchte Sie daran erinnern, dass ein britischer Abgeordneter kürzlich im britischen Parlament sagte: ›Die Emirate sind unabhängig und für ihre Handlungen selbst verantwortlich. Wir tragen keine Verantwortung dafür, wenn sie in ihrer Entwicklung versagen.‹«

Mr. Thomson erwiderte: »Ich war derjenige, der das sagte. Aber ich äußerte auch, dass sie nur in Hinsicht auf ihre Innenpolitik unabhängig sind. Ihre Außen- und Verteidigungspolitik werden von Großbritannien kontrolliert. Ich muss darauf bestehen, dass hier keine Niederlassung der Arabischen Liga eröffnet wird.«

»Weder ich noch irgendein anderer arabischer Herrscher kann die Arabische Liga davon abhalten, an die Küste zu kommen. Wir können ihre brüderliche Hilfe nicht ablehnen – Sie erlauben doch auch, dass Großbritannien oder andere nichtarabische Staaten uns finanziell unterstützen.«

»Sie erhalten Hilfe aus allen Quellen; Sie können auch Unterstützung aus Russland, China oder von anderen Staaten annehmen. Aber wir werden es nicht gestatten, dass eine Niederlassung der Arabischen Liga eröffnet wird. Wir werden dies mit aller Macht verhindern.«

»Großbritanniens Freundschaft ist wie ein Messer im Rücken

und stellt sich unserem Fortschritt in den Weg. Außerdem: Warum hat Großbritannien beschlossen, ein Entwicklungsamt zu eröffnen? Wenn dies aus Liebe geschieht, warum erst jetzt? Wenn der Grund Furcht ist – die Araber sind unsere Brüder, und wir werden ihre Hilfe nicht ablehnen.«

»Ich danke Ihnen für Ihre Offenheit. Aber eröffnen Sie die Niederlassung der Arabischen Liga noch nicht. Ich werde die Angelegenheit mit dem Premierminister besprechen.«

Damit beendete der britische Außenminister das Gespräch.

Über einen Monat lang setzten die britischen Behörden alles in Bewegung, um die Meinung von Shaikh Saqr bin Sultan al-Qasimi zu ändern. Sie versuchten ihn davon zu überzeugen, seinen Brief an Sayyid Nufal, den Assistenten des Generalsekretärs der Arabischen Liga, zurückzuziehen und ihn dazu zu bewegen, ein neues Schreiben zu schicken, in dem er erklären sollte, dass er die Hilfe der Arabischen Liga annehme, vorausgesetzt, die Beiträge der Mitgliedsstaaten der Arabischen Liga gingen an den Trucial States Development Fund.

Aber Shaikh Saqr bin Sultan al-Qasimi hatte alle Brücken abgebrochen und blieb bei seiner Entscheidung.

Absetzung von Shaikh Saqr und Einsetzung meines Bruders Shaikh Khalid

Am 24. Juni 1965 verließ Shaikh Saqr bin Sultan al-Qasimi, der Herrscher von Sharjah, um zehn Uhr morgens die Festung, um zur britischen Politbehörde in Dubai zu fahren. Dort wollte er sich mit dem britischen Politoffizier, Mr. Balfour-Paul, treffen, der ihn darum gebeten hatte, ihn in seinem Büro aufzusuchen.

Auf dem Weg nach Dubai passierte der Korso von Shaikh Sultan al-Qasimi den Nahda-Hügel. Niemand bemerkte die Gruppe von Arbeitern, die dort Müll aufsammelte. Es waren Soldaten der omanischen Küstenwache, die den Auftrag hatten, die britische Politbehörde in Dubai darüber zu informieren, dass Shaikh Saqr bin Sultan al-Qasimi unterwegs war.

In der britischen Politbehörde wurde Shaikh Saqr al-Qasimi von Mr. Balfour-Paul empfangen und in dessen Büro gebracht. Einen Moment später betraten zwei britische Offiziere das Büro des Politoffiziers. Einer bezog rechts von Shaikh Saqr, der andere links von ihm Position. Mr. Balfour-Paul präsentierte ein Dokument, das von den Mitgliedern der Qasimi-Familie in Sharjah unterzeichnet war. Das Dokument bekundete ihren Wunsch, dass Shaikh Saqr abtreten und Shaikh Khalid bin Muhammad al-Qasimi als neuer Herrscher von Sharjah eingesetzt werden sollte.

Shaikh Saqr protestierte, das Dokument sei gefälscht und sein Inhalt unwahr. Aber Mr. Balfour-Paul gab ihm keine Möglichkeit, seinen Satz zu beenden. Er unterbrach ihn: »Auf Wunsch des neuen Herrschers, Shaikh Khalid bin Muhammad al-Qasimi, des Herrschers von Sharjah, fordere ich Sie auf, Sharjah unverzüglich zu verlassen.«

Shaikh Saqr wurde von den zwei britischen Offizieren zur Hintertür der Politbehörde geführt und in ein Auto – einen Austin – gesetzt. Dort saß er zwischen den beiden Offizieren. Das Auto wurde von zwei Land Rovern eskortiert, in denen Männer der omanischen Küstenwache saßen. Der Konvoi fuhr zum Flughafen von Sharjah. Im Militärbereich des Flughafens wurde er in eine Maschine der britischen Luftwaffe gesetzt und nach Bahrain geflogen.

Der Flughafen von Sharjah gestattete dem nächsten Flugzeug aus Kuwait nicht zu landen. An Bord befand sich der Sohn des abgelösten Shaikhs, Shaikh Sultan bin Saqr bin Sultan al-Qasimi, der nach Kairo gereist war, um drei Experten der Arabischen Liga abzuholen und nach Sharjah zu begleiten. Sie hatten den Auftrag, die erste Niederlassung der Arabischen Liga in Sharjah aufzubauen. Die Spezialisten sollten am 24. Juni 1965 auf dem Flughafen von Sharjah eintreffen, aber das Flugzeug, in dem die Delegation saß, wurde von Sharjah nach Doha, Qatar, umgeleitet. Dort wurden die Delegation und Sultan bin Saqr al-Qasimi abgesetzt.

In Sharjah riegelten die Trucial Oman Scouts die Festung ab. 'Abdullah bin Sultan, der Bruder von Shaikh Saqr bin Sultan, und Khalid bin Saqr bin Muhammad al-Qasimi, der Sohn des Herrschers von Ra's al-Khaimah, waren zum Fort geeilt, als sie gehört hatten, dass Shaikh Saqr bin Sultan al-Qasimi abgesetzt worden war. Sie und auch die bewaffneten Soldaten der Festung wurden aus dem Gebäude gebracht.

Um drei Uhr nachmittags wurde Shaikh Khalid bin Muhammad al-Qasimi, der Herrscher von Sharjah, unter dem Schutz der Trucial Oman Scouts (TOS), aus dem Hauptsitz der TOS in Sharjah zum Gästehaus gebracht, das als allgemeine *majlis* diente. Dort nahm er am Abend die Glückwünsche zu seinem Amtsantritt entgegen.

Am 25. Juni 1965 traf folgender Brief ein:

Von Sir William Luce, Regierungsvertreter Ihrer Majestät, Bahrain

An Seine Exzellenz, Shaikh Khalid bin Muhammad al-Qasimi, den Herrscher von Sharjah, Sharjah

Sehr geehrter Sir,
ich wurde von der Regierung Ihrer Majestät der Königin von Großbritannien autorisiert, Sie darüber zu informieren, dass die Regierung Sie offiziell als Herrscher von Sharjah anerkennt, und dass Sie in dieser Funktion alle Pflichten als Herrscher erfüllen werden, die in den Vereinbarungen zwischen der Regierung und ihren Vorgängern, den Herrschern von Sharjah, beschlossen wurden.

Diese Anerkennung wird Ihnen unter der Voraussetzung gewährt, dass Sie den Verpflichtungen nachkommen, die ihre Vorgänger, die Herrscher von Sharjah, in den Vereinbarungen, Verträgen und Abkommen mit der Regierung Ihrer Britannischen Majestät unterzeichnet haben.

Ich würde mich über eine Antwort auf diesen Brief freuen. Unsere Briefe werden als offizielle Dokumente in Anerkennung Ihrer Funktion als Herrscher von Sharjah durch die Regierung Ihrer Britannischen Majestät behandelt.

[Die üblichen Abschiedsformeln]
Unterzeichnet: Sir William Luce

Am 26. Juni 1965 sandte Shaikh Khalid folgenden Brief:

Von Shaikh Khalid bin Muhammad al-Qasimi, Herrscher von Sharjah
An seine Exzellenz, Sir William Luce, Regierungsvertreter Ihrer Britannischen Majestät

Sehr geehrter Sir,
ich fühle mich geehrt durch Ihren Brief, in dem Sie meine Thronbesteigung und Führung der Regierung von Sharjah sowie seiner Niederlassungen im Namen Ihrer Majestät anerkennen.

Bei dieser Gelegenheit, Eure Exzellenz, möchte ich meine aufrichtige Wertschätzung für die Regierung Ihrer Britannischen Majestät zum Ausdruck bringen. Ich versichere Ihnen, alle Schwüre, Verbindlichkeiten, Vereinbarungen, Verträge, Abkommen und Gepflogenheiten einzuhalten, die unter meinen Vorgängern, den Herrschern von Sharjah, Geltung hatten.

Des Weiteren werde ich das traditionelle Erbe unserer Freundschaft bewahren und schützen. Sie können sicher sein, dass ich Ihr Vertrauen verdiene.

[Die üblichen Abschiedsformeln]
Unterzeichnet: Khalid bin Muhammad al-Qasimi,
Herrscher von Sharjah und seiner Niederlassungen

Vorsitzender der Stadtverwaltung

Als Shaikh Khalid bin Muhammad al-Qasimi den Putsch durchführte, traf ich mich gerade mit der Verwaltung eines Dubaier Sportclubs, um ein Fußballspiel zu organisieren. Ich war der Präsident des Najah-Clubs. Dieser hatte den früheren Volksssport- und Kulturclub ersetzt, der nach der Aufführung meines Theaterstücks *Zionistische Agenten* geschlossen worden war.

Der Najah-Club hatte mehrere Jahre lang keine feste Niederlassung gehabt, also mietete ich ein Haus in einem traditionellen Viertel, in dem wir unsere Aktivitäten abhielten.

Die Neuigkeiten, dass die Briten Shaikh Saqr bin Sultan al-Qasimi abgesetzt hatten, erreichten uns am Mittag. Ich ging zu unserem Haus, wo ich herausfand, was geschehen war.

An diesem Nachmittag war ich auf dem Weg zurück in den Club, als ich vor dem Außenhof der Festung und dem Gästehaus zahlreiche Soldaten der Trucial Oman Scouts stehen sah. Aber das kümmerte mich nicht weiter.

Vor dem Najah-Club befand sich ein offener Platz, auf dem wir ein Volleyballnetz gespannt hatten, und wie üblich spielten wir Volleyball, während die Leute aus dem Viertel rund um den Platz standen, um uns zuzuschauen. Da kam ein Vertreter von Shaikh Khalid bin Muhammad al-Qasimi, dem neuen Herrscher von Sharjah – meinem Bruder – und forderte mich auf, zum Shaikh zu gehen. Ich sagte ihm, ich würde ihn später aufsuchen.

Nach dem Abendgebet ging ich zur Festung und sah meinen Bruder, Shaikh Khalid bin Muhammad al-Qasimi, mit einer Gruppe von Männern zusammensitzen. Ich begrüßte ihn, und er bemerkte eine Spur von Traurigkeit in meinem Gesicht. Er nahm mich beiseite und sagte: »Wir haben dich nicht eingeweiht, weil wir wussten, was du denken würdest.«

Ich antwortete ihm: »Wer auch immer dafür verantwortlich war, die Briten jedenfalls nicht.«

»Sollte ich warten, bis er mich umbringt? Du warst selbst Zeuge, als man auf dich geschossen hat.«

Mein Bruder bezog sich auf einen Zwischenfall, der sich etwa eine Woche vor dem Putsch ereignet hatte, als die Frau meines Bruders, Shaikh Khalid bin Muhammad al-Qasimi, ins Kuwaiter Krankenhaus in Dubai musste. Meine Mutter bat mich, sie zu ihrer Schwiegertocher zu bringen. Vor der Tür des Krankenhauses traf ich meinen Bruder, Shaikh Khalid. Ich erzählte ihm, dass man, als ich in dieser Nacht nach Hause zurückgekehrt war, vom Garagendach der Festung auf mich geschossen hatte.

Shaikh Khalid sagte: »Die Schüsse galten mir, nicht dir. Deshalb habe ich Sharjah verlassen, und es ist nur eine Frage der Zeit, bis man auch dich vertreibt.«

Ich erwiderte: »Niemand kann mich aus Sharjah vertreiben.«

Er murmelte ein paar unverständliche Worte, und ich wusste, dass er mir etwas verschwieg.

»Sei klug, Khalid. Lass deine Kinder nicht als Waisen enden.«

Das waren die letzten Worte gewesen, die wir vor dem Putsch wechselten.

Mein Bruder Khalid fragte: »Worüber denkst du nach?«

Ich antwortete: »Ich denke daran, was ich vor dem Kuwaiter Krankenhaus in Dubai zu dir gesagt habe.«

Shaikh Khalid sprach weiter: »Ich will, dass du an meiner Seite bist. Du bekommst jede Position, die du willst.«

»Ich kann nicht«, entgegnete ich, »ich gehe nach Kairo, um zu studieren.«

»Selbst wenn es nur für kurze Zeit ist.«

»Die Stadtverwaltung«, sagte ich.

»Einverstanden.«

Ich übernahm die Position des Vorsitzenden der Stadtverwaltung und ernannte Shaikh Su'ud bin Sultan al-Qasimi zu meinem Stellvertreter. Ich konnte die Funktion nur zwei Monate lang ausüben; danach bat ich meinen Bruder, den Herrscher von Sharjah, Shaikh Su'ud bin Sultan zum Vorsitzenden der Stadtverwaltung zu ernennen.

Inzwischen widmete ich mich dem Studium der Mathematik, um mich auf die Nachprüfung in diesem Fach vorzubereiten. Mein Prüfungsergebnis war annuliert worden, weil einer meiner Klassenkameraden versucht hatte, von mir abzuschreiben. In Kuwait legte ich die Mathematikprüfung wenig später erfolgreich ab. Ich bat die Beamten im Bildungsministerium, meine Unterlagen umgehend nach Ägypten zu schicken; dann reiste ich nach Kairo.

12

Universitätsjahre: Teil I

Ich kam Ende September 1965 in Kairo an, kurz bevor das Studienjahr Anfang Oktober beginnen sollte. Ich hatte vor, mir einen Studienplatz an der Landwirtschaftlichen Fakultät in Kairo zu sichern. Eineinhalb Monate später erhielt ich die Zusage.

Hilfreiche Zufälle

Einer der Studenten kam aus dem Oman. Sein Name war Mahmud 'Abdul-Nabi. Er studierte an der Landwirtschaftlichen Fakultät und kannte den Direktor für Studienangelegenheiten, Herrn Husain Jad, persönlich. Eines Morgens sagte Husain Jad zu Mahmud 'Abdul-Nabi: »Heute wurde ein weiterer Landsmann von uns an der Universität angenommen.«

Mahmud bat Husain Jad, ihm den Namen des Studenten zu nennen, und nach der Durchsicht einiger Unterlagen antwortete dieser: »Sultan bin Muhammad al-Qasimi«. (In meinem Reisepass stand als Heimatland »Oman« statt »Emirat Sharjah«.)

Mahmud 'Abdul-Nabi ging zum Wohnheim der Studenten und erhielt dort meine Adresse – ich wohnte nicht weit entfernt. Er teilte mir mit, dass ich an der Landwirtschaftlichen Fakultät der Universität Kairo angenommen sei. Darauf hatte ich inständig gehofft.

Ich ging mit Mahmud 'Abdul-Nabi zum Landwirtschaftlichen Institut, wo Herr Husain Jad mir die Schritte erklärte, die ich ausführen musste, um mich an der Universität einzuschreiben. Er sagte mir, ich müsse drei Passfotos und einen medizinischen Bericht einreichen. Ich machte mich sofort auf den Weg, um herauszufinden, wie man am schnellsten an Passfotos kam. Ich erfuhr, dass man die Fotos vor dem Gelände der Regierungsabteilung auf dem Tahrir-Platz im Zentrum von Kairo machen lassen könne; also ging ich hin und ließ mich fotografieren. Die Kamera war jedoch sehr alt, und die Fotos sahen mir überhaupt nicht ähnlich. Vom Tahrir-Platz ging ich zum medizinischen Zentrum in Giza, wo ich untersucht werden sollte; nach der ersten Untersuchung wurde ich an einen anderen Arzt verwiesen, der meine Augen überprüfte. Als das erledigt war, wurde ich zu einem weiteren Ort geschickt, um mich röntgen zu lassen. Dort wartete bereits eine große Anzahl an Studenten. Der verantwortliche Arzt kam und erklärte, dass die Röntgenfilme ausgegangen seien. Er riet uns, am folgenden Tag wiederzukommen. Alle drängten aus der Tür, aber ich blieb zurück und sah den Arzt an. Der fragte mich: »Was wollen Sie?«

Ich antwortete: »Ich bin ein Spezialfall: Ich brauche meine Aufenthaltserlaubnis bis morgen, sonst muss ich eine Strafe von fünfzig Pfund zahlen. Ich erhalte keine Aufenthaltsgenehmigung, wenn ich keinen Universitätsausweis habe, und um den zu bekommen, brauche ich die Röntgenaufnahmen. Egal wo, ich muss unbedingt einen Film kaufen.«

Der Arzt unterbrach mich und sagte: »Wir haben einen Film für Sie.«

Er führte mich in den Röntgensaal und ließ mich röntgen. Dann riet er mir, am nächsten Morgen wiederzukommen, um den Film abzuholen. Am nächsten Morgen holte ich die Röntgenfilme und medizinischen Untersuchungsergebnisse ab und reichte sie im Immatrikulationsamt ein. All meine Unterlagen wurden angenommen, bis auf die Fotos, die mir nicht ähnelten. Husain Jad griff ein und versprach, dass ich so bald wie möglich »saubere« Bilder – wie er sie nannte – bringen werde, und dass einstweilen die Fotos, die ich bereits eingereicht hatte, benutzt werden sollten.

Nach nur 24 Stunden war mein gesamter Immatrikulationsprozess in der Landwirtschaftlichen Fakultät abgeschlossen. Ich umging eine lange Wartezeit mit einem umständlichen Procedere: Normalerweise hätte die Landwirtschaftliche Fakultät zuerst dem Koordinationsbüro in Kairo schreiben müssen. Dieses wiederum hätte einen Brief an das Ministerium für Höhere Bildung in Ägypten geschickt, welches die Botschaft von Kuwait in Kairo kontaktiert hätte. Dann hätte die Botschaft meine Angelegenheit an das Bildungsministerium in Kuwait und von dort an das Kuwaiter Amt in Dubai weitergeleitet, das schließlich in Sharjah Verbindung mit mir aufgenommen hätte, um mich zu informieren, dass ich an der Landwirtschaftlichen Fakultät der Universität Kairo immatrikuliert worden sei. Später fand ich heraus, dass das Kuwaiter Amt in Dubai einige Amtsträger in Sharjah befragt hatte, die von meiner Immatrikulation in der

Landwirtschaftlichen Fakultät der Universität Kairo wussten. Das war über einen Monat nach meiner Annahme für das Studienjahr 1965–66.

So begann mein erstes Studienjahr an der Universität Kairo.

Der arabische Club

In den Sommerferien, Mitte Juni 1966, kehrte ich nach Sharjah zurück und stellte fest, dass der Bau des Hauptsitzes für den Arabischen Club beendet war. Das einzige, was noch fehlte, war das Mobiliar – also richtete ich den Club ein und eröffnete ihn.

Von diesem Club aus begann ich, die Zeitschrift *Al-Yaqza (Bewusstsein)* herauszugeben, die wöchentlich erschien und in der Druckerei Khalifa al-Nabudah in Dubai gedruckt wurde. Die Zeitschrift erschien so lange, wie ich in Sharjah war, wurde jedoch eingestellt, als ich nach Kairo zurückkehrte, um mein zweites Studienjahr an der Landwirtschaftlichen Fakultät zu beginnen. Das war im September, zu Beginn des Studienjahres 1966–67.

Im zweiten Studienjahr belegte ich einen Kurs namens »Nutztierhaltung«. Der Begriff »Nutztiere« bezog sich auf Kamele, Kühe, Schafe und Ziegen. Der Kurs wurde von Professor 'Abdul-Latif Badruddin, dem früheren Dekan der Landwirtschaftlichen Fakultät, abgehalten, der ein sehr gutes Verhältnis zu seinen Studenten hatte. Einmal erzählte er uns von einem Erlebnis, das ihm als Doktorand im Institut für Tierzucht an der Universität von Edinburgh in Schottland widerfahren war:

»Der britische Generalgouverneur des Sudans schickte einen Brief an den Direktor des Instituts für Tierzucht an der Universität von Edinburgh, in dem er ihn fragte, wie man die Qualität des sudanesischen Viehs steigern könne. Der Direktor übermittelte die Anfrage seinen Hochschulabsolventen im Institut und bat sie, Aufsätze zu dieser Frage zu schreiben.

Die Aufsätze wurden eingereicht, aber der Institutsdirektor legte sie beiseite und ignorierte sie. Als die Studenten dagegen protestierten, sagte er, sie könnten nichts tun, um das sudanesische Vieh zu kultivieren, und bat seine Sekretärin, folgenden Brief zu schreiben:

›An den britischen Generalgouverneur des Sudans
Wenn Sie die Qualität des Viehs steigern wollen, verbessern Sie zuerst die Lebensqualität der Landesbürger.‹«

Der Präsidentenpalast

Die Studentenvereine der Universität Kairo – die Studentenclubs ähnelten – waren seit dem Beginn des Studienjahres aktiv; damals begannen die Wahlen der Vereinskomitees. In diesem Jahr geschah etwas Überraschendes. Plötzlich und ohne Vorwarnung fielen die meisten Studentenvereine in die Hände der arabisch-nationalistischen Studenten. Die feierten ihren Sieg auf triumphale Weise und provozierten damit die Unionisten und Kommunisten. Nachdem die Unionisten all ihre Positionen bei den Wahlen verloren hatten, versuchten sie, ihre Aktivitäten auszuweiten. Sie ergriffen ihre Chance anlässlich des Jahrestages zum Tod des Märtyrers Majdali, der aus Südarabien stammte und in Aden gegen die Briten gekämpft hatte. Um diesen Anlass zu einem Großereignis zu machen und Aufmerksamkeit auf sich zu ziehen, organisierten sie einen Marsch durch die Straßen von Kairo. Die ägyptischen Behörden untersagten dies jedoch, also wurde entschieden, dass Mahmud 'Abdul-Nabi und ich beim Präsidenten Jamal 'Abdel Nasser eine Genehmigung erwirken sollten.

Am Tag unseres Termins gingen wir morgens zum Präsidentenpalast. Am Tor empfing uns ein Beamter und führte uns in die Halle neben dem Haupteingang. Einen kurzen Moment später kam ein Auto aus dem Palastgebäude, in dem eine Person in Zivilkleidung saß. Wir kannten seine Position und seinen Rang nicht, aber die Wachen, die den Weg vom Palast säumten, salutierten ihm.

Im Präsidentenpalast wurden wir von Herrn Nabil Fath al-Bab empfangen. Nachdem er sich unser Anliegen angehört hatte, ließ er uns im Gang vor seinem Büro warten. Als er endlich wieder zu uns kam, teilte er uns mit, dass der Präsident zu beschäftigt sei, um uns zu empfangen. Aber er sagte: »Sie können eine Gedenkfeier abhalten, dürfen allerdings nicht auf die Straße gehen.«

Die Gedenkfeier fand im Gebäude des Journalistenverbandes in der Jumhuriyyah- (Republik-) Straße statt. Einer der Sprecher war Amin Jad'an; er hatte die Präsidentschaft des Syrischen Studentenverbandes verloren und wetterte gegen die andere Seite, die Nationalisten. Daraufhin entwickelten sich hitzige Diskussionen, die zu immer stärkeren Konfrontationen und schließlich zu einem Kampf führten, bei dem die Stühle des Podiums durch den Raum geworfen wurden. Das Glas des Vorderfesters wurde zerschmettert, und alle gingen auf die Jumhuriyyah-Straße. Die Nationalisten flohen, und die Unionisten verfolgten sie. Der Verkehr kam ins Stocken, und auf den Bürgersteigen versammelten sich die Fußgänger, um das Chaos zu beobachten – und genau das wollten die Unionisten.

Das Fahrrad

Abu Qasidah war ein Student aus der Region Dhofar im Oman und studierte in Kairo. Er war mit einem Mann aus Salalah nach Kairo gekommen, der in seiner Heimat für ein paar Tage inhaftiert gewesen war. Er war auf dem belebten Salalah-Markt – wo Fahrradfahren verboten ist – mit dem Rad unterwegs gewesen und hatte einen der Marktbesucher angefahren. Abu Qasidah und sein Freund gründeten die Dhofar-Befreiungsfront. Während eines Bummels durch Kairos Straßen, sahen wir eines Tages über dem ersten Stock eines Gebäudes ein Schild hängen, das unsere Aufmerksamkeit weckte. Darauf stand: *Büro der Dhofar-Befreiungsfront.*

Wir schauten uns das Büro näher an: Dort saß der Mann, der mit dem Rad auf dem Salalah-Markt unterwegs gewesen und dafür eingesperrt worden war. Er hatte aus der Geschichte mit dem Fahrrad einen Kampf gemacht, und aus dem Kampf eine Revolution.

Wir kontaktierten Herrn Fathi al-Dib, der Mitglied des Sekretariats der Sozialistischen Union – der herrschenden Partei in Ägypten – und für die »Befreiungsbewegungen in der Arabischen Welt« zuständig war. Wir erklärten ihm, was der Fahrradfahrer vorhatte, und dass Dhofar zum Oman gehörte. Die ägyptischen Behörden schlossen das Büro sofort.

Einige Tage später wurde das Büro wiedereröffnet, und wir fanden heraus, dass Abu Qasidah und die arabischen Nationalisten dahintersteckten.

Die Fahrradfrage war zur Kernfrage einer Nation und eines Volkes geworden!

Der Junikrieg von 1967

Anfang Juni 1967 wurden Vorbereitungen für einen Krieg getroffen. Zur gleichen Zeit begannen in der Landwirtschaftlichen Fakultät die Semesterprüfungen des zweiten Studienjahres.

Wir hatten bereits einige Prüfungen absolviert, als wir laute Kanonenschüsse hörten. Das war am Mittag des 5. Juni 1967. Ich hörte die Leute auf der Straße »*Allahu Akbar*« jubeln. Andere schauten nach oben und versuchten die Kampfflugzeuge auszumachen, die an diesem staubigen Tag hoch über den Köpfen der Menschen am Himmel flogen.

Ich ging ins ʻAjuza-Viertel, zum Haus von Yusuf al-Hasan und Riyad Abu Mahmud, die meine Kommilitonen in der Landwirtschaftlichen Fakultät waren, und gemeinsam suchten wir das Gebäude der Sozialistischen Union auf, um Herrn Fathi al-Dib zu treffen.

Dort hatten sich bereits Studenten aus allen arabischen Ländern versammelt. Wir beschlossen, uns den Freiwilligen anzuschließen, die an der Front kämpfen wollten. Aber wir hatten keine Militärausbildung, also beschloss man, uns ins Bani Yusuf-Ausbildungslager zu bringen, das sich in der Nähe der Pyramiden befand. Zwei Tage lang erhielten wir eine Waffenausbildung. Dann kam der Befehl, uns ins Militärlager des Al-Jazira-Clubs zu schicken.

Wir absolvierten zwei weitere Trainingstage. Dann, plötzlich, am Abend des 9. Juni 1967, trat Präsident Jamal ʻAbdel Nasser zurück!

Menschenmassen strömten auf die Straßen. Als an diesem Tag die Sonne unterging, lag vollkommene Dunkelheit über der Stadt, denn alle Straßenlaternen wurden ausgeschaltet. Ich konnte nirgendwo hingehen, die Straßen waren voller Menschen; also setzte ich mich auf eine Holzbank auf dem Füßgängerweg der Al-Jazira-Straße, gleich hinter der Gala-Brücke, und beobachtete die Menschen, die an mir vorbeidrängten. Ich wurde von Gefühlen übermannt, die mich zu einem Gedicht inspirierten:

Mein Land, du hast ein seltsames Geheimnis
Der Besitzer des Hauses in deinem Innern ist ein Fremder
Wer hat deinen Sonnenaufgang mit der Abenddämmerung
vermischt?
Wer hat dein Lachen in Weinen verwandelt?
Er ist mir zu nahe, dir und jedem Freund
Er ist ein Feind, der seine Pfeile herausholt
O Kummer, mein Land, o Kummer
Die jungen Mädchen in der Unschuld ihrer Kindheit
Die junge Frau, noch voller Scheu
Die Jungen in ihrer ganzen Männlichkeit
Der junge Mann, der seine Sehnsüchte zurückhält
Der alte Mann, den sein Altern nicht kümmert
Allen wurde das Lachen geraubt
O Kummer, mein Land, o Kummer
Im meinem Land webt die Spinne ihr Netz
Die Häuser sind getrennt
Im Bett liegt ein Kranker, ein anderer stirbt
Ein Gelähmter bekommt das Essen der Kinder
Eine Dattel, Brot und Fisch
Die Menschen lachen
Doch niemand tadelt sie dafür
O Kummer, mein Land, o Kummer

Mein Bruder, erheben wir uns und löschen den Verlust aus
O Bruder, sag nicht, das sei Schicksal!
Mit Hoffnung und Kraft werden wir den Sieg erringen
Mit Klarheit und Offenheit werden wir unsere Ziele erreichen
Durch den Glauben wird Gott uns den Sieg gewähren
O Bruder, lass uns unsere Würde bewahren
Mit Mut, mein Land, mit Mut.

Die Universitätsprüfungen gingen weiter, aber aufgrund meiner seelischen Verfassung bestand ich nicht alle Seminare. Danach reiste ich nach Sharjah und stellte fest, dass in meiner Abwesenheit viel passiert war.

Am 7. Juni 1967 hatten sich vor der Kuwaiter Behörde in Dubai Menschen aus allen Emiraten versammelt. Sie wollten nach Kuwait reisen, um als Freiwillige in der ägyptischen Armee zu dienen. Hauptmann 'Abdul-'Aziz bin Muhammad al-Qasimi und Hauptmann Faisal bin Sultan al-Qasimi waren aus den Trucial Oman Scouts ausgetreten und unter denen, die sich der ägyptischen Armee anschließen wollten. Die Menschen versammelten sich vier Tage lang; sie schrien, verfluchten die Briten und Amerikaner – aber ohne Erfolg. Die Türen der Kuwaiter Behörde blieben geschlossen.

Am Abend des 7. Juni 1967 war im Segelclub von Al-Hira – der den Trucial Oman Scouts und der britischen Luftwaffe gehörte und in Sharjah stand – ein Feuer ausgebrochen. Das Feuer hatte das aus Palmblättern erbaute Gebäude zerstört; auch einige Boote waren ausgebrannt. Der Feuerlöschwagen der britischen Luftwaffe, der die Flammen hatte löschen sollen, war erst spät am Gebäude eingetroffen. Die aufgebrachten Menschen hatten ihn mit Steinen beworfen, sodass der Mann, der im Wagen saß, gezwungen gewesen war, das Wasser auf die Massen statt auf das Feuer zu sprühen.

Am 8. Juni hatte man entdeckt, dass die Kabel zwischen der Radiostation »Stimme der Küste« und der Sendeanlage durchgeschnitten worden waren. Die Übertragung war infolgedessen einen ganzen Tag lang unterbrochen gewesen. Die Radiostation wurde von den Briten auf ihrer Basis in Sharjah betrieben und sendete in arabischer Sprache.

Ein Besuch in Karatschi

Ich konnte die Nachrichten, die sich die Leute in Sharjah über den Krieg und seine Fortschritte erzählten, nicht ertragen; also beschloss ich, nach Pakistan, in die Stadt Karatschi, zu reisen.

Ich verbrachte zehn Tage in Karatschi, in denen ich mir die nicht sehr zahlreichen Sehenswürdigkeiten der Stadt ansah. Das bedeutendste Wahrzeichen Karatschis ist die Masjid-e-Tooba-Moschee, die aus einer großen Kuppel ohne Säulen besteht. Sie beherbergt täglich Tausende von Gläubigen. Beim Abendgebet waren jedoch nur wenige Leute in der Moschee. Das Gotteshaus stand im renommiertesten Stadtbezirk von Karatschi, dem für Verwaltungs- und Militärpersonal erschlossenen Viertel namens Defence Housing Society, das auf einer Anhöhe im Osten der Stadt erbaut worden war. Die Straßen dort waren sauber und von schönen Häusern mit Gärten gesäumt, über deren Mauern blühende Zweige hingen.

Ich besichtigte auch das ärmste Viertel Karatschis – Lyari. Diese Gegend liegt westlich der Stadt und erstreckt sich über mehrere Kilometer. Ich lief durch die Straßen und sah, dass die Häuser nur Blechhütten waren und in den Straßen faulig riechendes Abwasser stand.

Lazoghly: Begegnung mit der ägyptischen Staatssicherheit

Nach meinem Besuch in Karatschi hielt ich mich ein paar Tage in Sharjah auf und kehrte dann nach Kairo zurück, um das zweite Studienjahr in der Landwirtschaftlichen Fakultät zu beenden. Mein Bruder, Shaikh Khalid bin Muhammad al-Qasimi, ließ mir einen weißen Mercedes, ein 1968er Modell, schicken, das gerade auf den Markt gekommen war.

Ich musste nur noch wenige Kurse absolvieren, also widmete ich meine Zeit dem Studium der islamischen Inschriften auf den Moscheen und historischen Gebäuden. Wenn ich vor den Moscheen und Bauwerken hielt, zog mein Auto die Aufmerksamkeit der Menschen auf sich. Dann stieg ein junger Mann (ich) aus, um die Gebäude sorgfältig zu betrachten und anschließend wieder ins Auto zu steigen. Manchmal kletterte er auf einen Haufen Schutt, der einen Teil des Gebäudes bedeckte. Die Geheimdienstoffiziere, die den Auftrag hatten, mich zu beobachten, waren ihrer Arbeit bald müde, denn mein Auto war viel schneller als ihres. Daher war die Sicherheitsabteilung gezwungen, Major Shaukat Husni mit der Aufgabe zu betrauen, mich zu kontaktieren. Er war dafür zuständig, die Aktivitäten der arabischen Studenten zu überwachen. Ich hatte ihn schon mehrere Male getroffen, bei verschiedenen Gelegenheiten, aber bisher hatten wir einander nur gegrüßt.

»Ich will Sie kennenlernen«, ließ er mich wissen.

»Unter einer Bedingung:«, willigte ich ein, »dass Sie den Schatten von mir abziehen, der mir überallhin folgt!«

»Diese Sache wird vom *großen Mann* kontrolliert«, entgegnete er.

»Von wem?«, fragte ich. »Abdel Nasser?«

»Nein. Unser Mann in Lazoghly.«

»Wo?«

»Im Ministerium für Staatssicherheit.«

Major Shaukat Husni arrangierte ein Treffen mit General Mahmud Shaʿrawi, dem Leiter der Abteilung für arabische Aktivitäten. Bei unserer Zusammenkunft war er sehr höflich zu mir. Er bat einen der Angestellten zu sich. Als dieser sein Büro betrat, sagte der General: »Geben Sie mir Sultans Akte.«

»Sie haben eine Akte über mich?«, fragte ich.

»Natürlich«, erwiderte er. »Jeder hat eine Akte.«

Die Akte wurde unverzüglich hereingebracht. Es schien, als hätte man sie für das Gespräch schon bereitgelegt. General Mahmud Shaʿrawi öffnete die Akte und blätterte darin. Er begann, die Orte vorzulesen, die ich besucht hatte, und auch die Tage, an denen ich mich dort aufgehalten hatte. Anschließend fragte er: »Was haben Sie da gemacht?«

Ich erwiderte: »Ich habe Ägypten kennengelernt.«

»Sie haben Ägypten an diesen Orten kennengelernt?«

Ich antwortete: »Wäre es Ihnen lieber, dass ich Ägypten in der Haram-Straße erkunde?!« (Die Haram-Straße ist voller Nachtclubs.)

»Himmel, nein!«, sagte er.

Dann stand er auf, um mich zu verabschieden, und ließ die Akte offen auf dem Tisch liegen.

Ich fragte ihn: »Lassen Sie die offen hier liegen?«
Er nahm die Akte auf und sagte: »Wir werden sie schließen!«
»Werden Sie sie auch in einem anderen Sinne schließen?«
»Wir werden sie auch in anderem Sinne schließen.«

Mein Bruder 'Abdul-'Aziz, der Vizepräsident von Khor Fakkan

Ich absolvierte die restlichen Seminare meines zweiten Studienjahres und kehrte Mitte Juni 1968 nach Sharjah zurück. Dort waren meine drei Brüder gerade in einen Disput verwickelt.

Shaikh Saqr, der stellvertretende Herrscher, hatte sich von seinem Bruder, Shaikh Khalid bin Muhammad al-Qasimi, dem Herrscher von Sharjah, distanziert. Der Grund war seine Unfähigkeit, mit Herrn Jasim bin Saif al-Midfa', dem Sekretär des Herrschers, zurechtzukommen.

Shaikh Khalid, der Herrscher, wollte eine Polizeitruppe für Sharjah zusammenstellen. Nachdem er den britischen Politoffizier in Dubai konsultiert hatte, äußerte auch der britische Regierungsvertreter seine Zustimmung. Shaikh Khalids zweiter Bruder, Shaikh 'Abdul-'Aziz, hatte bis dahin keine Funktion, also gab er das Mandat an 'Abdul-'Aziz, der die Polizeitruppe aufbauen sollte. Der britische Politoffizier lehnte diesen Plan mit dem Argument ab, der Aufbau einer Polizeitruppe erfordere einen Spezialisten. Die Briten schlugen Mr. Burns vor, der Engländer war.

Shaikh Khalid ließ dem britischen Politoffizier mitteilen, dass er Shaikh 'Abdul-'Aziz zum Polizeichef ernennen werde, und Mr. Burns unter der Befehlsgewalt von 'Abdul-'Aziz arbeiten müsse. Der britische Politoffizier bestand darauf, dass Burns nur Befehle von Shaikh Khalid, dem Herrscher von Sharjah, und niemand anderem, entgegennehmen solle, und dass es daher keine Notwendigkeit gebe, 'Abdul-'Aziz zu ernennen.

Anfang Mai 1968 ernannte Shaikh Khalid bin Muhammad al-Qasimi 'Abdul-'Aziz bin Muhammad al-Qasimi zum Vizepräsidenten der Sharqiyyah- (Ost-) Region, deren Stützpunkt sich in Khor Fakkan befand. Er ersetzte 'Uthman Barut, der auf einen niedrigeren Posten versetzt wurde.

Shaikh 'Abdul-'Aziz hatte seine neue Position gerade erst eingenommen, da brach auf dem Markt von Khor Fakkan ein Streit zwischen einem indischen Barbier und einem Bürger aus Sharjah aus. Streitpunkt war der Preis der Mangos, die ein indischer Obsthändler verkaufte. Der Streit eskalierte zu einer Prügelei zwischen den beiden Männern. Weil der Barbier eine Schere in der Hand hielt, verletzte er den Einheimischen, der die anderen Bürger auf dem Markt zu Hilfe rief. Ein kleiner Kampf brach aus – auf der einen Seite standen die indischen und pakistanischen Verkäufer, auf der anderen die einheimischen Marktbesucher. Einige Geschäfte wurden beschädigt. 'Abdul-'Aziz inhaftierte 28 Bürger aus Khor Fakkan, die sich zu der Zeit auf dem Markt befanden, mithilfe einer Polizeitruppe, die er selbst zusammengestellt hatte, und die das Herzstück seiner Polizeistaffel war. Die einheimischen Bürger wurden ins Gefängnis gebracht. Als Shaikh Khalid diese Nachricht erreichte, befahl er, alle wieder freizulassen.

Shaikh 'Abdul-'Aziz behauptete, Shaikh Khalid habe seinen Ruf und seine Autorität in der Sharqiyyah-Region ruiniert, und 'Uthman Barut habe Shaikh Khalid aus reiner Rachlust über die Ereignisse in Khor Fakkan informiert, in der Hoffnung, wieder auf seinen alten Posten versetzt zu werden.

Angebot der Position des stellvertretenden Herrschers von Sharjah

Shaikh Khalid, der Herrscher von Sharjah, bat mich, wann immer er abwesend sei – vor allem während seiner Englandreisen –, als sein Stellvertreter zu fungieren. Ich forderte ihn auf, sich vor seiner Abreise mit seinem Bruder Shaikh Saqr zu versöhnen. Er war einverstanden.

Ich setzte mich mit Saqr in Verbindung und unterbreitete ihm das Angebot. Er weigerte sich, zum Shaikh zu gehen und sagte: »Er sollte den ersten Schritt tun.« Ich schlug vor, er könne zum Wohnraum im Privatbereich des Palastes kommen; dort würde Shaikh Khalid sich uns anschließen. Er billigte meinen Vorschlag.

Wir saßen im Wohnraum, als Shaikh Khalid eintrat. Shaikh Saqr schüttelte die Hand seines Bruders Shaikh Khalid.

Shaikh Khalid sprach über Themen, die nichts mit der Angelegenheit, die uns wirklich beschäftigte, zu tun hatten. Ich ging zu Shaikh Khalid und sagte: »Gestatten Sie, Hoheit. Sie haben mich gebeten, Sie zu vertreten. Das war zu der Zeit, als zwischen Ihnen und Saqr Uneinigkeit herrschte. Nun sind Sie, Allah sei Dank, wieder bereit, einander zu treffen. Haben Sie, Shaikh Saqr, noch irgendwelche Bedenken?«

Shaikh Saqr erwiderte: »Nein. Ich habe keine Bedenken. Sie und ich sind ein und derselbe.«

Als wir schon dabei waren zu gehen, fragte Shaikh Khalid: »Wollen wir zusammen Mittag essen?«

Ich entgegnete: »Bruder Saqr hat mich bereits zum Mittagessen eingeladen.«

Shaikh Khalid, der Herrscher von Sharjah, beschloss, in der ersten Juliwoche 1968 nach Großbritannien zu reisen. Am Flughafen von Dubai versammelten sich zahlreiche Menschen, um ihn zu verabschieden. Shaikh 'Abdul-'Aziz verspätete sich und eilte ins Flugzeug, kurz bevor die Tür der Maschine geschlossen wurde. Dort verabschiedete er sich von Shaikh Khalid und fragte: »Haben Sie Befehle für mich, Hoheit?«

Shaikh Khalid antwortete: »Wie ich Ihnen bereits sagte, sind Sie für die Regierung in der Sharqiyyah-Region verantwortlich, für nichts anderes.«

Shaikh 'Abdul-'Aziz fragte weiter: »Und was soll ich tun, wenn in Sharjah Unruhen ausbrechen?«

Shaikh Khalid erwiderte: »Damit wird sich Sultan bin Muhammad befassen.«

Shaikh Khalid verbrachte sechs Wochen in London. In dieser Zeit kam es in Sharjah zu einem seltsamen Zwischenfall. Bewaffnete Beduinen hatten die Landwirtschaftsbehörde in Maliha umzingelt. Ich musste mit einigen Polizisten in einem Land Rover durch den brennenden Sommersand in die Region von Maliha fahren, die 40 Kilometer von Sharjah-Stadt entfernt war.

Ich sprach mit dem Führer der Beduinen, 'Awadh bin Saif al-Khasuni. Er sagte mir, dass sich in dem Gebäude ein Pakistani bei einem britischen Mann – dem Direktor der Landwirtschaftsbehörde – verstecke. Der Pakistani habe Sexualverkehr mit einem Kamel gehabt, also solle der Brite ihn den Beduinen aushändigen.

Ich überzeugte 'Awadh bin Saif davon, dass es besser sei, den Pakistani nach Sharjah zu bringen, um dort seine Bestrafung festzulegen. 'Awadh bin Saif könne mit mir kommen, um sich davon zu überzeugen, dass die Bestrafung auch ausgeführt würde.

Unter Polizeischutz betrat ich das Gebäude. Der Direktor der Landwirtschaftsbehörde händigte mir den Pakistani aus und ich setzte ihn zu den Polizisten ins Auto, mit dem wir gekommen waren. 'Awadh bin Saif saß neben mir im Wagen, bis wir in Sharjah eintrafen. Ich ordnete an, den Pakistani vor Gericht zu bringen. Der Richter war Shaikh Muhammad al-Tandi, ein Ägypter. Ich wies ihn an, mich vor der Vollstreckung über das Urteil zu informieren.

Während ich auf das Urteil wartete, klingelte das Telefon. Es war Mr. Terence J. Clark, der Assistent des britischen Offiziers, der im Namen des Politoffiziers David Roberts (dessen Dienstzeit in den Emiraten beendet war) handelte, während er auf seinen neuen Vorgesetzten wartete, der noch nicht eingetroffen war.

Nachdem er mich begrüßt hatte, sagte er: »Shaikh Sultan, die Inder und Pakistani stehen unter dem Schutz der Briten. Sie können nicht von einem lokalen Gericht verurteilt werden. Das darf nur durch die britische Politagentur geschehen.«

Ich erwiderte: »Der Pakistani hat eine abscheuliche Tat begangen. Er sollte nach dem islamischen Recht verurteilt werden, denn er ist ein Muslim.«

»Wir werden ihn bestrafen. Sie kennen die Vereinbarungen zwischen den Briten und den Shaikhs der Emirate nicht.«

Ich entgegnete: »Ich habe keine Einwände, aber nur dann, wenn die britische Vertretung ihr eigenes islamisches Gericht hat.«

Das Telefon klingelte wieder. Diesmal war Shaikh Muhammad al-Tandi dran.

Er sagte: »Die Strafe beträgt einhundert Peitschenhiebe!«

»Vollstrecken Sie das Urteil!«, befahl ich ihm.

Am nächsten Morgen sah ich einen Konvoi von Panzern

durch die 'Uruba Street fahren, die in einer Nord-Süd-Achse durch Sharjah-Stadt verläuft. Ich rief Mr. Clark an und fragte ihn: »Diese Panzer, die gerade durch Sharjah fahren – sind die eine Drohung an mich?«

Mr. Clark erwiderte: »Nein. Ich weiß nichts davon!«

»Bei Gott, wenn diese Provokationen nicht aufhören, werde ich die gesamte Stadt auf die Straße bringen, um diese Panzer mit Steinen zu bewerfen.«

»Machen Sie uns keinen Ärger. Ich komme umgehend zu Ihnen«, versuchte mich Mr. Clark zu beruhigen.

Eine halbe Stunde später traf Mr. Clark, der Assistent des britischen Politoffiziers, bei mir ein. Ich empfing ihn in meinem Büro in der Nähe des Gästehauses, wo die meisten Regierungsabteilungen lagen. Unsere Konversation verlief wie folgt:

Ich sagte: »Wenn ich nicht getan hätte, was ich in Maliha tat, wären der Pakistani und der Brite getötet worden. Stattdessen wurden einhundert Peitschenhiebe angeordnet, nach denen der Pakistani bloß sein Hemd ausgeschüttelt hat und weggegangen ist.«

Mr. Clark nickte. »Ich danke Ihnen für Ihr Handeln.«

»Sie danken mir, indem Sie Panzer in die Hauptstraße, ins Zentrum der Stadt, schicken?!«

Mr. Clark wiederholte, was er schon am Telefon gesagt hatte: »Ich weiß nichts von diesen Panzern. Als ich mich danach erkundigte, wurde mir gesagt, dass die Panzer dem britischen Militär gehören. Sie kamen aus dem Hira-Viertel von Sharjah-Stadt und fuhren zum britischen Stützpunkt.«

Ich lenkte ein: »Verzeihen Sie mir meine Worte von heute Morgen.«

»Das ist in Ordnung. Aber ich bitte Sie, mich als Freund zu

betrachten. Kommen Sie zu mir, wenn es Probleme gibt, die Ihnen Schwierigkeiten bereiten.«

»Lassen Sie uns Freunde bleiben«, sagte ich.

»Heute Nacht trifft der neue britische Politoffizier, Mr. Julian Bullard, aus Großbritannien am Dubaier Flughafen ein«, informierte mich Mr. Clark. »Ich möchte, dass Sie mit mir kommen, um ihn kennenzulernen.«

Ich erwiderte: »Ich werde da sein, bevor das Flugzeug landet.«

Als das Flugzeug eintraf, schüttelte Mr. Clark die Hand des neuen britischen Regierungsvertreters und stellte mich ihm vor. »Das ist Shaikh Sultan bin Muhammad al-Qasimi, der Bruder des Herrschers und sein Stellvertreter. Er wurde jedoch in Ägypten ausgebildet.«

Als wir auf dem Weg zur VIP-Suite waren, stellte ich mich selbst noch einmal vor: »Ich wurde in Sharjah geboren und ausgebildet. Ich habe die hiesigen Schulen besucht und drei Jahre lang als Lehrer in der Handelsschule der britischen Politbehörde gearbeitet. Vor Kurzem erst bin ich nach Ägypten gegangen, um dort zu studieren.«

Shaikh Khalid bin Muhammad al-Qasimi kam aus London nach Sharjah zurück, und bevor ich ihn um Erlaubnis fragen konnte, nach Ägypten zu reisen, um mein Studium zu beenden, bat mich Yusri al-Duwaik, der Rechtsberater von Shaikh Khalid, um ein Treffen, bei dem er eine wichtige Angelegenheit besprechen wollte.

Er bot er mir den Posten des Vizepräsidenten der Sharqiyyah-Region an – ich sollte Shaikh ʿAbdul-ʿAziz ersetzen. Ich lehnte sein Angebot mit der Entschuldigung ab, dass ich mein Studium fortsetzen müsse.

Am nächsten Tag offerierte Yusri al-Duwaik mir eine weitere Position: die des stellvertretenden Herrschers von Sharjah. Er sagte: »Dafür ist keine neue Verfügung notwendig, denn Sie sind bereits stellvertretender Herrscher.«

Ich fragte: »Was ist geschehen, dass Sie diese Position nicht Shaikh Saqr und Shaikh ʻAbdul-ʻAziz anbieten?«

»Das Verhältnis zwischen ihnen hat sich verschlechtert, sodass nur noch Sie übrig sind. Sie sind der Einzige.«

Aber ich schlug auch dieses Angebot mit den Worten aus: »Ich muss ablehnen – ich reise nach Kairo.«

Am folgenden Morgen verabschiedete ich mich von Shaikh Khalid, ohne mit ihm über sein Angebot zu sprechen.

13

Universitätsjahre: Teil II

Ich traf im September 1968 in Kairo ein, um das erste Semester des dritten Studienjahres an der Landwirtschaftlichen Fakultät zu beginnen.

Mein Bruder, Shaikh Saqr bin Muhammad al-Qasimi, besuchte mich im Monat Ramadan jenes Jahres in meinem Haus in Kairo. Er kam direkt vom Flughafen und war schlechter Stimmung. Ich begrüßte ihn und fragte: »Was ist los?«

Er erwiderte: »Was ist das für ein Land, in dem man überall mit Friedhöfen und fauligen Gerüchen konfrontiert wird?«

Jetzt wusste ich, warum er sich beschwerte. Der Taxifahrer war über die Salah Salim-Straße gefahren, in der sich ein Friedhof befand, und hatte dann Majra al-ʿUyun passiert, wo eine Gerberei ansässig war, die faulige Gerüche absonderte.

Ich sagte: »Wenn du dich ausgeruht hast, zeige *ich* dir Kairo.«

Ich wiederholte mit ihm die Fahrt vom Flughafen ins Zentrum von Kairo, aber diesmal nahmen wir die Al-ʿUruba-Straße; dann zeigte ich ihm Heliopolis, wo elegante Gebäude standen und die modernen Straßen vor Kurzem mit Bäumen bepflanzt worden waren. Am Abend fuhren wir wieder nach Hause, um unser Fasten bei Sonnenuntergang zu brechen.

Anschließend brachte ich ihn zum Al-Husain-Viertel. In der Al-Husain-Moschee wollten wir das *tarawih*-Gebet durchführen, das speziell im Ramadan gebetet wird. Die Plätze und Hauptstraßen waren voller Menschen, die auf das Nachtgebet warteten, auf welches das längere *tarawih* folgen sollte. Als die Gebete beendet waren, zerstreuten sich die Menschen wie Heuschrecken über die Felder. Im Viertel fand ein Buchverkauf statt; es gab auch ein provisorisches Theater, in dem lokale Gesangs- und Tanzgruppen ihre Kunst darboten. Zakariya al-Hijjawi, der in dieser Zeit ein berühmter Sänger war, war in die Stadt zurückgekehrt und stellte eine weibliche Sängerin namens Khadra und die Gruppe Al-Buhairah vor, die Trommeln schlugen und einen Tanz aufführten.

Nur wenige Tage später hatten die wunderschönen historischen Gebäude Kairos Shaikh Saqrs Erinnerungen an den Friedhof ausgelöscht. Er dachte nicht mehr an die fauligen Gerüche der Gerberei. An ihrer Stelle stand nun der Duft der Parks und Gärten von Kairo.

Ich absolvierte die Semesterprüfungen, bestand alle Seminare und begann das zweite Semester des dritten Studienjahres.

Zu dieser Zeit kam ʿUmair bin ʿAbdullah al-Flasi, ein Kaufmann aus Dubai und ein Freund von mir, nach Kairo. Er wohnte im Omar Khayyam-Hotel; da die Hotels von Kairo hoffnungslos überfüllt waren, hatten die Hotelbesitzer zusätzliche Holzunterkünfte im Garten errichtet. ʿUmair bin ʿAbdullah gehörte zu den Gästen, die in den Gartenunterkünften untergebracht waren. Die Holzwände dieser Räume waren so dünn, dass man alle Geräusche von draußen hören konnte.

Als ich Herrn 'Umair in seinem Raum besuchte, beschwerte er sich über das Getrommel, die Tänze und Gesänge, die jeden Abend stattfanden. Er lud mich zum Abendessen ein und führte mich ins Hauptgebäude des Hotels, in dem sich ein Restaurant befand. Als wir die Hotellobby betraten, fand dort gerade eine Hochzeitsparty statt, und als die Braut die Treppe herunterkam, ertönten im ganzen Hotel die ohrenbetäubenden Klänge von Trommeln und Flöten. Eine spärlich bekleidete Tänzerin ging dem Zug voran. Plötzlich stand die Braut direkt vor uns. Wir wollten entkommen, wurden aber von den Gratulanten umringt. Wir fanden keinen Fluchtweg, und so stand einer von uns rechts von der Braut, der andere zur Linken des Bräutigams, bis das Fest vorüber war.

Danach fragte mich 'Umair bin 'Abdullah: »Ist das erlaubt?!«

»Werden Sie morgen mit mir zum Freitagsgebet gehen?«, fragte ich zurück.

»Ja!«, antwortete er.

Vor dem Freitagsgebet begleitete ich 'Umair bin 'Abdullah zur Qasr al-Nil- (Nilpalast-) Straße, wo das Casablanca-Café, das Muhammad 'Abdul-Salam gehörte, lag. Er hatte die zwei Gebetsteppiche dabei, um die ich ihn gebeten hatte.

Von dort aus machten wir uns auf den Weg zur Sharif-Moschee in der Sharif-Straße, die jedoch so überfüllt war, dass die Leute draußen auf der Straße beteten. Wir breiteten unsere Teppiche auf dem Boden aus und stellten uns in die letzte Reihe der Betenden. Die Gemeinde antwortete gerade »Amen … Amen … Amen … Amen!« auf die Gebete des Imams, mit denen er seine Predigt beendet hatte.

'Umair bin 'Abdullah fragte mich: »Wo ist die Moschee?«

»Weit entfernt«, erwiderte ich.

Er sagte: »Wie groß ist die Zahl deiner Gläubigen, Ägypten!«

Der Verband der omanischen Studenten

Im omanischen Studentenverband, der in der Jumhuriyyah-Straße lag, waren keine Studenten, die Verbindung zu den arabischen Nationalisten hatten – bis auf Abu Qasida, einen Omaner aus der Dhofar-Region. Während der Wahlen, die im Gebäude des Verbandes stattfanden, erhielt er außer der eigenen keine Stimme. Also begann er, unter den Schülern aus dem Oman und Sansibar, die ägyptische Grund- und Mittelschulen besuchten, Gruppen zu rekrutieren, die dem Verband beitreten sollten. Sie erhielten eine kleine finanzielle Unterstützung vom ägyptischen Stiftungsfonds. Voraussetzung für ihre Mitgliedschaft im omanischen Studentenverband war, dass sie nicht an den Wahlen teilnehmen durften. Jeder Student aus Sharjah, der eine Studienförderung aus Kuwait erhalten hatte, musste dem Verband monatlich drei ägyptische Pfund zahlen. Diese Summe sollte unter den Studenten verteilt werden, die nicht an der Universität studierten und der Organisation neu beigetreten waren.

Erst ein Jahr nach dem Beitritt der externen Studenten hatte Abu Qasida die Möglichkeit, die Kontrolle über den Studentenverband zu ergreifen. Es wurden Vorbereitungen für eine Tee-Party getroffen, an der zahlreiche Studenten der Universität und anderer Schulen teilnehmen sollten. In jener Zeit war ich der Präsident des Verbandes; Rashid bin Sultan al-Makhawi fungierte als Schatzmeister. Während der Versammlung kam einer der universitätsexternen Studenten zu mir, warf mir einen Teller mit Früchten und Kuchen vor die Füße und rief: »Wir sind keine Bittsteller! Wir brauchen deine Almosen nicht!« Er hatte vor, das Fest zu stören und einen Kampf zu provozieren, um uns die Kontrolle über den Verband zu entreißen.

Ich erwiderte: »Es besteht keine Notwendigkeit, so zu reden. Dein Verhalten ist nicht akzeptabel!«

Er stieß mich an, und einige Universitätsstudenten eilten herbei, um mich zu verteidigen. Ein Kampf ließ sich nicht mehr verhindern. Schließlich wurden die universitätsexternen Studenten geschlagen. Sie rannten die Treppen vom sechsten Stock herunter; alle folgten ihnen, schlugen und traten sie, bis sie auf die Jumhuriyyah-Straße gelangten. Wir verfolgten sie ein Stück und kehrten dann zum Verbandshaus. zurück

Als wir das Gebäude später verließen, fanden wir heraus, dass die geschlagenen Studenten den Zwischenfall der Polizei gemeldet hatten. Infolge der blauen Flecke und Prellungen auf ihren Körpern konnten sie behaupten, dass sie »grundloser« Gewalt und Schlägen ausgesetzt gewesen waren. Die Wachen im Gebäude und die Menschen in den Geschäften der Straße konnten nur berichten, dass wir sie wirklich verprügelt hatten. Die »Externen« logen die Polizei auch dahingehend an, dass wir den Verband übernommen hätten, der eigentlich ihnen gehöre. Also versiegelte die Polizei die Tür des Verbandsbüros mit rotem Wachs.

Am nächsten Tag kam Rashid al-Makhawi zu mir und sagte, der Raumpfleger des Verbandes habe ihn kontaktiert und erzählt, das Büro des Verbands sei versiegelt worden.

Leider fanden wir an diesem Abend keinen autorisierten Regierungsbeamten, bei dem wir Beschwerde einlegen konnten.

Am dritten Morgen nach dem Zwischenfall ging ich zu den

zuständigen ägyptischen Beamten und erklärte ihnen, dass diese Studenten nicht an der Universität eingeschrieben seien und nach den Regeln der Studentenverbände keine vollwertigen Mitglieder des Verbandes sein dürften. Sofort entfernten die Beamten das rote Wachs von der Tür.

Als die universitätsexternen Studenten erfuhren, was geschehen war, gingen sie ihrerseits zu den ägyptischen Beamten und erzählten ihnen die Geschichte aus ihrer Sicht. Dann brachen sie die Tür zum Sitz des Verbandes auf und besetzten das Büro. Der Raumpfleger setzte sich abermals mit Rashid al-Makhawi in Verbindung, und Rashid eilte zu mir. Er war überrascht von ihrem Verhalten, aber ich sagte zu ihm: »Du bist kein Omaner, und ich auch nicht. Warum machen wir uns so viele Gedanken darüber?!«

Wir überließen ihnen den Verband.

Ich beendete das zweite Semester des dritten Studienjahres mit Erfolg. In den Sommerferien reiste ich mit meiner Schwester Na'ima, ihrem Ehemann und ihren Kindern nach London, um den Sommer dort zu verbringen.

Der Abriss der Festung von Sharjah

Vor Beginn der Semesterprüfungen im Januar 1970 rief mich ein Freund aus Sharjah an und erzählte mir, dass man begonnen hatte, die Festung von Sharjah abzureißen. Ich reiste sofort in mein Land, um den Abriss zu stoppen.

In zwei Tagen sollten meine Prüfungen beginnen. Ich kam nachts in Sharjah an, und am Morgen ging ich zur Festung. Vom Fort waren nur noch ein Turm, der sogenannte Kubs, und eine

Mauer übrig, die nur wenige Meter hoch und mit dem Turm verbunden war.

Um den Abriss zu stoppen, eilte ich zum Palast. Dort hörte ich, wie der Herrscher von Sharjah, mein Bruder Shaikh Khalid bin Muhammad al-Qasimi, erklärte, was die Festung für die Bürger von Sharjah repräsentiere.

Ich fragte Shaikh Khalid: »Warum zerstören Sie die Festung?«

Er erwiderte: »Ich will alle Spuren von Shaikh Saqr bin Sultan al-Qasimi [dem vorherigen Herrscher von Sharjah] auslöschen.«

»Die Festung ist ein Relikt Ihrer und meiner Vorfahren«, versuchte ich ihn zu überzeugen. »Der letzte Überrest von Shaikh Saqr bin Sultan al-Qasimi ist der Palast, in dem Sie jetzt leben, nicht die Festung.«

Shaikh Khalid verstummte. Dann sagte er: »Gehen Sie und stoppen Sie den Abriss.«

»Ich habe ihn schon heute Morgen gestoppt«, entgegnete ich.

Ich kehrte zur Festung zurück und notierte mir die Maße der Anlage. Es war einfach, die Vermessung vorzunehmen, da die Fundamente der Festung sichtbar waren. Ich sammelte die Türen und einige Holzfenster zusammen und bestrich sie mit Insektenschutzmittel. Dann brachte ich sie an einen sicheren Ort, da ich hoffte, sie eines Tages wieder in der Festung einbauen zu können. (Im Januar 1996 begann ein Projekt zum Wiederaufbau der Festung, bei dem die Originaltüren und -fenster wieder an ihre alten Standorte gebracht wurden. Das Projekt wurde im April 1997 beendet, und die Festung steht mit ihren Originaltüren und -fenstern bis heute an ihrem ursprünglichen Platz.)

Bis zur Prüfung war nur noch ein Tag. Ich fuhr zum Flughafen von Dubai und flog von dort nach Beirut, wo ich einen Verbindungsflug nach Kairo nehmen wollte. Als ich in Beirut eintraf, sagte mir ein Beamter der Fluggesellschaft jedoch, dass auf dem Flug nach Kairo kein Platz für mich reserviert sei. Ich suchte bei allen Fluglinien nach einem Platz – ich wäre sogar nach Europa und von dort zurück nach Kairo geflogen. Aber ohne Erfolg.

Es war ein Uhr morgens am Prüfungstag, als Sudan Airways einen Flug nach Kairo und von dort weiter nach Khartoum ankündigte. Obwohl ich auch das Büro dieser Fluglinie bereits aufgesucht hatte, um mich zu erkundigen, ob ein Platz frei sei, dachte ich, ein weiterer Versuch könnte nicht schaden. Ich wollte so etwas nie tun, aber die Umstände erforderten es. Ein Dichter sagte einst:

Findest du keinen anderen Weg, als auf der Speerspitze zu reisen,
Dann hast du keine Wahl – du musst es tun.

Also legte ich einen Hundert-Dollar-Schein in meinen Reisepass, in dem vor meinem Namen der Titel »Shaikh« stand. Ich überreichte dem Angestellten, der für die Reservierungen bei Sudan Airways zuständig war, mein Ticket, das keine Reservierung für Kairo hatte, zusammen mit meinem Reisepass, in dem der Hundert-Dollar-Schein lag. Dann sagte ich: »Ich muss unbedingt heute Morgen nach Kairo fliegen.« Der Angestellte öffnete meinen Reisepass, und als er das Bildnis von Franklin D. Roosevelt auf dem Geldschein sah, lächelte er: »Willkommen, hochverehrter Shaikh!«

Dann radierte er einen Namen auf der Passagierliste aus und sagte mir, ich solle mich direkt zum Boarding-Gate des Flugzeugs begeben.

Im Flugzeug saß ein sudanesischer Passagier neben mir. Erschöpft, und in Gedanken an meine bevorstehende Prüfung versunken, beschloss ich, während des Fluges zu schlafen. Ich bat den Sudanesen, mich nicht aufzuwecken, und sagte ihm, ich wolle weder etwas essen noch irgendein Getränk.

Nach kurzer Zeit weckte er mich auf. »Was wollen Sie?«, fragte ich ihn.

»Die Stewardess fragt, ob Sie eine Tasse Tee möchten.«

»Ich habe Ihnen doch gesagt, dass ich keinen Tee will. Und jetzt lassen Sie mich schlafen«, sagte ich gereizt. Dann döste ich ein.

Einen Moment später weckte er mich erneut auf.

Ich seufzte: »Was wollen Sie jetzt?«

»Die Stewardess möchte wissen, ob Sie ein Frühstück wollen.«

»Ich will nichts!«, rief ich.

Ich schlief wieder ein, aber schon weckte er mich erneut.

Ich schrie: »Sie müssen damit aufhören. Hören Sie auf!«

Er erwiderte: »*Sie* müssen aufhören, nicht ich. Ich kann Ihr Schnarchen nicht ertragen. Es stört mich schon, seitdem ich neben Ihnen sitze!«

In diesem Augenblick erklang eine Durchsage des Kapitäns: »Bitte, schnallen Sie sich an. Wir landen in 15 Minuten in Kairo.«

Als ich das Flugzeug verließ, ging die Sonne am Horizont auf. Ich beeilte mich, alle Einreiseprozeduren hinter mich zu bringen, und fand ein Taxi, das mich zu meinem Haus brachte. Dort holte ich meinen Studienausweis und einen Stift und ging zur Prüfung. Aber ich war so aufgeregt und erschöpft, dass ich durchfiel. Das war der Preis, den ich für die Rettung der Festung zahlen musste.

Danach absolvierte ich das erste Semester des vierten Studienjahres und bestand die restlichen Seminare.

Israelische Spione

Im zweiten Semester des vierten Studienjahres belegte ich einen Kurs mit dem Titel »Gärten und Zierpflanzen« bei Dr. 'Abdul-'Alim Shushan.

Eines Tages waren wir im Fachbereich für Gärten und Zierpflanzen und machten Fotos von uns. Die Blumengärten waren so schön, dass ich eine Kamera mitgebracht hatte, die Farbfotos aufnahm und meinem Freund 'Ali al-'Uwais gehörte. Am Nachmittag des folgenden Tages war ich zusammen mit 'Ubaid Yusuf al-Qasir wieder da, und wir machten Fotos von den Blumen, Bäumen und uns selbst. Ein Wachmann in einem khakifarbenen Mantel trat auf uns zu und sagte: »Fotografieren ist hier nicht erlaubt!«

Ich rief: »Das können Sie uns nicht verbieten! Wir waren schon gestern hier und haben Fotos gemacht.«

Der Wachmann fixierte mich mit strengem Blick. »Sie! Wo kommen Sie her?«

Ich erwiderte: »Von der Universität.«

Der Wachmann fragte: »Haben Sie einen Ausweis?«

»Ja«, sagte ich.

Ich suchte nach meinem Ausweis, konnte ihn aber nicht finden. »Ich habe ihn zu Hause vergessen.«

»Gehen Sie mir voraus zum Sicherheitsdienst der Universität.«

»Ich bin ein Student. Man kennt mich an der Universität«, versuchte ich es erneut.

Genau in diesem Moment ging einer der Dozenten aus dem Fachbereich für Ernährungswirtschaft an uns vorbei. »Fragen Sie doch diesen Mann.« Dann wandte ich mich an Dr. Muhammad: »Dr. Muhammad, kennen Sie mich?«

Dr. Muhammad erwiderte: »Ja, ich kenne Sie.«

Der Wachmann sagte: »Er hat Militäranlagen fotografiert.«

Indem Dr. Muhammad floh, drehte er sich noch einmal zu uns um: »Ich kenne diesen Mann nicht! Ich habe ihn noch nie gesehen.«

Ich rief Dr. Muhammad hinterher: »Sie Feigling!«

Der Wachmann brachte uns in das Büro des diensthabenden Sicherheitsbeamten, das sich am Tor der Landwirtschaftlichen Fakultät befand. Dort fanden wir einen Unteroffzier namens Ambashi vor. Er telefonierte mit dem diensthabenden Offizier und sagte zu ihm: »Wir haben israelische Spione ergriffen, die Fotos von den Militäranlagen aufgenommen haben!«

Ich unterbrach ihn, um ihn davon abzuhalten weiterzusprechen, oder in der Hoffnung, er würde mir eine Chance geben, mit Offizier Salim zu sprechen, den ich sehr gut kannte – aber ohne Erfolg. Offizier Salim gab Ambashi den Befehl, mir meine Kamera abzunehmen, uns unter Bewachung zu stellen und dann zur Al-Duqi-Polizeistation zu schicken.

Nachdem er die Kamera mit Wachs versiegelt hatte, konnte der Unteroffizier kein Auto finden, um uns zur Polizeistation zu bringen; also schlug ich ihm vor, einen Polizisten in mein Auto zu setzen, mit dem wir zur Polizeistation fahren würden. Ich setzte mich auf den Fahrersitz; neben mir saß ‘Ubaid al-Qasir. Der Polizist saß auf dem Rücksitz mit dem Lauf seines Maschinengewehrs in meinem Nacken. Wir kamen zur Kreuzung neben den Orman-Gärten. Dort konnten wir drei verschiedene Straßen nehmen:

- die rechte Straße, die zur Sicherheitsabteilung von Gizeh führte,
- die linke Straße – die Al-Duqi-Straße – die uns zur Polizeistation brachte,
- die mittlere Straße – die Al-Masaha-Straße – die zu meinem Haus führte.

Ich nahm die Al-Masaha-Straße. Der Polizist stieß den Gewehrlauf in meinen Nacken und schrie: »Fahren Sie zurück! Nach links! Nehmen Sie die Al-Duqi-Straße!«

Ich sagte ruhig: »Ich fahre zu meinem Haus, um meinen Reisepass zu holen; dann fahren wir zur Al-Duqi-Polizeistation.«

Als wir die Al-Masaha-Straße herunterfuhren, murmelte 'Ubaid al-Qasir: »Israelische Spione! Wenn Spione etwas fotografieren wollen, würden sie dann ihre Kameras umhertragen und vor aller Augen Fotos machen?! Erstaunlich! Gott, sind das Idioten!«

Aber der Polizist hatte es verstanden und sagte zu 'Ubaid: »Seien Sie still oder ich schlage Ihnen ins Gesicht.«

Ich hielt vor meinem Haus und erklärte dem Polizisten: »Ich hole meinen Reisepass und komme dann wieder zu Ihnen.«

Da richtete er den Lauf seines Maschinengewehres auf den Nacken von 'Ubaid al-Qasir!

Ich brauchte lange, um meinen Reisepass zu finden. 'Ubaid al-Qasir erzählte mir später, dass der Polizist gesagt hatte: »Ihr Freund braucht sehr lange!«, worauf er sich angeboten hatte, mich zu holen.

»Nein, das werden Sie nicht!«, hatte der Polizist angeordnet. »Ich möchte wenigstens einen von Ihnen ausliefern.«

Schließlich fand ich meinen Pass und den Immatrikulationsausweis, und wir kamen am Hauptsitz des Internen Sicherheitsdienstes an. Dort führte man uns in den Keller, wo wir eine Stunde lang festgehalten wurden. Dann brachte ein Polizist uns in den zweiten Stock, wo ein Major namens Jamal Salim uns aufforderte, den Film aus der Kamera zu nehmen. ʿUbaid al-Qasir nahm den Film aus der Kamera und übergab den Film dem Major und ich händigte ihm meinen Reisepass und meinen Ausweis aus. Der Major brachte diese Dinge in ein Büro, das an seines angrenzte, und ließ uns in einem Raum im zweiten Stock warten.

Einen kurzen Moment später kehrte Major Jamal Salim zurück. Er gab mir meinen Reisepass und meinen Studentenausweis zurück und händigte ʿUbaid al-Qasir den Film aus. Dann führte er uns zu seinem Chef, an dessen Namen ich mich nicht erinnere. Er empfing uns sehr freundlich und entschuldigte sich für das Verhalten des Wachmanns der Universität.

Als ich in dieser Nacht nach Hause kam, hörte ich das Telefon schon vor der Tür beharrlich klingeln. Am Hörer war Major Shaukat Husni vom Sicherheitsministerium. Er sagte: »Gott sei Dank sind Sie wohlbehalten!«

Ich fragte: »Woher wissen Sie, was passiert ist?«

Er erwiderte: »Man hat sich bei mir nach Ihnen erkundigt.«

Am nächsten Morgen sprachen an der Universität alle über die israelischen Spione. Als ich mein Auto vor der Universität parkte, kam ʿAmm Ibrahim, der Pförtner, angerannt, um mir die Tür zu öffnen, und sagte: »Herr Sultan, wissen Sie schon, dass gestern zwei israelische Spione an der Universität festgenommen wurden?«

Ich stellte die Dinge richtig. »Wissen Sie, dass die Leute, die gestern festgenommen wurden, mein Kommilitone und ich waren? Wir haben Fotos von den Gärten und Zierpflanzen gemacht.«

Dann erzählte der diensthabende Offizier mir von den Spionen, und auch die Studenten und Studentinnen sprachen mich darauf an. Ich klärte alle auf; am Ende war ich gezwungen, das Mikrofon im größten Vorlesungssaal zu nehmen, in den über tausend Studenten passten. Vor dem Beginn der Vorlesung erklärte ich allen, was geschehen war. Nach der Vorlesung gingen wir zu mehreren auf die Hauptstraße, die die beiden Universitätsbereiche teilt. Da kam eine Kolonne von Panzern vorbei. Die Studenten und Studentinnen riefen: »Sieh doch, Sultan, sieh doch, sieh doch!« Die Panzer hatten sich unter den Orangenbäumen der Gärten versteckt.

Eine Verschwörung zur Ermordung meines Bruders

Ich schloss das vierte Studienjahr ab und musste das Jahr in drei Fächern wiederholen. Den Sommer verbrachte ich in Kairo. Mir kam zu Ohren, das man einen Plan ausgeheckt hatte, nach dem eine Zeitbombe unter dem Stuhl von Shaikh Khalid bin Muhammad al-Qasimi, dem Herrscher von Sharjah, meinem Bruder, platziert werden sollte. Ich suchte Rat bei Shaikh Muhammad bin Sultan al-Qasimi, der den Sommer bei seiner Familie in Kairo verbrachte. Er riet mir, sofort meinem Bruder zu schreiben und ihn vor der Intrige zu warnen.

Ich schrieb den Brief und gab ihn einem meiner Freunde, der nach Sharjah reiste. Ich bat ihn, den Brief unverzüglich Shaikh Khalid auszuhändigen.

Später an diesem Tag rief ich meinen Freund an und er berichtete, er habe den Brief am selben Tag, dem 11. Juli 1970, Shaikh Khalid persönlich übergeben.

Am Freitagmorgen, dem 17. Juli 1970, ging Shaikh Khalid – wie üblich – um zehn Uhr zur *majlis*. Die Bombe lag unter dem Sofa, auf dem er zu sitzen pflegte. Durch göttliche Fügung war die Zeitbombe genau um neun Uhr an diesem Morgen explodiert, bevor der Shaikh in der *majlis* eintraf. Das Sofa und die Stühle waren in kleine Stücke gesprengt worden, die überall in der *majlis* verstreut lagen. Das Glas der Fenster und Türen der *majlis* war zersplittert, aber niemand wurde verletzt.

Im September 1970 begann ich die Seminare und Vorlesungen des vierten Studienjahres zu absolvieren. Ich schloss mein Studium an der Landwirtschaftlichen Fakultät der Universität Kairo Anfang Juni 1971 ab und verbrachte den Sommer in Kairo und Alexandria.

In dieser Zeit erhielt ich Besuch von meiner Mutter, meiner Schwester Na'ima und ihren Kindern.

14

Die Heimat

Mitte August 1971 kehrte ich nach Sharjah zurück. Eines Tages parkte ich mein Auto in der Nähe eines Gemüseladens in der 'Uruba-Straße; ein Taxifahrer aus Abu Dhabi hielt an und fragte mich nach dem Weg zum Flughafen. In seinem Auto saß ein Ausländer, der von der Fahrt auf der langen, holprigen Straße sehr erschöpft wirkte.

Ich eilte in den Laden, holte eine Flasche Wasser und gab sie ihm. Der Mann stieg aus dem Auto und stellte sich vor. Er hieß Carl Hegges und kam aus dem Landwirtschaftlichen Institut für Festlandpflanzen an der Universität von Arizona, USA. Sein Kollege leitete ein Projekt in der Sa'diyat-Region von Abu Dhabi, das sich mit Kaltgewächshaus-Landwirtschaft befasste.

Ich stellte mich ebenfalls vor: »Mein Name ist Sultan bin Muhammad al-Qasimi, Agraringenieur und Absolvent der Landwirtschaftlichen Fakultät der Universität Kairo. Ich habe vor Kurzem mein Studium abgeschlossen. Darf ich Sie zum Flughafen bringen?«

Carl Hegges zögerte, aber der Ladenbesitzer sagte: »Er ist der Bruder des Herrschers. Machen Sie sich keine Sorgen.«

Carl Hegges stieg zu mir ins Auto. Ich brachte ihn zum Flughafen, wo er das Flugzeug nach Maskat besteigen sollte, das noch nicht gelandet war. Wir saßen in der Flughafen-Lounge und unterhielten uns über das Agrarprojekt in Sa'diyat. Dann bot er mir an, in der Abteilung für Festlandpflanzen, die zum Landwirtschaftlichen Institut der Universität von Arizona gehörte, ein Studium zu beginnen, um den Grad eines Magisters zu erlangen. Ich nahm das Angebot an, und wir vereinbarten, miteinander zu korrespondieren, um meine Immatrikulation an der Universität von Arizona zu arrangieren. Die Vorfälle, die sich in den folgenden Monaten in Sharjah ereigneten, führten mich jedoch auf einen völlig anderen Weg. Ich bin bis heute mit Carl Hegges befreundet.

Wichtige Funktionen in der Regierung

Anfang Oktober 1971 bat mich Shaikh Muhammad bin Sultan al-Qasimi um ein Treffen, um mit mir über sein letztes Telefonat mit Shaikh Khalid bin Muhammad al-Qasimi, dem Herrscher von Sharjah, zu sprechen. Mein Bruder, Shaikh Khalid, hatte ihm gesagt, er werde Mukhtar al-Tum, den Präsidenten der Stadtverwaltung von Sharjah, zum Direktor seines Büros ernennen. Shaikh Muhammad bin Sultan al-Qasimi war dagegen und hatte daran erinnert, dass ich zurück aus Kairo sei und noch keine Funktion in der Regierung habe. »Sultan bin Muhammad al-Qasimi ist am besten dafür geeignet, Leiter des Herrscherbüros zu werden.«

Shaikh Muhammad berichtete mir, dass mein Bruder erwidert habe: »Sie müssen Sultan überzeugen, die Position anzunehmen.«

Shaikh Muhammad bin Sultan al-Qasimi wandte sich zu mir und sagte: »Bitte nehmen Sie die Position an, denn sie erfordert große Sensibilität, und Sie können sehr gut mit Menschen umgehen.«

Ich sagte zu.

Das Büro seiner Hoheit, des Herrschers von Sharjah, war eine Villa in der Kuwait-Straße, die sich im Faiha-Viertel von Sharjah befand. Das Haus lag weit entfernt von der *majlis* Shaikh Khalids, wo sich Gruppen und Einzelpersonen versammelten, um über die zwei folgenden Themen zu diskutieren: die Gründung der Vereinigten Arabischen Emirate und die Insel Abu Musa. Ich wusste nicht, um was genau es in den Diskussionen ging, da ich die ganze Zeit über in Kairo gewesen war. Also nahm ich mir vor, mich schnell und umfassend über die beiden Themen zu informieren.

Was das erste Thema – die Gründung der Vereinigten Arabischen Emirate – anbetraf, so diskutierte man über die Gründung einer Föderation von sechs Emiraten, den früheren Vertragsküstenstaaten (außer Ra's al-Khaimah, das sich weigerte, der Union beizutreten), seitdem Bahrain und Qatar die Unabhängigkeit erlangt hatten. Ursprünglich hatte man einen Plan für die Union von neun Emiraten aufgestellt. Ra's al-Khaimah hatte anfangs einige Vorbedingungen für seinen Beitritt gestellt; diese Fragen konnten jedoch geklärt werden und stellten keinen Hinderungsgrund mehr dar.

Shaikh Zayid bin Sultan Al Nahyan, der Herrscher von Abu Dhabi, und Shaikh Rashid bin Sa'id al-Maktum, der Herrscher von Dubai, hatten eine Vereinbarung unterzeichnet, die die Gründung der Union beschleunigte.

Am Sonntag, dem 18. Juli 1971, hielten die Herrscher der Emirate ein Treffen ab. Die Teilnehmer waren Shaikh Zayid bin Sultan Al Nahyan, der Herrscher von Abu Dhabi; Shaikh Rashid bin Sa'id al-Maktum, der Herrscher von Dubai; Shaikh Khalid bin Muhammad al-Qasimi, der Herrscher von Sharjah; Shaikh Muhammad bin Hamad al-Sharqi, der Herrscher von Fudschaira; Shaikh Humaid bin Rashid al-Nu'aimi, der Kronprinz von 'Ajman; und Shaikh Rashid bin Ahmad al-Mu'allah, der Kronprinz von Umm al-Quwain. Danach wurde die Übergangsverfassung der Vereinigten Arabischen Emirate unterzeichnet.

Das zweite Diskussionsthema war die Insel Abu Musa, die zum Territorium von Sharjah gehörte, das vom Iran beansprucht wurde. Die Debatte über die Angelegenheit wurde vorverlegt, um schnellstmöglich eine Lösung mit Shaikh Khalid bin Muhammad al-Qasimi, dem Herrscher von Sharjah, und dem Schah von Iran zu finden. Sir William Luce war der britische Sonderbeauftragte, der die Zukunft von Abu Musa verhandeln sollte. Die Angelegenheit war dringend, da die Briten sich verpflichtet hatten, ihre bewaffneten Truppen Ende des Jahres aus der Golfregion abzuziehen. Sir William Luce traf alle Vorbereitungen für eine Erklärung, die den Status der Insel ab Mai 1971 festlegen würde, aber die negative Einstellung des Iran brachte die Verhandlungen zum Erliegen.

Am 18. August 1971 sandte Shaikh Khalid bin Muhammad al-Qasimi den Führern aller arabischen Staaten eine Nachricht, in der er sie über die Ergebnisse der Verhandlungen zwischen Großbritannien und dem Iran hinsichtlich der Inselfrage informierte.

Shaikh Khalid bin Muhammad al-Qasimi erhielt mehrere Antworten auf seine Briefe: Ja'far Numairi, der Präsident der Republik Sudan, gab der Übereinkunft seinen Segen. Er erhielt auch eine Nachricht von König Faisal bin 'Abdul-'Aziz Al-Su'ud, dem König von Saudi-Arabien, der betonte, dass das Problem mit dem Iran friedlich gelöst werden solle. König Hussein, das Oberhaupt des Haschemitischen Königreiches Jordanien, antwortete, dass sein Land alle nur möglichen Anstrengungen unternehmen werde, um die arabisch-iranischen Beziehungen zu verbessern. 'Abdul Khaliq Hassuna, der Generalsekretär der Arabischen Liga, schrieb, dass die arabischen Regierungen mit der iranischen Regierung kommunizieren sollten.

Shaikh Khalid bin Muhammad al-Qasimi übertrug mir die Aufgabe, Shaikh Zayid bin Sultan Al Nahyan, dem Herrscher von Abu Dhabi, eine Kopie des Briefes von König Faisal zu übergeben. Ich reiste am Donnerstag, dem 15. Oktober 1971, nach Abu Dhabi, um mich dort mit Ahmad bin Khalifa al-Suwaidi in seinem Büro im Al-Manhal-Palast zu treffen.

Bei dem Treffen war auch Hamuda bin 'Ali anwesend, einer der Beamten, die einst für die Sicherheit in Abu Dhabi verantwortlich waren. Das Treffen mit Shaikh Zayid bin Sultan Al-Nahyan wurde für den folgenden Morgen anberaumt. Man traf Vorkehrungen für meine Unterbringung, und ich verbrachte die Nacht im Gästehaus.

An diesem Abend fand eine Zeremonie statt, bei der die großartige ägyptische Sängerin Umm Kulthum auftrat. Es war das Fest zum Jahrestag des Machtantritts von Shaikh Zayid bin Sultan Al Nahyan, des Herrschers von Abu Dhabi. Ahmad al-Suwaidi bat mich, daran teilzunehmen, was ich auch tat.

Am folgenden Tag kam Ahmad al-Suwaidi zu mir und begleitete mich zu dem Treffen mit Shaikh Zayid bin Sultan Al Nahyan, das am frühen Morgen stattfand. Wir trafen ihn in der *majlis* seiner Mutter, da er gerade zu Besuch bei ihr war. Ich traf Shaikh Zayid zum ersten Mal und überreichte ihm die Kopie des Briefes von König Faisal. Nachdem er den Brief gelesen hatte, unterhielten wir uns in Anwesenheit von Ahmad al-Suwaidi. Es zeigte sich, dass er über die Vereinbarungen zu Abu Musa nicht glücklich war.

Mehrere Tage später wurde mir die Aufgabe übertragen, der Regierung von Ägypten die Kopie des Briefes von König Faisal zu überreichen. In Ägypten traf ich mich mit Mahmud Riyad, dem Außenminister von Ägypten, und gab ihm eine Kopie des Briefes.

Ende Oktober 1971 kehrte ich aus Kairo zurück. Am 1. November 1971 erschienen mehrere Artikel in der Zeitung *Al-Khaleej*, die von zwei Brüdern – Taryam bin ʿUmran und ʿAbdullah bin ʿUmran – gegründet worden war. Die Zeitung war in Sharjah lizenziert und wurde in Kuwait gedruckt. Sie veröffentlichte Ausschnitte aus den geheimen Diskussionen zwischen Shaikh Khalid bin Muhammad al-Qasimi, dem Herrscher von Sharjah, und Sir William Luce, dem britischen Sonderbeauftragten, die sich mit der Zukunft von Abu Musa befassten. Auf der ersten Seite war in großen Lettern eine Aussage von Shaikh Khalid bin Muhammad al-Qasimi abgedruckt. Die kurze Schlagzeile vermittelte den Eindruck, Shaikh Khalid habe die Vorschläge des britischen Sonderbeauftragten für die Zukunft der Insel entschieden abgelehnt. Die abgedruckten Details der Diskussion machten jedoch deutlich, dass Shaikh Khalid durchaus erwog, die Empfehlung von Sir William Luce als letzten Ausweg zu sehen, unter den gegebenen Umständen unsere Rechte und die Hoheitsgewalt über die Insel zu bewahren.

Das Informationsministerium in Kuwait wurde aufgefordert, die Ausgabe vom 1. November, die bereits gedruckt worden war, zu konfiszieren. Alle der etwa 4.000 Exemplare wurden vernichtet. Aber die brisanten Dokumente wurden von den Nachrichtenagenturen weiterverbreitet. In der zweiten Ausgabe von *Al-Khaleej*, die am Morgen des 2. November erschien, waren sie erneut abgedruckt. Als Sir William Luce am Abend diese Nachricht erhielt, geriet er in Sorge, setzte sich mit Shaikh Khalid bin Muhammad al-Qasimi in Verbindung und drängte ihn dazu, der Zeitung sofort die Lizenz zu entziehen. Shaikh Khalid erwiderte, eine solche Entscheidung werde zu internen Sicherheitsproblemen führen und garantierte, dass die Zeitung keine Artikel mehr über Abu Musa veröffentlichen werde.

An diesem Abend versprach 'Abdullah bin 'Umran, der Chefredakteur von *Al-Khaleej*, Shaikh Khalid, seine Zeitung werde nichts mehr über Abu Musa publizieren. Doch der Shaikh wurde weiterhin unter Druck gesetzt, der Zeitung die Lizenz zu entziehen. Die Situation beruhigte sich erst, als 'Abdullah bin 'Umran am 10. November 1971 einen Brief an Shaikh Khalid bin Muhammad al-Qasimi schrieb, in dem er ihm versprach, nichts mehr von den laufenden Gesprächen über die arabischen Inseln im Golf zu veröffentlichen.

Das Abu Musa-Abkommen mit dem Iran

Am 30. November 1971 hielt Shaikh Khalid bin Muhammad al-Qasimi, der Herrscher von Sharjah, um Punkt sieben Uhr eine

Rede, in der er erklärte, dass er eine Vereinbarung mit der iranischen Regierung getroffen habe. Dieses Abkommen bestand aus folgenden Punkten:

- Die Oberhoheit Sharjahs über Abu Musa wird durch das Abkommen nicht beeinträchtigt.
- Die Insel Abu Musa wird zwischen Sharjah und dem Iran aufgeteilt.
- Die Flagge von Sharjah soll weiterhin auf dem Fahnenmast der Sharjah-Polizei auf der Insel gehisst werden.
- Nach der Teilung der Insel sollen die Polizei von Sharjah und die Inselverwaltung weiterhin auf dem Teil der Insel, der Sharjah zugewiesen wurde, stationiert sein.
- Die Inselbewohner dieser Region sollen weiterhin Bürger Sharjahs sein.

Am Morgen des 1. Dezember 1971 reiste eine von Shaikh Saqr bin Muhammad al-Qasimi, dem Stellvertreter des Herrschers, angeführte Delegation auf die Insel, um dort die iranische Delegation zu treffen. An diesem Abend kam es zu Protestaktionen – nicht nur in Sharjah, sondern in den meisten Emiraten, die das Abkommen nicht befürworteten. Die Demonstranten waren dagegen, einen Teil der Insel an den Iran abzutreten.

Die von Shaikh Saqr bin Muhammad al-Qasimi angeführte Delegation kehrte nach Sonnenuntergang zurück. Als Shaikh Saqr in dieser Nacht sein Haus betreten wollte, wurde ein Schuss auf ihn abgefeuert, der aber keine ernsten Verletzungen hervorrief. Die Identität des Attentäters wurde nie aufgedeckt.

Die Geburt des neuen Staates

Der Staat der Vereinigten Arabischen Emirate wurde am Morgen des 2. Dezember 1971 gegründet. Die Herrscher der sechs Emirate (Ra's al-Khaimah war nach wie vor nicht dabei) versammelten sich im Gästehaus von Jumaira (Dubai). Vorher hatte jeder Herrscher in seinem Land einen Vertrag unterzeichnet, nach dem die Spezialabkommen zwischen den einzelnen Emiraten und den Briten am 1. Dezember 1971 ihre Gültigkeit verlieren sollten. Diese Versammlung galt als erstes Treffen des Führungsgremiums der Vereinigten Arabischen Emirate und setzte die Übergangsverfassung in Kraft. Shaikh Zayid bin Sultan Al Nahyan wurde zum Präsidenten des neuen Staates gewählt, Shaikh Rashid bin Sa'id al-Maktum als Vizepräsident eingesetzt und Shaikh Maktum bin Rashid al-Maktum zum Premierminister ernannt.

Bei dem Treffen wurde über die Beziehung der jungen Nation zur britischen Regierung diskutiert. Man beschloss, ein Freundschaftsabkommen mit der britischen Regierung zu unterzeichnen. Die Mitglieder des Führungsgremiums autorisierten Shaikh Zayid bin Sultan Al- Nahyan als Präsidenten des Staates, das Abkommen zusammen mit dem britischen Regierungsvertreter in Bahrain, der dem Treffen im Namen der britischen Regierung beiwohnte, zu unterzeichnen.

Am 9. Dezember wurde der Ministerrrat gegründet, der von Shaikh Maktum bin Rashid al-Maktum geleitet werden sollte. Ich wurde gebeten, als Bildungsminister zu fungieren und nahm die Funktion an. Daneben behielt ich meine Position als Generaldirektor des Herrscherbüros von Sharjah.

Schwere Zeiten: Die Ermordung meines Bruders, des Herrschers von Sharjah

Am Montagmorgen, dem 8. Dhul-Hijjah 1391, dem 24. Januar 1972, war ich im Büro Seiner Hoheit des Herrschers, als Khalid al-'Alami, der Direktor der Finanzabteilung von Sharjah, mit einem Aktenkoffer zu mir kam. Er sagte mir, dass Shaikh Khalid das Büro aufsuchen werde, um einige Bankschecks für die Regierungsgehälter und Verträge zu unterzeichnen. Er wollte sie an diesem Tag unterschreiben, weil der *'Eid* auf den 26. Januar fiel. Kurze Zeit später trafen ein paar Leute der Spezialwache Shaikh Khalids ein und berichteten, er sei unterwegs, und sie seien gekommen, um das Büro zu sichern.

Um elf Uhr morgens traf Shaikh Khalid ein. Er forderte Khalid al-'Alami auf, ihm die Papiere vorzulegen, die unterzeichnet werden mussten, und bat mich, neben ihm zu sitzen. Nachdem er alle Schecks unterzeichnet hatte, wandte er sich an Khalid al-'Alami: »Ab dem Ersten des nächsten Monats wird Sultan alle Schecks unterzeichnen.«

Khalid al-'Alami sagte: »Das ist eine große Verantwortung.«

»Wenn Sultan mich vertritt, bin ich entspannter. Ich will mich ausruhen«, erwiderte Shaikh Khalid.

»Hoheit, Sie können verreisen, um sich zu entspannen«, wandte Khalid al-'Alami ein.

Shaikh Khalid entgegnete müde: »Ich brauche eine lange Pause.«

Als wir gegen Mittag das Büro Seiner Hoheit des Herrschers verließen, bat mich Shaikh Khalid, mit ihm im Palast zu Mittag zu speisen. Seine Frau war nicht zu Hause; sie war zu einer Hochzeit eingeladen.

Im Palast bat Shaikh Khalid mich, im Wohnzimmer auf ihn zu warten, da er ein Bad nehmen wollte. »Ich möchte nach Hause gehen, um einige Dokumente zu holen, die ich dir zeigen will«, sagte ich.

Es war fast zwei Uhr nachmittags. Ich lebte im selben Haus wie Shaikh Su'ud bin Sultan al-Qasimi, der Ehemann meiner Schwester; unser Wohnhaus befand sich in der Nähe des Palastes. Als ich mich wieder auf den Rückweg zum Palast machte, traf ich Rashid bin 'Ali bin Dimas, einen bekannten Bauunternehmer, der mich bat, einen Bankscheck zu unterzeichnen, den Khalid al-'Alami dem Shaikh noch nicht vorgelegt hatte.

»'Khalid al-'Alami hat mich darüber informiert, dass Sie in Zukunft alle Schecks unterzeichnen«, meinte Rashid bin Dimas.

»Ab dem Ersten des nächsten Monats«, stellte ich richtig.

»Al-'Alami sagte, er werde die Vereinbarungen mit der Bank treffen.«

»Ich gehe jetzt zum Palast«, beendete ich das Gespräch. »Shaikh Khalid wird den Scheck unterzeichnen, und heute Nachmittag schicke ich Ihnen das Papier.«

Es war 14.30 Uhr, als wir hörten, dass der Palast beschossen wurde. Rashid bin Dimas fragte mich, was los sei, und ich erzählte ihm, dass die Wachen Übungen hinter dem Palast machten. Dann hörten wir das Geräusch einer explodierenden Bombe, und aus dem Eingang des Palastes, in dem der Shaikh lebte, trat Rauch. Der Palast stand auf einem Hügel; das Haus von Shaikh Su'ud bin Sultan al-Qasimi stand ebenfalls auf einem Hügel – von hier aus konnte man sehen, wer den Palast betrat oder verließ.

Ich bat Rashid bin Dimas, mit mir zum Seitentor des Palastes zu fahren, das für die Familie und Angestellten erbaut worden war, und durch das die Angreifer den Palast betreten hatten. Als ich mich dem Seitentor näherte, beschoss jemand mein Auto mit einem Maschinengewehr. Wir zogen unsere Köpfe ein und fuhren zum Faiha-Viertel, wo der britische Leiter der Sharjah-Polizei, Mr. Burns, lebte. Ich sagte ihm, er solle Soldaten der Unionswaffe holen und kehrte zum Haus meiner Schwester Naʿima bint Muhammad al-Qasimi zurück. Als der Überfall begann, hatte sie gerade mit ihrem Bruder, Shaikh Khalid, telefoniert. Er hatte gesagt: »Saqr bin Sultan ist im Palast.«

Ich setzte mich mit meinem Bruder, Shaikh Saqr bin Muhammad al-Qasimi, in Verbindung. Meine Schwester erzählte ihm, was passiert war, und ich fragte ihn: »Übernimmst du das Kommando?« Er sagte: »Nein. Das machst du. Ich bin mit Schießen beschäftigt. Ich belagere den Palast an der Südseite, und die Wachen, die in der *majlis* sind, werden das Gebäude auf der Nordseite umstellen. Keiner der Angreifer darf entkommen.«

Mein Bruder, Shaikh Saqr bin Muhammad al-Qasimi, hatte auf dem Dach seines Hauses Stellung bezogen. Da es auf einem Hügel lag, konnte man von hier aus den Palast des Herrschers sehr gut überblicken. Dort feuerten zwei leichte Maschinengewehre auf Zweibeinen Distanzschüsse ab.

Genau um 15.30 Uhr nachmittags – eine Stunde nach Beginn des Angriffs – traf die Unionswaffe, begleitet vom Leiter der Sharjah-Polizei, am Haus von Shaikh Suʿud bin Sultan al-Qasimi ein. Während ich ihnen berichtete, dass der Palast von Männern überfallen worden war, die von Shaikh Saqr bin Sultan al-Qasimi, dem letzten Herrscher Sharjahs, angeführt wurden, den die Briten vor sieben Jahren des Landes verwiesen hatten, regnete es Schüsse aus dem Palast. Wir hörten auch, dass im Palasthof zwei Handgranaten explodierten. Einige Spezialtruppen der Wache des Shaikhs – die die Außenmauern des Palastes besetzten – versuchten, in den Palast einzudringen, wurden aber von Kugelhagel empfangen.

Die Situation war äußerst prekär, denn Shaikh Khalid bin Muhammad al-Qasimi, seine Kinder und Diener hielten sich im Palast auf; also bat ich den Kommandanten der Unionswaffe, jedwede Aktion zu vermeiden, die dazu führen könnte, Shaikh Khalid und seine Kinder zu verletzen.

Nachdem wir sichergestellt hatten, dass die Kinder von Shaikh Khalid kurz nach dem Überfall in die Villa des Palastgeländes gebracht worden waren, erhielten die Unionswaffe und die Palastwache den Befehl, anzugreifen. Auch das Seitentor und die Palastmauern wurden besetzt; Kugelhagel und dichter Rauch dienten den Männern als Deckung.

Nun waren der Palast und der innere Gebäudekomplex komplett belagert. Aus den Fenstern ertönten Schüsse, aber man sah keine Bewegungen. Die Kugeln hagelten duch die Gänge, Hallen und andere Räume des Palastes.

Um 4.30 Uhr am folgenden Morgen traf Shaikh Muhammad bin Rashid al-Maktum, der Verteidigungsminister der Vereinigten Arabischen Emirate, am Haus von Su'ud bin Sultan al-Qasimi ein. Er wurde von einem saudischen Vertreter, 'Abdullah al-Fadhl, begleitet, der Shaikh Saqr bin Sultan al-Qasimi ein Angebot von König Faisal 'Abdul-'Aziz Al Su'du, dem König von Saudi-Arabien, unterbreiten wollte. Shaikh Saqr sollte nach Saudi-Arabien gebracht werden, wenn er Shaikh Khalid bin Muhammad al-Qasimi unversehrt übergäbe.

Shaikh Muhammad bin Rashid al-Maktum bat mich, ihn zu einem Telefon zu bringen, damit er und ʿAbdullah al-Fadhl mit Shaikh Saqr bin Sultan al-Qasimi sprechen könnten.

Shaikh Muhammad bin Rashid al-Maktum sprach am Telefon mit Shaikh Saqr bin Sultan al-Qasimi und unterbreitete ihm das saudische Angebot. Aber Shaikh Saqr bin Sultan al-Qasimi entgegnete: »Shaikh Khalid bin Muhammad al-Qasimi ist getötet worden.«

»Dann ergeben Sie sich«, beschwor ihn Shaikh Muhammad bin Rashid al-Maktum.

Um 6 Uhr morgens ergab sich Shaikh Saqr bin Sultan al-Qasimi mit seinen Begleitern, und sie wurden interniert.

Die Wahl des neuen Herrschers

An diesem Morgen, dem 25. Januar, fand um elf Uhr ein Familientreffen im Haus von Shaikh Hamad bin Majid al-Qasimi statt, und ich wurde aufgefordert, daran teilzunehmen.

Vor dem Tor zum Haus von Shaikh Suʿud standen eine Gruppe von Wachleuten des verstorbenen Shaikh Khalid, sein Wagen, der Fahrer und seine Militärwachen. Sie führten mich zum Auto, und wir fuhren zur *majlis* von Shaikh Hamad bin Majid al-Qasimi.

Dort hatten sich die Mitglieder der Qasimi-Familie versammelt; nur im Zentrum der *majlis* war noch ein Platz auf dem Hauptsofa frei. Shaikh Khalid bin Khalid al-Qasimi, das älteste Mitglied der Familie, saß auf der linken Seite, also nahm ich meinen Platz auf dem Hauptsofa im Zentrum der *majlis* ein.

Shaikh Khalid bin Khalid al-Qasimi sprach über Themen, die

relevant für die Familie waren. Danach stand Shaikh Muhammad bin Sultan al-Qasimi auf. Er hatte in der Mitte der Sitzreihe auf der linken Seite der *majlis* gesessen. »Es gibt wichtigere Dinge als diese. Euer Schiff ist in Gefahr. Es braucht jemanden, der es in sichere Gefilde steuert. Es ist nicht wichtig, ob dies Euer Ältester oder Jüngster ist, aber es muss jemand sein, der diese Verantwortung tragen kann. Diese Person ist Sultan bin Muhammad al-Qasimi.«

In der gesamten *majlis* ertönte einhelliger Beifall.

Ich schwieg. Shaikh Muhammad bin Sultan al-Qasimi kam zu mir und streckte mir die Hand entgegen. Ich schüttelte seine Hand und setzte mich mit ihm auf das Sofa.

Die Mitglieder der Familie umringten und küssten mich und gaben mir ihren Segen. Shaikh Muhammad bin Sultan al-Qasimi hielt meine Hand fest und ließ sie erst los, nachdem er mich geküsst hatte.

Dann ergriff ich das Wort: »Helft mir, ein treuer Sohn meiner Vorfahren, ein aufrichtiger Bruder meiner Zeitgenossen und ein guter Vater für die Kinder zu sein.«

Am frühen Mittwochmorgen, dem 10. Dhul-Hijjah, dem Tag des *'Eid al-Adha* im Jahr 1391, also dem 26. Januar 1972, eilten die Menschen zum *'Eid*-Gebetsplatz. Die *'Eid*-Gebete wurden gesprochen, und wir hörten uns eine Rede über die guten Dinge an, die der verstorbene Shaikh in seinem Leben bewirkt hatte. Dann baten wir um Vergebung für ihn.

Anschließend fand das Grabgebet statt, und sein Körper wurde zum Jubail-Friedhof in Sharjah gebracht, wo wir ihn bestatteten. Möge Gott ihm gnädig sein. Er führte ein frommes und aufrichtiges Leben.

In der allgemeinen *majlis* empfing ich die Gratulanten, die gekommen waren, um mich ihrer Unterstützung zu versichern und mir ihr Beileid zum Tod meines Bruders, Shaikh Khalid bin Muhammad al-Qasimi, auszudrücken:

– Möge Gott Ihnen Trost spenden …
– Wir gratulieren Ihnen zum *'Eid* …
– Möge Gott Ihre Trauer zerstreuen …
– Wir beglückwünschen Sie zu Ihrer Ernennung als Herrscher.

Personenregister